말이나 말지

말이나 말지

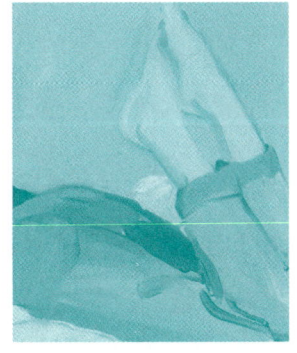

김민정의 680자
2012

난<다

작가의 말 | **통장과 이장 사이**

 2012년 1월 1일부터 11월 10일까지 한국일보 '길 위의 이야기'란 코너에 매일같이 실었던 글을 한데 묶는다. 매일 연재라 하였으니 세수하고 귀를 파는 게 아침 운동이었다. 이야기라 하였으니 일어나는 일을 붙잡으려는 게 점심 운동이었다. 길 위라 하였으니 휴대전화 블랙베리 자판 찍는 게 저녁 운동이었다. (단, 일요일과 추석 연휴에는 쉬어갔다.)

 글이라고는 하나 말에 가깝다는 것을 안다. 살찐 망아지를 사랑하는 사람임을 어쩌겠는가. 배가 고프면 배가 고프다고 뛰고, 신이 나면 신이 난다고 뛰고, 화가 치밀면 화가 치민다고 뛰고, 슬픔이 일면 슬픔이 인다고 뛰고, 순간순간 살아가고 있음을 잊지 않기 위해서 펄쩍 뛰고 또 뛴 기록임을 모르지 않는다.

내 산문은 허구한 날 왜 생활 속의 그 춤일까.
내 산문은 허구한 날 왜 리듬 속의 막춤일까.

십삼 년이 지나서야, 서른일곱의 내가 오십이 되고서야, 이 철 지난 기록을 책으로 말하고자 함에 다분히 용기를 낼 수 있던 건 하루하루 신문을 찾아 읽으며 키득거리고 있다던 한 선배의 출판 제안서에 동봉해 있던 편지 덕이었다. "각자의 '다르마'가 있단다. 너만이 해야 할 일, 세상 속에서 만들어나갈 너만의 질서가 있단다."

누군가 넌 참 오지랖도 넓다, 하면 그게 흉인 줄 알고 그게 부끄러워 얼굴 빨개져서는 싸울 듯이 달려들던 내가 있었다. 하지만 이제 그 말이 칭찬임을 알겠다. 억지로 오지랖 넓혀본 사람 있다면 묻고 싶은 것이 그게 어디 그리 쉬운가 이 말이다. 그래, 나 인정머리로는 타고난 힘이 장사였던 거다. 그래, 나 삶에 있어 '인정'과 '머리'를 최우선에 두는 걸 순리로 알고는 살았다는 거다.

그러나저러나 끈기를 다해 근 열한 달의 기록을 다 읽고 나니

다른 건 몰라도 우리 동네 통장이나 옆 동네 이장은 기똥차게 잘했을 것 같다는 생각은 든다.

2025년 12월

김민정

차례

작가의 말 | 통장과 이장 사이 — 4

1월 — 9

2월 — 41

3월 — 73

4월 — 109

5월 — 141

6월 — 177

7월 — 211

8월 — 245

9월 — 281

10월 — 313

11월 — 345

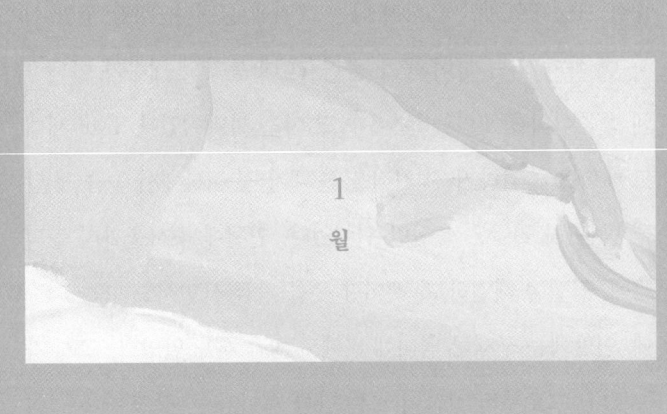

1월

1월 2일 － 돈이냐 돌이냐

큰맘 먹고 가계부를 하나 샀다. 송년 부록으로 가계부를 주는 잡지가 여럿 있었으나 그도 내 돈을 들이지 않으면 무심해질 듯해 억지로 몇 만원을 들였다. 일부러 꽤 큰 녀석으로 골랐다. 속지라야 지출과 수입, 두 항목으로만 이루어진 몹시도 단순한 모양새였지만 오히려 나는 그것에 끌렸다. 직장 생활 십사 년 차가 되는 사이 몸을 불린 건 내 통장의 개수가 아니라 내 씀씀이의 규모라는 걸 아주 잘 아는 까닭이었다. IMF 세대로 대학을 졸업하기 전 취직을 한 내가 첫 직장에서 수습 첫 달에 받은 첫 월급은 육십만 원이었다. 인천에서 서울까지 출퇴근에, 점심을 해결하고, 책이랑 옷을 가끔 사면서도 나는 저축에, 연말에는 구세군 냄비에 지폐도 넣을 줄도 알았다. 그게 가능했다. 그로부터 시간이 흐른 만큼 벌이가 는 것 또한 사실이나…… 아, 없다, 진짜 돈이 없다. 저축은커녕 매달 몇 안 되는 결식아동 돕기 후원금에도 종종 부담감을 느끼는 나다. 그런데 비단 나만의 일은 아닌 듯하다. 내 주변의 누구 하나 돈 있다는 사람이 없으니 말이다. 벌어다준 돈 다 어쩌고? 그게 쥐꼬리지, 월급이야? 당장 가계부 가져와봐! 그래 내가 다 뒤로 빼돌렸다, 어쩔래! 닭살 커플로 유명한 우리 부모를 한순간에 싸움닭으로 만들어버리던 가계부. 스물셋엔 아빠 편이었다면 서른일곱엔 엄마 편. 어쨌거나 돈이 가르쳐준 한 가지, 역지사지라.

1월 3일 — 왕따가 왕따에게

 저녁을 먹으러 나가는 후배에게 돌아올 때 샌드위치 하나만 사다달라고 했더니 팀장님 지금 제게 빵 셔틀 시키신 건가요? 라며 낄낄 웃는다. 그게 뭔데? 빵 사오는 셔틀버스가 너란 소리야? 나의 연이은 반문에 후배는 혀를 끌끌 차더니만 그게 한창 문제가 되고 있는 왕따 관련 신조어라고 말해줬다. 게임에 등장하는 수송비행선 이름과 빵을 조합한 거라나. 나도 그런 경험이 있다. 유치원에 다닐 때 또래보다 한 살 어렸던 나를 반 친구들이 집단으로 따돌렸던 거다. 손이란 자고로 내밀어야 잡을 수 있는 것, 어느 날 한 친구가 그 손으로 내 등을 밀었고 나는 그만 미끄럼틀에서 떨어져버리고 말았다. 정작 다친 건 나였는데 목놓아 운 건 그 친구였다. 한동안 얼굴에서 머큐로크롬이 마를 날 없었지만 그날 이후 마음에 어떤 고요가 깃든 것은 분명했다. 피투성이 얼굴로도 눈물 한 방울 흘리지 않은 나를 본 친구들이 더는 모래를 뿌리지 않았으니까. 『미운 오리 새끼』라는 동화가 고전이 된 걸 보면 동물이나 우리나 누군가는 빵을 먹게만 되고 또 누군가는 빵을 사게만 되는 이 기막힌 현실을 운명처럼 받아들이며 살아왔던 것 같다. 그러니 왕따 없는 세상이 어디 있으랴. 왕따에 지친 청소년들이여, 부디 죽지 마시라. 하늘 아래 왕따 아닌 사람 없으니 세상을 왕따시킬 수 있는 유일한 힘, 바로 그 정의로 부디 아름답게 복수하시라!

1월 4일 — 생각을 좀 기다려주는 일

시 쓰는 선배와 저녁을 먹기로 했다. 둘 다 사는 곳은 일산, 각자의 일터는 서울과 파주. 다섯시 언저리쯤 일산에서 보자고 전화를 했더니만 헉헉 가쁜 숨을 몰아쉬는 선배. 나 걸어가는 중이야. 대략 한 세 시간쯤? 머릿속이 복잡할 땐 그저 이렇게 걷는 것이 최고야. 무념무상. 힘들다고 말하면 엄살이고 괜찮다고 말하면 체념이 아닐까 싶은 순간에 나 역시도 괴롭히는 건 내 몸뚱이뿐이다. 얼마 전 찾아든 청도에서 나는 묵었던 숙소 앞에 지천으로 떨어져 나뒹굴던 모과를 한 서른 개쯤 이고 왔다. 씻고 닦고 썰고 설탕에 재어 누르스름한 모과로 꽉 들어찬 오 킬로그램짜리 과실주 두 병을 베란다에 옮기기까지……

근 네 시간에 걸쳐 나는 일체의 다른 생각 없이 오로지 못생기고 단단한 모과만을 생각했다 생각했는데 그게 아니었다. 모과차를 나눠줄 여럿의 이름을 잊지 않으려고 틈틈 포스트잇에 메모한 게 나였으니 말이다. 사랑하다 미워지면 욕을 하고 욕을 하니 미안해져 더더욱 사랑하게 되는, 사람이라는 원이 그리는 바로 그 정이라니. 어떤 시트콤에서 한 남자 배우가 '생각중'이라는 담요를 뒤집어쓴 걸 보았다. 가족으로 분한 누구 하나 담요를 걷어내는 일 없이 침묵 속에 그의 생각을 기다려주는 풍경이 꽤나 신선했다. 보다 깊은 생각을 권하기 전에 보다 깊이 생각할 시간부터 할애하기. 아깝다. 시무식 때 이 얘기 하는 건데.

1월 5일 — '미안합니다'가 그렇게 어렵나

나도 나이깨나 먹었구나, 실감하는 요즘이다. 피부 탄력 떨어지고 무릎 시린 걸 자주 경험해서만은 아니다. 나날이 뉴스나 신문 지상에서 얼굴 보이고 이름 불리던 사람들, 우리처럼 생겼으나 본디 우리와는 다른 삶의 소유자인 그들 가운데 하나하나가 요 몇 년 사이 차례차례 역사 속으로 사라지는 걸 목도했기 때문이다. 누군가의 부음이 들려오면 나는 검색창에 그의 이름을 쳐보는 습관이 있다. 나서부터 죽기까지가 '~', 이러한 물결무늬로 간략하게 정리되는 바, 법정 스님이 입적하셨을 때는 어떤 비움의 채움을, 김정일 국방위원장이 사망했을 때는 어떤 채움의 허망을 느꼈는데 며칠 전 영결식을 치른 김근태 고문의 죽음 앞에서는 어떤 죄의식 뒤에 오는 분노로 내내 끌탕을 해야 했다. "우리 아버지가 고 김근태 고문이었으면 나 이 나라에 복수했을 거다. 손톱깎이로 살 뜯는 기막힌 통증을 어떤 방식으로든 표했을 거다. 의외로 의외인 곳에서 우리는 또 너무 쉽게 용서한다." 친구들이 투쟁을 외치며 뭔가 불합리한 상황에 맞설 때 지지의 박수 한번 쳐주지 않았던 내가, 민주주의는 당연히 주어진 것으로 알고 소비하기 바빴던 내가, 아빠 세대의 한 죽음에 이토록 감정적인 글을 트위터에 올리고 만 것은 한 가지 이유에서였다. 분명 잘못한 이들이 있는데 왜 사과하지 않을까 진짜 의아해서였다. 우리도 곧 죽을 운명의 사람인 주제에!

1월 6일 – 소가 개나 같아야 키우지

보지 못할 것을 봤다. 소다. 앙상하게 마른 다리로 빈 사료통을 물끄러미 쳐다보던 소. 듣지 못할 소리를 들었다. 소다. 굶어죽은 소들 다음으로 굶어죽게 생겼으니 제발 살려주면 안 되겠냐는 소 울음소리. 누가 한우라도 사줄라치면 자정에도 택시 불러 타고 고깃집으로 달려가는 게 난데, 그렇게 귀한 것이 소이고 여전히 사먹을라치면 비싼 것이 쇠고기인데, 글쎄 송아지 한 마리 값이 만 원이란다. 어림잡아 소설책 한 권 값이고 호텔 라운지 커피 한잔 값인 것은 고사하고 사료 값만도 못한데, 어느 누군들 축산 농가의 가만 손놓을 수밖에 없음을 나무랄 수 있으랴. 산 채로 땅에 파묻힌 소들이 땅을 뚫고 펑펑 솟아오르는 걸 서커스 구경하듯 나 몰라라 했던 때로부터 지금껏 소 먹을 궁리에 바빴던 나는 아무런 대책도 입장도 없이 그저 길을 막고 말을 막는 이 나라 이 정부에 아무 기댈 것 없음을 잘 아는 까닭에 알고 지내는 분 가운데 소 잡는 일이 업이신 분께 연락을 드렸다. "사료 대드릴 테니 제 사료 먹고 큰 소는 제게 파시면 안 돼요?" "저 가게 접고 청주에 세탁소 차렸시유. 도통 소 갖고는 장사 못 해먹어서유." 어린 송아지는 부뚜막에 앉아 울 힘조차 없는데, 고속도로 다 막아서 엄마소는 마지막 서울 구경도 놓쳤는데, 국회의원들께선 연일 출판기념회에서 축배들 드느라 바쁘시다. 이 많은 책 다 언제 쓰셨담.

1월 7일 — 노동이 자발적일 때 이토록 아름다움을

카페 바람이 무섭긴 한가보다. 손님들로 바글바글했던 동네 횟집이 별안간 문을 닫았기에 확장하는 줄만 알았더니 뚝딱뚝딱 공사 끝에 내놓은 건 카페 체인점 간판이었다. 그리고 둘러보니 바로 앞 휴대폰 대리점 유리문에는 이런 전단이 붙어 있었다. 회원 모집, 꿈의 바리스타, 여러분 모두 도전하세요! 하기야 길 건너 건물 삼층에 위치한 헬스클럽은 트레이너들이 카페를 운영하여 회원에게는 커피 값 오백 원을 깎아주기도 한다지. 장사 잘되세요? 이러다 정말 한 집 건너 카페겠어요. 그래도 맘 편하니 좋아요, 비린내 지긋지긋했거든요. 광어니 민어니 그날그날 물 좋은 생선을 권해주던 아줌마가 브라질이니 에티오피아니 그날그날 잘 볶은 커피를 권해주는 모습이 어딘가 어색하면서도 왠지 짠한 것이 가족들 모두가 마지막이다, 하는 희망으로 차려낸 가게임을 아는 까닭이다. 회 썰던 손으로 와플을 굽는 아저씨나 연신 화장실을 들락거리며 휴지통을 비우고 또 비우는 아들이나 문 열릴 때마다 안녕히 가세요, 또 오세요, 를 구십 도 인사로 반복하는 딸이나…… 노동이 자발적일 때 이토록 아름다움을 왜 난 자꾸 잊는 걸까. 일에 집중할 때 내 모습도 그러할진대 나는 왜 틈만 나면 거울 들여다보며 얼굴에 난 점이나 세는 걸까. 그 틈마다 전업주부로 들어앉은 여동생이 자꾸만 전화를 해온다. 언니 우리 카페나 할까? 야, 장사는 아무나 하냐!

1월 9일 － 솔직히 좀 너무하잖아

 불현듯 누군가 먹고 싶은 음식을 대보라 할라치면 떡볶이나 어묵, 순대와 간 정도를 읊는 게 나다. 대체 누구의 재주로 시작된 음식이길래 온갖 먹을거리로 넘쳐나는 세상, 걷다못해 뛰기 바쁜 사람들을 삼삼오오 이 작은 천막 안으로 불러모으게 된 걸까. 각기 다른 맛과 메뉴를 가졌다지만 이 추운 겨울날, 엇비슷한 모양새의 노점상들이 줄줄이 늘어선 거리에서 가게마다 손과 손에 뜨거운 어묵 국물이 든 종이컵을 들고 후후 마셔가며 삶의 온기를 증명하고 있는 사람들을 볼라치면 나는 왜 그렇게 '情'이라는 한자를 명조체의 붓으로 그리고 싶던지. 몇 년 전 스페인으로 여행을 다녀온 적이 있다. 과거와 현재가 예술적으로 뒤섞인 도시 곳곳을 둘러봤으나 가장 기억에 남는 건 남부의 어느 후미진 동네에서 한치 다리를 튀겨 팔던 한 노점상이었다. 채 기름이 다 빠지지 않은 한치 다리를 누런 종이봉투에 담아주며 환하게 웃던 사람, 그 스페인 사람. 3월에 강남에서 무슨 국제적인 행사가 열린다지. VIP 손님들이 오는데 무질서한 모습을 감춰야 하지 않겠냐며 그 자리에 돌 화분과 벤치를 놓으려 용역들이 노점상들을 내쫓는다지. 디자인 특화거리 조성한다니, 먹고살 일 막막한 미술대학 졸업생들 노점상 천막에 그림이라도 그리게 하면 어떨까. 얼토당토않은 상상력이라도 하루 벌어 하루 사는 사람들의 '평생'을 때려부수는 만행보다는 나을 테니.

1월 10일 – 때론 실수가 나의 힘

분리수거할 쓰레기를 잔뜩 안고 아파트 입구를 나서다가 그만 발을 구르고 말았다. 딛어야 할 계단이 세 칸이나 남아 있었는데 글쎄 한 칸이라 착각했던 것이다. 한쪽 다리가 붕 떠 착지하지 못하는 순간, 박스 안을 빼곡히 채웠던 몇 권의 월간 잡지하며 빈 술병들, 다 먹고 난 햇반에 뚜껑을 딴 참치 캔까지 모조리 쏟아져 시끄럽게 나뒹굴었다. 그보다 저 멀리 화단 쪽까지 빛의 속도로 날아간 내 휴대폰을 어째. 내게 조금이나마 환상을 가진 누군가라면 갑작스레 시상이 떠올라 골똘했던 것은 아닐까 위로했겠지만, 나를 완전히 직시하는 누군가라면 단번에 휴대폰을 가리키며 쯧쯧 혀를 찼을 것이다. 쓰레기를 버리고 집까지 올라가는 시간이 고작해야 십 분 언저리일 텐데, 그새 초를 다투며 지켜야 할 식구의 임종을 앞둔 것도 아닌데 왜 나는 자나 깨나 손에서 휴대폰을 놓지 못하는 걸까. "괜찮으세요?" 커플 점퍼를 입은 한 젊은 부부가 휴대폰을 건네며 물었을 때 그들을 한참 올려다보던 내가 있었다. "네, 고맙습니다!" 그들로부터 휴대폰을 받아 들고 일어나려 했을 때 뼛속까지 시린 엉덩이를 한참 쓰다듬던 내가 있었다. 넘어져보지 않았다면 누군가를 올려다볼 때의 그 예리하면서도 예민한 각도, 걸을 땐 몰랐던 길바닥의 그 차가운 온도를 짐작이나 할 수 있었을까? 그러니 한 일주일쯤 휴대폰 없이 살아볼 일이다. 외로우니까 우리, 휴대폰을 놓치듯.

1월 11일 ─ 사랑이라니, 방망이야!

평론하는 선배로부터 야구방망이를 하나 선물받았다. 자정 넘어 사람들이 바글바글 모여 있는 술집으로 거의 0.1톤에 육

박하는 그가 느릿느릿 걸어들어오는데 어깨에 걸친 까만색 야구방망이가 힘깨나 쓰는 그분들을 심히 연상케 했다. 택시 타니까 기사가 흠칫 놀라더라. 집에 도둑이라도 들면 냅다 휘둘러버리라고. 고맙다는 말에 앞서 방망이부터 받아 드는데 묘한 생경함 같은 게 일었다. 운동장에서 장난삼아 주거니 받거니 캐치볼을 했을 때하고는 느낌이 사뭇 달랐다. 프로의 세계에 첫발을 디딘 초년병처럼 쭈뼛거리는 부끄러움으로 방망이를 쥐는 법이며 휘두르는 요령을 배우는데 나도 모르게 내 무릎 한쪽이 푹, 하고 꺾였다. 손에 가질 때보다 손에 가지고 싶어 오래 지켜볼 때의 간절함, 그 아름다움이 분명 있다는 걸 순간 알아차렸기 때문이다. 때늦은 후회가 선배에 대한 미안함으로 몸을 바꾸자 나는 야구연습장이 보일 때마다 찾아들어가 하이힐 신은 발로 휘청거리며 연신 헛방을 쳐댔다. 쳐야 하는데, 쳐봐야 하는데, 라는 마음으로 침대 위에 남편 대신 고이 눕혀놨다가 치지도 않고, 쳐보지도 않고, 그대로 꼭 껴안은 채 잠이 들기도 했다. 그러니까 사랑이라니…… 나는 방망이를 들고 왔다 갔다 집안을 살피다가 거실 창가에 놓인 커다란 항아리에 옮겨니, 방망이를 세워두었다. 볕 잘 드는 데서, 잘 보이는 데서 내내 따뜻하라고!

1월 12일 — 고소하면 고소한가?

　시작부터 반성이다. 고백하건대 나는 어제 누군가를 욕했다. 그 누군가가 예뻐서 흠집을 냈고, 또 그 누군가는 못생겨서 흠집을 더 벌렸다. 예외 없이 나는 오늘도 누군가를 깠다. 그 누군가가 일을 잘했을 뿐인데 욕심 많다 손가락질했고, 또 그 누군가는 단지 실수했을 뿐인데 실력 없다 몰아세웠다. 나도 안다. 그래, 나 못됐다. 그런데 이쯤에서 하나만 묻고 싶다. 술 한 잔 곁들여가며 우리가 친구라는 이름으로 모두 한 방향을 바라보며 섰을 때, 그럼에도 너는 나처럼 그런 적 없었는가 이 말이다. 얼마 전 한 자리에서 나에 관한 소문이랍시고 몇 마디를 들었다. 조심히 말을 전하는 사람이나 다급히 말을 삼키는 나나, 말이 안 되는 말을 놓고 말을 나누려니 분노가 어느 순간 슬픔으로 탁해지는 것이었다. 내가 뿌렸으니 내가 거두는 것 또한 당연할진대, 문득 "칭찬합시다!"라는 외침이 생각났다. 양심을 걸고 선을 지키는 사람에게 냉장고를 선물하던, 따뜻하나 어딘가 좀 민망하기도 했던 프로그램. 그래도 어쨌거나 혼쭐낼 거리보다 칭찬거리를 찾는 게 아름다운 일임을 보여주지 않았던가. 칭찬할 시간도 많지 않은데 지난 사 개월 동안 고소, 고발만

여덟 차례를 기록했다는 한 사람이 있다지. 세상에, 갖고 놀 게 없어 법 가지고 노나? 쌍코피 흘려가며 힘들게 한 법 공부라서 그런지 그는 법의 매력에 푹 빠져버린 모양이다. 뭐, 아님 말고.

1월 13일 ─ 혼자만 잘살면 무슨 재민겨

동물 다큐멘터리라면 가리지 않고 봐온 게 나다. 방송이 끝난 뒤 기린이나 하마를 친구로 삼아보고자 동물백과를 사러 가는 게 나였다면 분명 감동의 발로였을 터, 그렇게 나는 한 마리 한 마리 동물의 세계를 알아갔다. 그런데 언제부터인가 애써 외면하게 된 것 또한 나였다. 환경 문제가 한데 몰려 심각하게 야기되면서, 그에 상처 입은 동물들의 이야기가 능숙한 성우의 음성이 아닌 익숙한 배우의 음성으로 전달되어 동물들 또한 사연 많은 인생들로 기억하게 되면서, 인간이라는 재앙덩어리 속의 나를 오금 저리게 한 적 한두 번이 아니기 때문이다. 요즘 인기리에 방영중인 〈남극의 눈물〉 속 황제펭귄도 바로 그러했다. 어릴 때 가장 좋아하는 동물이 뭐냐고 물으면 대번에 "펭귄이요" 답했던 나. 본 적 없고 아는 바 없으므로 더없이 상상하기 좋았던 바로 그 펭귄은 사 개월 동안 제 발등 위에 알을 얹고 알을 품어 털이 보송한 새끼로 키워낸다. 눈을 먹고 눈 위에 배설물을 싸고 그 배설물에 미끄러졌다 일어나면서도 바깥쪽에 자리한 펭귄과 안쪽에 자리한 펭귄이 서로 자리를 바꿔가며 식은 몸을 서로 덥혀주는, 이른바 '허들링'이라는 본능의 지혜를 실천하며 사는 황제펭귄들. 자연은 공평하니 분명 우리에게도 이런 삶의 팁을 주셨을 터인데 아이쿠, 도서관 열람실 문만 열려봐라. 그새를 못 참고 사방에서 날아오는 저 무시무시한 도끼눈들이라니!

1월 14일 — 잘 알지도 못하면서

 소개팅을 하거나 선을 보러 나갈 때, 주선하는 사람들이 내게 당부하는 말이 있다. "시인인데 주업은 책 만드는 일이라고 했으니까 초면에 막말하고 그럼 안 된다. 알았지?" 물론 이해는 한다. 첫 만남에서 내게 관심을 표하던 상대에게 이런 식의 질문을 날린 적이 있으니까. "언제 가장 죽고 싶으세요?" "결혼은 하되, 따로 살면서 필요시에만 만나면 어때요?" 그게 난데, 내 스타일인데, 그걸 감추고 가증스럽게 가식을 떨 수는 없는 노릇 아닌가. 주문한 커피가 나오기 전까지만 해도 수다스럽던 남자들이 커피숍을 나올 때쯤이면 과묵해지던 패턴을 여러 번 경험하면서, 나는 글쟁이들에게 갖는 사람들의 선입견이 분명 있다는 걸 알았다. "글 쓰시는 분인데 명품 좋아하시나봐요." "우리도 상표는 읽을 줄 알거든요." 둘러멘 가방과 두르고 나간 액세서리를 힐끔 쳐다보며 무심코 뱉은 남자의 말에 이렇게 톡 쏘곤 하던 나. 샤넬이네, 아니네, 인터넷을 뜨겁게 달군 한 소설가 선배의 가방에 얽힌 해프닝을 보면서 입이 소태처럼 썼던 이가 비단 나뿐만은 아니었을 것이다. 돈 잘 버는 연예인이 있는가 하면 돈 잘 버는 문인도 분명 있는 법. 카메라 렌즈면 될 일에 왜 편견의 잣대를 들이대나. 샤넬도 아닌데 샤넬이라니. 어쨌거나 선배는 좋겠다. 돈 안 쓰고도 돈 써 보이기가 어디 그리 쉬울까.

1월 16일 – 사소한 외로움에 답함

주말 광화문에 나갔다가 웬 사람들이 이렇게 바글바글 모였나 하고 봤더니 한우를 싸게 판다는 소식에 몰려든 인파였다. 가족들을 위해서라면 이깟 손 시림과 발 시림이 무슨 대수이랴, 길게 늘어선 줄을 보며 간만에 내 식구 내 사람을 떠올려보는데 나도 참 별스럽지, 보고 싶은 이는 간데없고 씹고 싶은 고기만이 간절해지는 것이었다. 휴대폰에 저장된 ㄱ부터 이름을 죄다 검색하고 최근에 밥 한번 먹자던 이들의 문자메시지까지 싹 다 읽어봤지만 나는 벌써 그들에게 억지로 친절을 베푸는 가증스러운 내 모습을 앞질러 상상하고 있었다. 역시 혼자여야 맘 편한 것이 장땡이라니까. 집에 가기 전 허기진 배를 채우고자 근처 고깃집을 찾아들어갔다. 메뉴판이 왔고, 종업원이 내 옆에 섰고, 이것저것 부위와 신선도를 물은 뒤 채끝을 주문하려는데 어라, 우르르 몰려드는 사람들. 결국 '특'이 붙은 만원짜리 갈비탕을 시킨 나, 대낮부터 소주와 맥주를 섞어 제조하는 저들만의 폭탄주를 흘깃거리며 밥을 먹으려니 일명 '홀로 굽기'가 생각났다. 일본에는 독서실 칸막이처럼 생긴 구조의 가게에서 홀로 고기를 구워먹는 문화가 신 트렌드라지. 그때 전화벨이 울렸다. 용건을 마친 상대는 전화를 계속 끊으려 하는데 미련맞게 전화기를 붙들고서 나흘째 화장실 못 간 얘기까지 늘어놓는 걸 보니 혼자가 편하다던 나, 에라, 한 입 갖고 두 말이나 말지!

1월 17일 – 빵은 나누는 거라 그렇게 배웠거늘

지금은 아파트 상가마다 익숙한 이름의 빵 체인점이 적어도 하나씩은 자리하고 있지만 나 어릴 적엔 안 그랬다. 세계 유명 도시를 딴 고딕체의 간판 아래 빵집들이 제각각의 개성을 자랑하며 세탁소나 이발소 등과 함께 동네 곳곳에 그 터를 잡고 있었더랬다. 그때 내게 빵이라 하면 소보로나 슈크림, 단팥빵이나 식빵 정도여서 빵 굽는 냄새라도 맡아보고자 엄마의 심부름을 도맡곤 했는데, 문을 열고 들어가면 늘어진 뱃살을 그대로 드러내는 흰 속옷 차림으로 테이블에 앉아 꾸벅꾸벅 졸던 아저씨가 있었다. 가끔 〈유머1번지〉를 보며 낄낄 웃다 코를 후비던 손으로 마저 반죽을 하는 만행을 저지르기도 했지만 갓 구운 빵 앞에서 난 늘 아저씨의 패자였다. 그러던 어느 날부터 아저씨들이 사라졌다. 일용직 도배공으로 청과물 시장 상인으로 트럭 위에 짐을 싣고 인사를 남긴 아저씨들이야 그렇다 치고 소리 소문 없이 내려졌던 셔터가 영어도 모자라 프랑스어로 된 빵집으로 그 문을 새로 올려대도 도통 돌아올 줄 몰랐다. 혹시나 가게 이름 못 외울까 연일 텔레비전에서 암기를 시키는 연예인들의 인지도만큼 야금야금 우릴 잠식하던 새 빵집을 무기로 지금 한창 재벌가 딸들은 빵 전쟁을 치르고 있다지. 하다하다 이제 빵까지…… 하나같이 외국에서 공부들도 꽤 했던데 게선 부끄러움도 안 가르치나. 아무래도 염치라는 단어는 끝내 배워먹지 못한 모양이다.

1월 18일 – 같이 까요? 같이 가요!

남산 꼭대기에 마련했던 아파트는 복도식이었다. 산을 향했으니 여름이면 모기떼에 겨울이면 눈바람쯤은 당연하게 받아들였으나, 나란히 붙은 집집마다 흘러나오는 생활 속의 이야기는 익숙한 듯 낯선 일상으로 내게 접수되곤 했다. 갈치 굽는 냄새에 웃음소리가 끊이지 않는 집이 있는가 하면 바람 피운 남편을 어쩌지 못해 제 아이를 때리는 한 여자의 악다구니로 쩌렁쩌렁한 집에, 나처럼 늦은 밤 〈회심곡〉을 틀어놓고 세탁기를 돌리는 집도 있었으니 앞으로 자꾸 걸어나가면 온 세상 얼마나 많은 가정사를 만나볼 수 있으려나. 폭염이 기승이던 어느 여름 밤, 느닷없이 "딩동" 벨이 울렸다. 옆집 부부라 했다. "혹시 이상한 냄새 못 맡으셨어요? 바람을 타고 퀴퀴하니 살 썩는 냄새가 나서요." 창은 죄다 닫혀 있고 에어컨만 신나게 돌아가던 거실 안으로 남자의 시선이 예리하게 와 꽂히는 게 느껴졌다. 저 의심의 눈초리는 뭐지? 대체 무슨 냄새가 난다는 거야? 베란다를 열자 항아리 위에 신문지로 둘둘 싸여 있던 그것은……

어머 이게 언제적 족발이라니. 우리들은 종종 엘리베이터에서 마주쳤다. 그날 이후 감쪽같이 사라진 냄새의 향방에 대해 그들은 더는 묻지 않았고, 부끄러움에 나는 그저 가벼운 목례로 발뺌할 수밖에 없었다. 주말이면 하루종일 트럼펫을 불어대는 앞집 아저씨, 층간 소음으로 아랫집과 자주 싸운다지만 살다보면 내가 트럼펫 불 일도 있지 않겠어요?

1월 19일 ─ 요즘, 그래 우리들

신년에 세운 몇 안 되는 계획조차 에라 모르겠다 놓고 있는 요즘, 설이 며칠 남았으니 아직 새해가 아니라고 애써 자위하는 요즘, 점집에라도 가볼 요량이었으나 되레 재수없다는 소리 들을까 그도 망설이는 요즘, 가만 보면 역술인보다 내 마음을 더 귀신같이 짚어내는 게 내 트윗이지 싶어 자주 쓰고 올리는 요즘, 그러나 북한 트위터 리트윗 한번 했다고 별별 죄로 구속되는 경직된 이 나라에 무슨 유연성을 기대할까 세계지도 펴놓고 이민 갈 나라 고르기나 해보는 요즘, 막상 떠나려 하니 그 좋아하는 우거지에 가래떡에 먹태를 어찌 놓나 먹을거리 앞에서 쉬이 발목이 잡히는 요즘, 그러나저러나 왜 도통 책은 안 팔리는 것일까 책 팔아볼 욕심은 늘 궁리에 그치고 두 눈 부릅뜬 채 서점 시집 코너에 서서 시집 훑는 사람들이나 훔쳐보는 요즘, 팔천 원짜리 커피는 비싸도 사 마시면서 팔천 원짜리 시집은 왜 안 사주나 흥분하길 잠시, 커피 향만큼 사람들을 중독되게 하는 시를 쓰고 시집을 만들었는지 내 무릎 찍는 반성 속의 요즘, 그럼에도 한 시인의 시집 출간을 독촉하는 독자의 애정 어린 메일에 자정 넘어 퇴근해도 뿌듯한 요즘, 트윗을 보고 한 요리 선생님이 찰밥에 시래깃국에 나물 무쳐 파주 사무실에 점심상까지 차려주신 어제가 있었으니 살아 있어 나는 얼마나 행복한 사람인가. 일하기 싫어 별 투정을 다 부리는 엄살 속의 요즘, 그래 나.

1월 20일 – 긍정은 나의 힘

회사에서 일 년에 한 번, 1월에 목돈으로 자기계발비를 준다. 규정으로 정한 어떤 사항들을 성실하게 지켜냈을 경우에 한해서다. 실은 일이라기보나 거저먹기가 맞다. 그런데도 지난 삼 년간 나는 한 번도 그 돈을 월급에 보태보지 못했다. 무심했기 때문이다. 게을렀기 때문이다. 두둑해질 월급에 신이 난 후배가 "앗싸!" 감탄사를 내뱉는 순간 나도 참, 왜 하필 이 타이밍에 애꿎은 연필심은 부러뜨리고 난리냔 말이지. 그러나저러나 교정지 속으로 고개를 푹 수그리는데 070으로 시작되는 전화가 연신 걸려왔다. 퉁명스러운 나와 달리 몹시도 친절한 여성이 대뜸 내 이름을 확인하더니 "축하합니다, 고객님." 이러는 거 아닌가. 파주의 겨울 속에 발가락 얼지 말라고 후배들에게 어그부츠 한 켤레씩 사줬는데, 그 매장에서 벌인 이벤트에 글쎄, 내가 1등으로 당첨되었다는 소식이었다. 경품은 삿포로 왕복 비행기 티켓 두 장. 신이 나서 달력을 홀홀 넘겨보는데 어라, 매달 잡혀 있는 빡빡한 출간 스케줄을 어째. 함께 갈 남자도 없고 함께 갈 여자는 더더욱 없고…… 김이 빠져 있는 찰나 동생에게서 전화가 왔다. 결국 맘씨 좋은 큰 처형 소리 듣고 있는데 딩동, 찍히는 문자메시지. 단골 마사지 숍에서 벌인 이벤트에 내가 3등으로 당첨됐다나. 까짓것 한방소화제와 발마사지 1회 무료 쿠폰이면 족하지 아니할까. 지금 내게 간절히 필요한 자기계발비라면.

1월 21일 — 그래도 애는 참 예쁘잖아

딸만 넷인 우리 자매들 가운데 결혼한 이는 둘, 막내가 가장 먼저 식을 올려 돌 지난 아들을 두었고 한 달 뒤엔 둘째가 아들로 예정된 조카를 낳을 계획이다. 출산은커녕 결혼도 경험하지 못한 나는 백화점 유아 매장에 들를 적마다 마네킹에 입혀 놓은 앙증맞고 컬러풀한 옷에 자지러지곤 했는데, 그때마다 동생들은 한심하다는 표정으로 한숨을 푹푹 내쉬곤 했다. "언니도 참 철없는 소리 한다. 누군 사기 싫어서 그래? 돈이 없잖아, 돈이." 물론 가격표를 보고 놀란 적 왜 없었겠는가. 경차 가격의 유모차나 인형은 말할 것도 없고, 고작해야 내 롱스커트 길이의 겉싸개 이불을 사며 수십만 원을 지불했을 때 솔직히 조카 선물이긴 했으나 손이 떨린 것도 사실이니까. 그런데 왜 이렇게 비싼 걸까. 분유 값도 기저귀 값도 사보지 않았다면 몰랐을 터. 임신 말기에 직장을 그만두고 집에 들어앉은 동생과 막내 제부는 아이를 낳고 거의 매일 싸우는 듯했다. 언제는 옆에 없으면 못 살겠다고 하더니 이제는 옆에 있어서 못 살겠다고 하냐. 집 장만으로 매달 나가는 이자에 생활비에 적금은 꿈도 꿀 수 없는 것이 아이에게 들어가는 돈이 정말이지 적잖다고 했다. "월급 타면 일주일 뒤에 돈이 딱 떨어져. 사는 거 정말 그지같아." '베이비푸어'라는 슬픈 단어를 알 리 없으니 오늘도 마구 먹고 마구 싸고 마구 기면서 무럭무럭 그저 잘도 자라는 아이들.

1월 25일 – 대학은 많고 대학 갈 돈은 없다

1월 25일 명절 연휴가 끝났다. 길면 길고 짧으면 짧다 할 그 시간을 돌이켜보니 세상에나, 먹은 기억밖에 없다. 엄마가 팔 빠지게 무치고 부치고 삶고 볶고 튀겨준 그 많은 음식을 먹다 지치면 집 앞 베이커리로 향했다. 일가친척들로 북적거리는 집 안에서 내 밥사발에 고이는 얘기라야 빤하지 않겠나, 내일모레 홀로 마흔인데. 연휴 내내 가게에 붙은 24일까지 이십사 시간 정상 영업합니다, 라는 전단 문구 너머로 앳된 얼굴의 여학생 하나가 카운터를 보고 빵을 진열하고 이층 카페 구석구석을 청소하느라 몹시도 분주한 듯했다. 내리 나흘을 들락거린 나, 심지어 오지랖도 넓은 나, 안면을 텄다는 생각에 그 학생에게 말을 걸었다. 주인아줌마 없이도 내 엄마 가게인양 성실하게 일하는 모습이 참으로 예뻤기 때문이다. 고3이라 했다. 인근 사립대학에 합격한 예비 대학생이라고 했다. 등록금이 오백만 원을 훌쩍 넘었다며 어렵사리 얻은 아르바이트에 한층 재미를 붙이는 중이라고도 했다. 말이 쉬워서 오백이지 육 개월 동안 족히 팔십만 원은 저축해야 가질 수 있는 돈, 그 눈물겨운 등록금은 늦은 밤까지 가족들 간의 화두로도 올라 있었다. 조경 사업을 하는 이모네 가세가 기울면서 사촌 동생의 등록금이 모두의 걱정거리가 되었던 것이다. 이제 겨우 두 살 된 조카의 세배에 세뱃돈을 건네며 이렇게 당부했다. 천 원이라도 지금부터 모아야 대학 간다!

1월 26일 – 바랄 걸 바라야겠지만

어릴 적부터 시장 따라다니기를 참 좋아했던 나다. 먹을거리 볼거리 많은 것이야 당연, 내가 상상했던 그 이상의 물건들이 사고 팔리는 데서 사람들의, 삶의 다양성을 배울 수 있었던 까닭이다. 하루가 멀다 하고 엄마는 장바구니를 든 채 시장으로 향하곤 했다. 생선은 윗동네로 고기는 아랫동네로 발품을 팔던 엄마에게 덤으로 제값을 쳐주던 인정 많은 그들은 다 시장에 모여 있었다. 그러던 어느 날부터 엄마는 장을 본답시고 지갑 하나 달랑 챙겨서는 카트를 밀며 백화점이나 대형 슈퍼마켓을 누비게 되었다. 흙이 그대로 묻은 시장의 안 깐 도라지를 사고 싶어도 말끔히 깐 도라지를 파는 마트만이 동네 상권에 자리했기 때문이다. 시장 아줌마들이 호박전이며 인절미를 손에 쥐여

줄 때 내가 받아먹은 건 분명 인정이었을 터, 이는 마트의 시식용 녹색 플라스틱 이쑤시개로 누가 먹을세라 튀긴 만두나 볶은 햄을 찍어먹을 때 입천장이 데는 뜨거움과는 분명 달랐을 터. 연안부두를 찾았을 때 이십 킬로그램 민어 한 마리를 한 시간에 걸쳐 회로 떠주던 팔순 할머니가 생각난다. 오십 년 가까이 그곳에서 칼질을 해올 수 있는 이유, 평생을 걸어야지 장사 하루이틀 하고 말 것인가. 명절이면 나랏일 하시는 분들 민심 확인한답시고 꼭 그렇게 시장을 찾으시더라. 임기 끝나고도 시도 때도 없이 시장에서 떡볶이 사먹고 기름 짜고 솜 틀 정치인, 이 나라엔 영영 없으려나.

1월 27일 — 기사는 기자하기 나름이에요

외국행이 잦은 사람이 아니어서 그런지, 간혹 한국을 떠났을 때 한국을 떠남으로 해서 느끼는 불편함이 꽤 되는 듯하다. 빛 '광'보다 빠른 속도를 자랑하는 인터넷 문화가 그중 대표적인 예이지 싶다. 접속하는 순간 모니터 전체로 퍼져나가는 각 포털 사이트의 신속한 움직임을 외국에서는 기대하기 어렵기 때문이다. 클릭에 클릭을 반복하다못해 호텔 카운터에 항의와 읍

소를 반복하는 내가 느긋하게 접속을 기다리는 외국인들에게는 꽤나 별스럽게 비치기도 했나보다. 두바이의 한 호텔 라운지에서 한 아랍 남자는 내게 이렇게 묻기도 했으니까. "너희 나라에 혹 지진이라도 난 거니?" 지진은 무슨, 오래 기다렸던 책 표지 시안을 디자이너가 보냈다니 참을 수가 있어야지. 그렇게 며칠 만에 들어간 인터넷 세상에서 만난 뉴스는 정치, 경제, 문화, 사회, 연예 등 다양한 분야에서 업데이트가 되어 있었지만 지대한 관심 속에 엄청난 댓글을 자랑하는 건 연예계에 대한 시시콜콜한 가십이었다. 자극적인 제목 속에 연예인들의 공항 패션에 목매는 관심이라니. 누가 뭘 입고 뭘 신었다는 기사와 사진이 실시간으로 보고되는 가운데 그 짧은 기사 속 오타와 비문은 또 왜 그렇게 많은지. 그러고 보면 기자도 기자 나름. 드라마 줄거리를 요약해서 기사랍시고 올리는 기자가 있는가 하면 드라마 속에나 나옴직한 세상을 취재하려다 드라마 찍게 생긴 기자도 있으니 말이다.

1월 28일 – 책은 그래, 비상약 같은 것!

한 해 직장인들은 평균 16권의 책을 읽는다 한다. 어림잡아

한 달에 1.3권 정도, 어쨌거나 대략 1권씩은 소화한다는 얘기다. 다행이다. 전년 대비 0.5권 늘었으니 출판계 최악의 불황인 걸 감안할 때 줄지 않은 것만으로도 안도할 일이니. 나 같은 경우 밥벌이를 책으로 하다보니 월급에서 지출되는 비용 중 가장 큰 비중을 차지하는 것이 단연 책값이긴 하다. 책가방 크다고 공부 잘하냐? 책장이 모자라 집안 곳곳에 기둥처럼 쌓아놓은 책을 볼 때마다 한숨을 푹푹 내쉬는 아빠야 카드명세서를 고려하셨겠지만 어쩌겠는가, 명품 가방을 샀을 때와 달리 책의 경우 오히려 기세등등해지는 걸. 하루는 서울의 한 지역 도서관에서 특강이랍시고 주부들과 수다를 떠는데 한 분이 이랬다. 애들에게 책 읽으라고 잔소리 엄청 하는데요, 실은 저도 싫거든요. 오십 넘으니까 돌아서면 죄다 까먹어요. 유치원 다닐 때 화랑 관창에 관한 책을 읽고 사람 이름이 화랑인지 관창인지도 구분하지 못했던 나, 그럼에도 신라라는 나라, 그 단어만은 두고두고 기억을 했더랬다. 그후 초등학교에 입학하여 신라라는 나라, 그 단어를 교과서에서 만났을 때 내가 느낀 황홀이란, 쾌재란. 손을 베였을 때 바로 사서 붙일 밴드를 기대한다면 책은 분명 남의 일이라 할 터, 언제고 탈이 날 수 있으므로 미리 사두는 소화제를 바란다면 그건 분명 책 본연의 일이라 할 터.

1월 30일 — 씁쓸하구만

우리 아파트는 매주 일요일마다 쓰레기 분리수거를 한다. 집집에서 나온 쓰레기가 태산처럼 쌓여가는 걸 볼 때면 전국의 아파트 수가 얼마나 되는지 뜬금없이 가늠하게 된다. 별것도 아닌데 헤아려지지 않는 쓰레기의 양이라니…… 오늘을 놓치면 일주일간 내 집이 더러운 꼴을 봐야 하는 탓에 파자마 바람의 남편들도, 고무장갑 낀 아내들도 속속 잰걸음으로 분리수거장에 모여든다. 그리고 그런 그들 곁을 말없이 맴도는 한 사람, 그러니까 경비 아저씨. 청소는 기본이거니와 분리수거용 마대자루가 꽉 찰 때마다 쌀 포대 묶듯 그 입을 조여 켜켜이 쌓는 일이 일요일마다 아저씨에게 주어진다. 그곳에서 나는 꽤나 신중해지는 편이다. 고등학교 2학년 때 쓰레기를 버리려다 누군가 무심코 버린 참치 캔 뚜껑이 그만 봉투를 뚫고 내 다리를 스친 적이 있었던 것. 흰 양말 위로 흐르는 피는 두렵지 않았으나 그날 이후 꿰맨 자리를 볼 때마다 소름이 돋았던 나는 어느 날 쓰임에 따라 무기일 수 있는 깃들로 가득한 분리수거장에서 손에 붕대를 감은 아저씨를 보았다. 누군가 깨진 유리병을 공병 포대에 한가득 쏟아부었다고 했다. 붕대 위로 피와 더불어 색색으로 번져가던 각종 음료 무늬들, 대체 이 아저씨가 왜 지금 플라스틱 포대에서 유리병을 건지고 유리병 포대에서 플라스틱을 골라내야 하냔 말이지. 초등학교 때부터 우리, 도덕이라는 교과서를 발로 읽어온 것도 아닌데.

1월 31일 – 이제와 붓 치라는 얘긴 아니고

붓 좀 쓰는 한 시인으로부터 가로로 그은 획을 몇 점 받았다. 모든 글의 비롯됨이자 마무리인 그 획을 따라가다 실로 오랜만에 먹 냄새를 맡았다. 본디 죽은 물일진대 게서 꿈틀, 뭔가의 기개가 쫙 퍼지는가 싶더니 내 발끝에 힘이 딱 붙는 것이 이게 바로 연하年賀의 참뜻인가 싶어지는 것이었다. 그러고 보면 그 많던 서예학원 간판들 다 어디로 갔나. 초등학교 때만 해도 취미이자 특기가 서예인 친구들 꽤나 많았는데 그로부터 삼십 년, 컴퓨터와 휴대폰이 삼시세끼 밥보다 흔해진 지금, 화선지는 고사하고 엽서나 카드를 고르는 친구들 찾기 힘든 요즘, 어디선가 손편지라도 한 통 도착할라치면 나는 너무 기뻐 벽에 붙일 궁리부터 하게 되었다. 대부분 비영어권인 후원 아동들이 보내온 그림인지 글인지 모를 편지를 손에 쥐었을 때, 책을 보내드리면 그 책 받았다고 꼭 안도하게 해주시는 문인 어른들의 자필 메모를 읽었을 때, 절로 환히 웃는 게 바로 나더란 말이다. 물론 이메일과 문자메시지가 생긴 이래 누리게 된 속도감과 효율성에 대해서는 두말해서 무엇 하리. 다만 나는 때와 장소에 맞게 옷을 입어야 하듯 마음을 전하는 방식에 있어서도 신중한 배려가 따랐으면 하고 바라는 것이다. 누군가 이별에도 예의가 필요하다지 않았나. 사랑이야 냉정하고 냉혹할수록 끊기가 쉽다지만 그래도 문자메시지로 해고 통지를 하는 건 너무 야박스러운 일 아닌가.

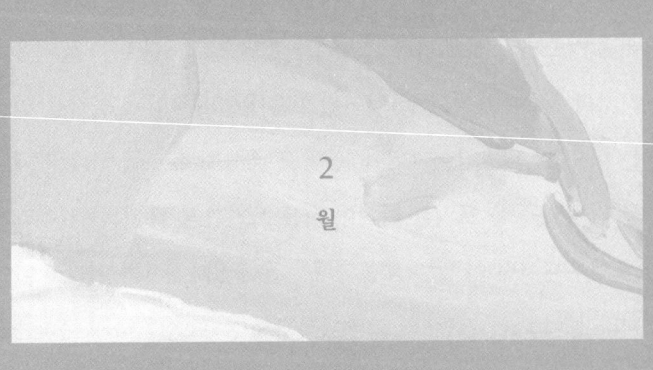

2월

2월 1일 — 시 권하는 마음

엊그제 나는 몹시도 폴짝 뛰었더랬다. 십 년 전, 한 고등학교에서 시를 가르쳤을 때 만난 제자 하나가 글쎄, 제 등단 소식을 전해왔던 것이다. 시가 뭐라고, 시인이 안 되면 죽어도 안 나타나겠다고 휴대폰도 내버린 채 들어앉기를 이 년, 녀석은 약속대로 휴대폰을 만들자마자 내게 처음 전화를 걸었다 했다. 열여덟 청소년일 적에 만나 스물여덟 청년으로 자란 녀석을 떠올리자니 뭉클. 자식도 안 낳아봤으면서 엄마처럼 호들갑을 떠는 나도 참 비호감이라니까. 중학교 때까지 유도를 하다 어깨를 다쳐 운동을 포기한 녀석이 시를 쓰기까지, 내가 한 일이라곤 앵무새처럼 이 말만 되풀이했을 뿐이었다. "시는 머리가 아니라 몸이 쓰는 거란다." 그러니까 도통 나도 실천하지 못하는 주제에 말이다. 학기에는 야식 배달을 하고 방학에는 건설현장에서 벽돌을 나르던 녀석. 그렇게 어느 순간 시 속에 자연스럽게 스미기 시작한 녀석의 땀내. 시 쓰려는 학생들, 허튼 짓이라며 용돈까지 끊고 그 앞길 막는 부모들 많다지. 시를 쓰려면 일단 무엇을 써야 하나 생각을 하게 되고, 생각을 하다보면 관찰을 하게 되고, 관찰을 하다보면 상상을 하게 되는데 그만한 전인 교육이 또 어디 있을라고. 상상력 키우는 법도 비싼 돈 주고 과외받는 세상이라는데 올겨울 방학에 우리 학생들, 시 좀 써 보면 어떨까. 애초에 시로 태어나는 자 없고, 또 무엇보다 돈 한 푼 안 들잖아!

2월 2일 — 우리들의 주제 찾기

예고된 눈. 준비를 했다지만 차나 사람이나 갈피 몰라 하는 건 매한가지라 양재역에서 발 구르며 택시 잡기를 삼십 분. 마치 기다렸다는 듯 내 앞에 와 서는 택시 한 대가 있었다. "강남 여자이신 것 같더라고요." 오십대 중반쯤 되었을까, 기사 아저씨는 극진한 존댓말로 날 반겼다. 눈길이라 울렁거릴 수 있으니 천천히 가겠다며 아저씨는 라디오 주파수도 클래식에 맞췄다. "집이 과천인데 반대면 곤란하니까 골랐지요. 강남 강북, 난 딱 알아요." 아저씨의 과한 친절이 느끼할 지경이라 몇 번을 미끄러졌던 나는 택시가 행선지로 들어서는 걸 보며 내가 '일산 여자'임을 굳이 밝혀야 하나 불편해져서는 손톱이나 뜯는데 느닷없이 탕탕, 누군가 차를 치는 것이었다. 이내 멈춰선 차. 그로부터 일방통행이니 들어오지 말라는 수위 아저씨와 몰랐는데 어쩔 거냐는 기사 아저씨 사이에 쌍방으로 쌍욕이 오가기 시작했다. 이런 개×끼야! 이런 씨×놈아! 느닷없이 벌어진 싸움이라서인지 그보다 더 창의적인 욕은 들려오지 않았다. 다만 욕에 지친 그들이 내민 비장의 카드가 있었으니 이른바 주제파악 놀이랄까. 택시나 모는 주제는 또 뭐고 경비나 보는 주제는 또 뭐람. 뒤엉키지는 않았으니 렌즈에 초점을 맞추자 눈과 함께 그 자체로 아름다운 겨울 달력 풍경이 된 그들. 그 와중에 잊지 않으려고 사진이나 찍는 나의 주제는 그래, 누가 시인 아니랄까.

2월 3일 — 고로, 세상의 친정아비들이란

명절 끝에 동생이 조산을 했다. 모두가 정신없는 와중에 제부도 아니면서 글썽이는 눈으로 동생을 쳐다보는 한 남자가 있었으니 아빠, 어쩌다 그는 딸이 내지르는 비명을 어금니 꽉 깨물고서 지켜보는 친정아비로 저리 비틀 서 있나. 얼마 전 아빠의 책상서랍을 뒤지는데 묘하게 생긴 열쇠고리 하나가 만져졌다. 플라스틱 소재의 기념물이었는데 표면에 쓰인 글귀가 이랬다. 축! 제1회 동일여자상업고등학교 졸업 기념. 1984년 2월. 퇴직할 때까지 한 방직공장에서 사십 년 가까이 솜과 솜 트는 기계와 숨 틀어지는 소리와 더불어 공장 언니들과 함께했던 아빠. 그때만 해도 공부와 노동을 병행하겠다며 매년 이천 명 정도씩은 입학을 했으나 졸업생은 그에 반도 채워지지 않았다고 했다. 책상이 싫어 떠나고 공순이가 싫어 떠나는 언니가 있는가 하면, 까딱 졸았다가 기계 속으로 손이 빨려들어가는 사고로 손을 잃고 의수를 얻은 채 반 강제로 떠나기도 했다는 언니들. 언니였던 그들이 아줌마로 늙어가는 세월 속에 아직도 아빠를 찾는 이들이 있다. 급한데 꼼꼼했으니 상사로는 최악이었을 터, 무슨 연유로 이토록 오래 인연일 수 있는가 물었더니 글쎄 꽃분홍색 립스틱 때문이라나. 부지불식간에 손을 놓친 것도 황망한데 그 손에 슬그머니 화장품을 쥐여주던 철없는 아빠의, 그러나 철을 앞선 오지랖을 떠올려보건대 아무래도 그는 친정아버지를 업으로 태어난 모양이다.

2월 4일 – 차라리 척이나 말지

날씨가 정말이지 양심을 갖다 팔아먹은 모양이다. 이런 추위다 보면 〈이런 데서 주무시면 얼어죽어요〉라는 노래 제목처럼 될까 봐서 꾸역꾸역 지하철역 안으로 들어와 쉴새없이 지하철

칸칸을 오가는 사람들, 꽤나 많다. 저마다 다양한 방식으로 제 안팎의 어려움을 호소하는 구걸꾼들인 셈이다. 그들은 크게 두 부류다. 어쩌다 저 지경까지 몸이 상했을까 안쓰러워 마음 쓰게 하는 이가 있는가 하면 멀쩡한 사지 육신으로 왜 저러고 살까 외면하게 만드는 이가 있으니, 그들 가운데 내 지갑을 열게 하는 이는 그래도 거저먹지는 않으려는 자들이다. 껌 한 통을 최소한 이천 원에 팔더라도, 어느 날 가방 속에서 우연찮게 씹을 껌을 찾았을 때 그 값은 치르고도 남음이 분명하다는 걸 아는 까닭이다. 어제는 허벅다리가 하체의 전부인 한 아저씨가 내 앞에 섰다. "우리 장애인들이 목숨 걸고 만들었습니다. 기계가 깎은 거랑은 다릅니다. 믿어주세요. 팔아주세요. 살려주세요." 아저씨 손에 들린 것은 천 원짜리 귀이개였다. 그에 목숨을 걸 만큼의 절박함을 가늠이나 하겠는가 싶어 나는 지갑이나 꺼내려는데 어라, 사람들은 왜 날 빤히 쳐다만 볼까. 돈 찾다 말고 왜 난 뻘겋게 달아오른 귓불이나 식힐까. 그나저나 단돈 천 원도 못 번 아저씨는 허벅다리 끝에 그 큰 구두 질질 끌며 또 어디로 가시나. 사주지도 못했으면서 사주는 척이나 하다 만 내가 그러고 보면 제일 나쁘다니까.

2월 6일 — 있을 때 잘해, 나는 엄마야

정월대보름이다. 누가 시킨 것도 아닌데 아침에 눈을 뜨자마자 식탁 위에 올려두었던 밤 하나를 딱 소리 나게 깨물었다. 내복 차림으로 자고 있던 내 입속에 땅콩을 밀어넣으며 그래야 부스럼이 안 나고 이가 튼튼해진다던 엄마, 그렇게 자다 깨서 칭얼칭얼 신경질을 부리다가도 세수하고 맞는 대보름 밥상만 보면 환해지던 나. 한 상 가득 오물조물 무친 각종 나물에 멥쌀, 찹쌀, 조, 수수, 보리를 기본으로 하되 이것저것 몇 가지를 더 넣은 오곡밥에 구수한 된장국까지…… 나를 깨우던 엄마 손이 새벽 내내 분주하느라고 이리 얼음장 같았구나, 뒤늦게 알아차린 미안함에 고추장을 듬뿍 넣고 밥을 비벼먹다보면 연이어 벨이 울리곤 했다. 뒷집 철수오빠가 앞집 기승오빠가 엄마 심부름 한답시고 제 집 나물이 든 접시를 쟁반째 들고 있던 풍경은 이제 온데간데없고, 마트마다 테이크아웃이 대세 아니겠냐며 데우기만 하면 된다는 오곡밥과 각종 나물이 든 플라스틱 용기의 간편함을 너나없이 자랑하느라 바쁘다. 요즘 젊은이들 가운데 봉지쌀을 사본 이 있을까, 그걸 갓 낳은 애처럼 조심조심 안고 걸어본 이 그 누굴까, 라고 묻던 한 시인의 글을 읽은 적 있다. 내가 좋아하는 먹을거리의 비롯됨과 만들어짐은 전혀 알려고 하지 않은 채 그저 엄마에게 전화나 해대니, 나는 아무래도 소머즈가 내 엄마라는 착각으로 오늘에 이르렀나보다.

2월 7일 – 우리들의 일그러진 취향

 간만에 백화점을 찾았다. 오늘의 쇼핑 아이템은 남성용 지갑. 작정하고 들어간 세 곳의 명품 매장에서 그러나 나는 크게 환대받지 못했다. 혹한의 추위에 껴입은 야상, 부츠, 민낯, 게다가 고가의 백을 찾는 것도 아니니 어찌 보면 무심한 관심이 당연했을 터. 비싼 만큼 좋은 질인가에 낫처럼 물음표를 던질 만큼 명품으로부터 자유롭지 못한 나였기에 군말 없이 나는 세 번째 매장에서 제법 맘에 드는 물건을 고를 수 있었다. 카드를 긁으며 매니저가 말했다. "일주일 안에 가져오셔야 환불 교환 됩니다." "그럼 사진 찍어 보내볼게요. 맘에 안 들면 안 되니까요." 그런데 한사코 두 손으로 X자를 해대는 매니저라니. "내 값 치른 내 지갑인데 사진도 맘대로 못 찍는 게 말이 돼요?" 그렇다고 즉각 무르는 본보기로 행동하는 양심을 보여줄 만큼 명품으로부터 자유롭지 못한 나였기에, 결국 로고 박힌 쇼핑백 달랑대며 매장을 빠져나올 수밖에 없었다. 명품 브랜드들이 줄

줄이 값을 인상한다는 소식에, 매장이 북새통을 이룬다는 뉴스를 보며 옷장 속 칸칸마다 모셔져 있는 내 가방들이 떠올랐다. 죽을 때 관에 넣고 갈 것도 아니면서 한 시절 왜 그렇게 사지 못해 안달이었을까. 그나저나 이쯤에서 궁금한 점 하나. 왜 우리들은 똑같은 옷을 입은 사람을 보면 피하기 바쁘면서 왜 똑같은 가방을 든 사람을 보면 따라 사지 못해 안달인 걸까.

2월 8일 – 그 누가 상식을 기본이라 말했나

지난달 말부터 한 방송국 노조가 총파업에 돌입했다. 뉴스 좀 보자고 앉았는데 뉴스가 곧 끝나버리는 어처구니없는 상황 속에 우리가 무슨 죄라고 우리를 담보로 이러실까. 늦은 밤, 전에 없던 관심을 가져보는데 문득 상식이라는 단어가 불쑥 튀어나왔다. 가령 '상식적으로 말하자면' 같은 수식, 나도 참 습관적으로 쓰고 있으나 내가 얼마나 상식적인 사람인가를 자문하다 보면 필시 침묵하게도 되는 바. 그러니 안다고 믿는 언덕에서 가장 쉽게 미끄러지는 거 아니겠나. 어쨌든 방송국에서 밤낮없이 바빠야 할 인력들이 거리로 나와 지금 우리와 함께 길 위에 있다. 뜻을 모은 이가 한둘도 아니고 오죽 답답했으면 이렇게 극단적인 방법까지 택했을까, 왜곡과 편파는 억울하다며 나 몰라라 잡아뗄 수 있을지언정 함께 일하는 이들이 대체 왜 피켓 속에 이름을 적어 나가라고 외치는지 한번쯤 아랫사람의 눈과 귀가 되어보는 게 상식에 걸맞은 상사의 태도라고 생각하는 나로선 아무래도 평생 아랫자리나 차고앉을 운명인 것만 같다. 대체 높은 자리에 계신 분들은 왜 하나같이 나는 옳다, 라고만 하실까. 사람인데, 사람이니까 나는 그르다, 해본들 화들짝 지구가 뒤집힐 것도 아닌데 말이다. 사내 연애중인 커플이 함께 시위에 참여했다는, 그러니 어쩌라고 싶은 기사들 가운데 파업을 응원하는 대규모 콘서트가 열린다는 소식. 간만에 달력에 빨간 동그라미를 다 그렸네그려.

2월 9일 – 돈이 돌이 되는 인생사

돈은 없는데 정은 많은 터라 간혹 손해를 보는 게 나다. 어쩌겠는가. 그래야 내가 편한걸. 무턱대고 내 고집을 자신하다 뒤통수 맞은 적도 여럿이다. 맞다, 나는 혼이 나야 한다. 의심의 눈초리를 회심의 회초리로 후려치는 스타일이 아니다보니 너 말고 내 종아리 시퍼렇게 멍든 적 꽤나 많았기 때문이다. 특히나 돈에 있어 그렇다. 잊을 만하면 나는 한 번씩 애먼 돈이 어디 없나 안 쓰는 통장을 조회해보곤 한다. 큰돈 아닌 푼돈이라도 내 지갑에서 가져갔으면 다시 넣어주는 게 예의일 텐데 그렇게 빠져나간 돈은 돌아올 줄 몰랐다. 테니스 레슨을 받을 때 코치를 했던 변군은 기억이나 할까. 공예과에 다니던 동생의 눈에 철심이 박히는 사고가 났다 했지. 당장 수술을 해야 하는데 돈 오십만 원이 모자란다고 했지. 가불은커녕 병원에 갈 택시비도 없다 했지. 아버지는 교통사고 후유증으로 누워 계시고 어머니는 앞을 못 보신다 했지. "누나, 저 돈 좀 꿔주시면 안 돼요?" 0.1톤의 변군이 울지만 않았어도, 그날 내 통장에 '박인환문학상' 상금만 들어오지 않았어도 나는 거지야, 보무도 당당하게 두 손 탈탈 털어 보였으련만. 그로부터 오 년, 그사이 변군에게 딱 한 번 전화를 걸었더랬다. "누나, 내가 누굴 손 좀 봤다가 어딜 좀 들어갔다왔어요. 잘 지냈죠?" 나는 휴대폰에 저장된 변군의 번호를 바로 날름 지웠다. 그러니까 잘 지내기 위해.

2월 10일 – 스승을 찾아서

연재를 시작한다는 예고가 나간 날, 고3 때 담임선생님으로부터 전화가 걸려왔다. "시골 촌 학교에서 이게 웬 경사랍니까." 격려의 말씀에도 불구하고 어쩌다 얼굴이 그 모양으로 나왔을까, 사진 타박만 해대는 내게 선생님께서는 예의 그 존댓말로 이러셨다. "옛날 얼굴을 내가 기억하는데 그럼 못 본 사이에 수술이라도 하셨다는 겁니까?" 아이고 네네, 닥치고 글이나 잘 쓰겠습니다, 전화에 대고 연신 머리를 조아리는데 가물가물 그 시절 이런저런 얘깃거리들이 떠오르는 것이었다. 예민했고, 고집 셌고, 그만큼 눈물도 흔해 선생님을 곤혹스럽게 만든 적 많았던 나. 왜 사는지 모르겠다며 한숨을 반복하면서도 세 끼 밥도 모자라 간식에 분식에 다섯 끼나 챙겨먹던 모순의 나. 그래도 밥숟가락이라도 뜨고 사는 것은 선생님이 계셔서가 아닐까 인정하는 순간을 종종 맞닥뜨리곤 한다. 미안하고 고마울 때는 반드시 손편지를 쓰라 하셔서 그걸 배웠고, 잔칫상 차려진 곳은 안 가도 되나 제사상 차려진 곳은 꼭 가라 하셔서 그걸 배웠고, 교과서는 안 읽어도 좋으니 책은 가리지 말라 하셔서 그걸 배웠다지. 정말 인간적이다, 할 참 인간이 되고 싶은데 이제 누구에게 가르침을 내어달라 조를까. 시대의 스승이 다 가고 없는 이 마당에. 일단 미루고 미뤘던 고3 때 담임선생님부터 뵙자 할 참이다. 백화점 세일 시작한다는데 새 옷 한 벌 사 입고서.

2월 11일 − 생각하는 척의 척도

 어릴 적 한 단독주택에서 근 이십 년을 살았더랬다. 시골도 아니면서 사는 모양새가 마치 부락 같았던 그 동네에서 내 집만큼 뻔질나게 드나드는 곳이 있었으니 바로 초입에 자리한 슈퍼였다. 장사의 지속 여부는 주인의 부지런함이 관건인 터. 게다가 외상이라는 훈훈한 믿음, 그 상징의 조커를 누구나 손에 쥐었으니 천국이 이와 달랐으랴. 그로부터 시작된 대형마트의 들어섬. 뚝딱뚝딱 짓기 무섭게 거대한 규모로 우리를 집어삼키기 바빴던 매장에서 동생과 시급을 받고 시음 아르바이트에 나섰던 내가 있었다. 카트 안에 세제며 맥주를 박스째 쌓고 사는 사람들, 그들에게 주스 한 병이라도 더 팔아보고자 목청을 높이다보면 온갖 먼지에 눈은 충혈되고, 찰나의 휴식에 다리는 퉁퉁 붓고, 계산이 안 맞으면 밀려드는 자괴감에 돈의 비위가 더 상하고는 했다. 그래도 어쩌랴, 벌어야 사는 걸. 북적거림을 피해 자정 넘어 마트를 찾을 때마다 나는 계산대에 서 있는 우리네 엄마들, 물건을 나르고 진열하는 우리네 동생들을 그냥 지나치지 못한다. 그들의 눈이 왜 빨간지, 그들의 종아리에 왜 알이 배겼는지, 그들이 점장한테 왜 군소리를 듣는지 바로 알아버리는 까닭이었다. 대형마트 영업시간 제한 및 강제 휴무 조치로 의견이 분분한 가운데 들리는 소리라니, 중소상인들 보호할 맘이었다면 애초에 공룡 마트들 허가나 말지 왜 이제 와 뒷북들을 치실까.

2월 13일 ― 어쨌거나 우리 다 죽을 사람들

중학교 1학년 겨울방학 때였나, 하루는 성당에서 피정을 갔는데 저녁 프로그램 중에 신부님께서 지금부터 한 사람씩 걸어 나와 죽은 제 얼굴을 들여다보라 하시는 거였다. 일순 어른 아이 할 것 없이 뒤섞여 있던 무리들 사이에 깊은 침묵의 골이 파였고, 이내 그 골짜기를 따라 우리들은 길게 한 줄로 섰다. 그러고는 제단 위에 놓인 나무관 속을 조심스레 들여다보는데 놀랍게도 거기 정말 내가 있었다. 나는 너야, 라는 거울 속 나와의 맞닥뜨림. 그 앞에서 오 분간 침묵하라 하셨던가. 어렸던 나는 여기저기 터져나오는 어른들의 울음에 어안이 벙벙해져 훗날 저러지 않게 죄 짓지 말고 착하게 살아야겠다, 일기에 썼더랬다. 그로부터 시작된 죄의식과 착한 척의 굴레는 늦은 밤 나를 그때 그 어른들처럼 통곡하게 만들곤 했다. 해가 뜨면 '착한 어린이표'를 떼고 '나쁜 어른표'를 가슴에 달던 나, 모순된 두 얼굴의 삶을 나도 지긋해하던 가운데 얼마 전 오규원 시인의 시 「죽고 난 뒤의 팬티」를 모두 앞에 낭독하게 되었다. 혹시 교통사고가 날까, 언제 팬티를 갈아입었는지 죽은 자의 죽고 난 뒤의 부끄러움을 걱정하는 우리들의 기우, 그 우스움을 꼬집는 시에 여전히 폭소하던 우리들. 죽기 위해 사는 우리들이라지만 누군가 앞섰다는 소식에야 비로소 제 몫인 양 챙기게 되는 죽음…… 휘트니 휴스턴의 부음을 접하고 먹먹해진 마음에 예까지 썼다.

2월 14일 – 노래의 날개 위에

노래 싫어하는 한국 사람이 열에 몇이나 될까. 예전에는 리어카에서 경쟁적으로 흘러나오는 유행가에 너도나도 입가에 리듬이 묻어 있었다지만 저작권 문제로 그 소리가 뚝 끊기고 난 뒤에는 저마다 귀에 이어폰을 꽂은 이들의 발걸음으로 그 장단을 짐작할 뿐이다. 누군가 강의를 들을 때 또 누군가는 강의실에 앉아 과자에 막걸리를 마시던 대학 시절, 그래, 우리들에게는 함께 부를 노래가 있었다. 꽃이 폈다 지는 늦봄에는 허수경 시인의 시 속 한 풍경처럼 장구를 치며 민중가요를 질러댔고, 추적추적 비가 내리는 겨울에는 허름한 중국집에서 짬뽕 국물 하나에 여럿이 숟가락을 꽂은 채로 이과두주를 홀짝이며 배호를 불러대곤 했다. 노래를 못 하면 시집을 못 가요 아 미운 사람, 이라고들 저주를 퍼부은 당신들 탓에 여전히 혼자라지만 그 덕분에 홀로 남의 노래를 맘껏 평하는 자유를 만끽할 수 있어 각종 오디션 프로그램을 즐겨 보는 편이다. 그러나 날 중독시킨 것이 노래보다 사람이라 하면 말이 되려나. 실수하고 긴장하는 그들에게서 나라는 평범을, 나라는 보통을, 그리하여 그런 다수 속 다양한 인간의 전형을 발견하는 재미를 느낄 수 있기 때문이다. 너나 잘하세요, 하고플 만큼 심사위원들의 앙칼진 의견에 고맙습니다, 감사합니다, 연신 머리 조아리는 참으로 착한 그들. 그러고 보면 신도 못 가진 무기, 노래만이 가진 힘이 분명 있다는 얘길 거다.

2월 15일 ─ 왜 이러는 걸까요

흠잡을 데 없이 값비싼 탁자를 사왔다고 치자. 돈만 주면 언제든지 매장에 가서 구입할 수 있는 까닭에, 맘에 들어하던 측근 하나가 같은 탁자로 하나 사왔다고 치자. 그것이 똑같은 모양새로 우리집에도 있고 너희 집에도 있고 우리 모두의 집에 다 놓여 있다고 치자. 그저 무언가 놓이는 곳으로의 제 역할만 다하는 탁자. 그때 우리 이 탁자를 과연 예술이라 말할 수 있을까. 탁자 그와는 다른 탁자를 기대하다 탁자 그 이상의 탁자가 생겨나는 우연성에 흥분하는 마음, 예술이란 바로 그 차이를 알아보고 다름을 인정하는 눈이 아닐까. 교복 위에 입기보다 걸친다고 해야 더 적합할 만큼 수십만 원을 호가하는 한 등산용 브랜드 점퍼의 인기가 하늘을 찌른다지. 마치 처음 있는 일인 것처럼 호들갑을 떠는 어른들이라지만 기억나시는지. 우리 때도 분명 유행이란 게 있지 않았는가 말이다. 교복 치마 아래 흰 커버 대신 난분분한 무지갯빛 양말이며 워커를 왜 그렇게 신어댔을까. 컬러만 다를 뿐 같은 디자인의 백팩을 모두가 왜 그렇게 메댔을까. 그나마 학교별 유행이 고유하게 유지될 수 있었던 까닭은 지금과 같이 무차별한 인터넷 세상이 아니었던 탓일 게다. 그러니 점퍼를 뺏겼으니, 뺏었으니 하는 취조에 애들 머리통 쥐어박을 자격, 우리들에게 있을까.

2월 16일 — 어쨌든, 여행은 해서 좋은 것

요 며칠 갑작스러운 봄기운에 싱숭생숭 조금, 그러하였다. 옷 껴입기 바빴던 내가 너무 껴입었나 싶어 카디건 하나를 벗어 다시금 옷걸이에 걸 때, 새 계절은 그렇게 오는 모양이다. 홍대 거리로 쏟아져나온 쾌활한 웃음 속 젊디젊은 사람들 사이에서, 저들끼리 뭐라 귀엣말을 해가며 트렁크를 질질 끌고 지나가던 이들 가운데 유독 중국인 관광객들이 눈에 띄었다. 양손 가득 쇼핑백에 백을 보태느라 분주하던 그들 손에 가장 단단히 붙들린 것이 있었으니 다름 아닌 여행 가이드였다. 많은 종수는 아니나 여행 관련 서적에 관심이 많아 그래도 꽤 만들어온 탓에 혹 훔쳐올 만한 소스인가 절로 쏠렸던 편집자로서의 내 욕심. 오대양 육대주를 넘나들며 세계 곳곳의 관광지를 넘어서서 구석구석 숨은 골목까지 샅샅이 쑤시고 다니는 요즘의 우리들, 가본 데보다 안 가본 데가 더 적다는 걸 자랑하며 이국적인 풍경을 배경으로 찍은 사진과 글 속에 자신을 드러내는 요즘의 우리들, 그리고 그런 그들 속의 바로 나. 그런데 어느 날 내 집 뒷산에 올랐다가 이곳에 고려시대부터 자리했던 절이 있다는 걸 알았다. 삼 년 넘게 살아온 집, 그것도 유적을 코앞에 두고도 몰라본 무관심이라니. 내 집 마당도 살피지 못하면서 남의 집 마당 쓸 궁리나 하고 다녔다는 반성도 잠시, 그래도 희망인 건 국경을 넘나들며 글로벌적으로 배운 비질 솜씨라고나 할까.

2월 17일 — 포토샵에 속을 우리이랴

목수, 육상 선수, 시트콤 작가, 컨트리 가수, 그래픽 디자이너에 가만 있자, 그리피스 조이너, 안도 다다오, 베라 왕, 무엇보다 그 최전선에 카를라 부르니…… 내가 꿈꾼 직업이거나 닮고 싶은 인물들을 나열하고 보니 나도 참, 곧 죽어도 예술이구나 싶다. 사립유치원에 진학시키고자 여섯 살짜리 꼬마를 면접관들 앞에 세웠던 엄마는 내게 나올 문제가 빤하다며 이렇게 주입을 시켰더랬다. 그러니까 네 장래희망은 뭐라고? 그렇지, 선생님! 엄마가 옳았고, 엄마가 정확했던 까닭에 배운 대로 답했으면 좋으련만 나는 다양한 직업군 가운데 여러 친구들이 대통령이요, 국회위원이요, 떠드는 걸 물끄러미 쳐다볼 수밖에 없었다. 어린 내 눈에 비친 그들이 흡사 검은 양복을 입은 마네킹 같았기 때문이었다. 투표권이 생긴 후 이런저런 선거를 경험했다지만 나는 여전히 그들을 신기하게 바라보곤 한다. 건물 벽에 큼지막하게 걸린 후보자들의 사진만 보더라도 그렇다. 나는 옳습니다, 나만 잘합니다, 내가 최선입니다, 나밖에 없다면서 공약이랍시고 허황된 구름을 둥둥 띄우는 그들에게 "혹시 밤에 잘 때 두 다리 뻗고 주무십니까?" 묻게 되는 건 왜일까. 오모가리찌개집 간판에 붙은 갓을 쓴 할아버지 사진에는 반달눈이면서 정치인들 사진에는 유독 도끼눈이 되는 이유, 특권이랍시고 그들에게 주어진 무료 항공권이 아까운 탓이려나. 우이씨, 부러우면 지는 거라는데.

2월 18일 — 하여튼 좀 유별난 우리들

승무원인 여동생을 따라 필리핀의 한 섬에서 연말 휴가를 보낸 적이 있다. 공짜 비행기 티켓인데다 동생이 머무르는 호텔에서 꼽사리로 먹고 자는 패키지라 부랴부랴 짐을 꾸려 도착하니 웬걸, 작은 바닷가 마을에 영어와 타갈로그어로 된 간판들 사이 비죽비죽 한글이 읽히는 거 아닌가. 누구네 조개구이며 노래방이며 삼겹살이라는 글자들이 예가 한국의 어촌인가 싶게 순식간에 우리를 질펀한 우리네 밤의 술상에 불러다 앉히는 듯했다. 역시나 대단한 한국인들이라니까. 이곳까지 고기구이용 숯불을 침투시킨 놀라운 생활력에 감탄하면서도 한편으로 쓸쓸했던 건 가게 곳곳에 붉은 래커로 갈겨져 있던 어떤 분노의 표출 때문이기도 했다. 대체, 누가, 왜, 라고 하기에 지레 발이 저리는 이 느낌은 뭐람. 일거리가 없으면 방구석 시체가 되는 우리와 달리 반바지에 맨 웃통 차림으로 하릴없이 집 앞을 서성대던 그들은 눈이 마주치는 순간 허연 이를 드러내며 잘도 웃었다. 타고난 특유의 낙천으로 가난을 오래 견뎌온 사람들이라지만 그렇다고 해서 모두가 못 배우고 가지지 못한 것은 아닐 터. 현지 가이드의 말을 빌자니 특히나 술이 취해 벌이는 한국인들의 추태와 무시가 젤로 심하다나. 돈 뿌리러 왔으니 제 돈 뿌려가며 왕 노릇 하는 걸 어쩌겠냐만 그런 몇몇의 헤픈 짓거리로 스노클링이나 즐기려는 소박한 우리들이 납치의 표적이 된다는 건 해도 너무한 일, 그렇게나 억울한 일.

2월 20일 ― 경험이라는 앎의 눈

날치기를 당해 몇 달가량 경찰서를 들락거린 적이 있다. 누군가 뒤에서 나를 밀쳤고 그 틈에 놓친 내 가방을 들고 달아났다……가 진술의 다였으면 다행이련만, 곧바로 또다른 누군가가 내게 접근했고 용케도 용감한 시민에게 뒷덜미를 잡히는 통에 형사 앞에 가 앉게 되었던 것이다. 그러나 범인이랍시고 잡았는데 맨손, 아무리 전과가 있다 한들 증거 하나 없이 무작정 사람을 가둬둘 수는 없는 터, 다음날부터 나는 담당 형사와 범인을 잡기 위한 동행에 나섰다. 도로에 넘어지는 그 단순한 재현을 몇 번이나 반복하고 내 카드로 돈을 뽑으려던 범인들의 얼굴을 은행 CCTV로 몇 차례나 돌려보던 나, 경찰서 정문에 딱 붙어 형사가 쯧쯧 혀를 차게 했던 애초의 내 수줍음은 어디로 갔담. 놀러오는 것도 아닌데 어느새 특유의 오지랖으로 간식거리를 사든 채 경찰서를 들락거리게 된 내가 있었다. 조서를 꾸미는 형사 옆에서 성과 이름은 띄어쓰는 게 아니라며 비문을 고쳐줘가며 차례를 기다릴 때, 칠판 위에 그려졌다 지워지던 의문사의 케이스를 얼마나 목도했던가. 매일매일 생각보다 많은 사람이 생각지도 못한 별별 사건을 겪고, 예상보다 많은 사람이 예상하지 못한 이런저런 죽음에 이른다. 경험하지 않고 안다고 말하는 것만큼 무책임한 입이 없다는 교훈을 가방값 대신 톡톡히 치른 지금, 강정마을에 대한 얘기도 일단 다녀와서 몇 자 적으련다.

2월 21일 – 화는 힘이 아니거든요

 길에서 심심찮게 벌어지는 여러 볼거리 가운데 으뜸은 역시 싸움구경이 아닐까 한다. 특히 남녀 간의 다툼이라 할 때 오래된 연인일수록 보다 적나라한 감정을 드러내니, 골이 깊은 당사자들이야 못할 짓이겠지만 보는 우리들은 묘한 쾌감을 느끼는 바. 그로부터 나는 대체 어떤 연유로 빚어지게 된 진흙탕인지 그 삽질이 궁금해서 자리를 뜨지 못한 채 계속 힐끗거리게 되는 것이다. 네가 잘했니, 내가 잘했니, 시선을 피해가며 제 하고픈 말만 반복해대는 통에 사랑이라는 정의 옆에 찍힐 느낌표를 물음표로 바꾸게 된 나. 절대로 남의 연애사에 참견을 말아야 결심한 날이 있었으니 지금은 부부가 된 어느 커플의 어떤 싸움의 하루를 기록하게 된 후부터다. 저녁 메뉴를 정하다 벌어진 말싸움에 핏대를 올리던 여자가 끝내 실신했고 금방이라도 때릴 듯 눈을 부라리던 남자가 죽지 말라며 앰뷸런스에서 가슴을 쥐어짜며 우는데, 순간 눈을 뜬 여자에게 퍼붓는 남자의 키스 세례라니. 이게 대체 뭐 하는 시추에이션이니! 그때 뱉은 이 대사가 딱 들어맞을 동영상을 하나 봤다. 그러고 보면 우리들의 작명 솜씨는 좀 끝내주는 것 같다. 막말녀, 만들기에 따라 막말남. 이 화는 무엇이며 대체 어디에서 오는가. 개들 싸울 때 냅다 물 뿌리면 멈춘다지. 소화기 대신 이제 지하철에 생수통을 구비해야 하나.

2월 22일 – 그러게나 말입니다

아르헨티나의 젊은 작가이자 편집자인 코엘료란 친구가 회사를 찾아왔다. 한국문학번역원의 초청으로 몇 달간 이곳에 머물면서 한국문학의 흐름을 알고 나아가 우리의 젊은 작가와 시인들을 현지에 대거 소개하고 싶다는 게 그의 취지였는데 역시나, 이런저런 제스처를 곁들여가며 쉴새없이 던지는 질문 속에 내내 붉었던 볼이 열정의 온도를 가늠하게끔 했다. 문학에 대한 열의만으로 아무런 연고도 없이 아르헨티나의 부에노스아이레스도 아니고 그 변방에 자리한 어떤 출판사를 찾아가 무턱대고 당신네 문학에 관심 있습니다, 도움을 받고 싶습니다, 말한다는 게 사실 쉬운 일은 아니지 않는가. 때마침 일이 있어 회사를 찾은 소설가 김연수 선배를 보자마자 그는 마치 오랜만에 만난 친구인 양 환히 웃으며 알은척을 했다. 그가 우리 문학에 품은 애정이 말만은 아님이 여실히 증명되는 순간이었다. 눈앞에 세계적인 작가가 있었어도 그가 그였어? 알아보지 못하고 무릎을 친 내 경험으로 보건대 진심에는 몸이 빠른 법. 우리들은 그저 '피시'라고밖에 설명할 수 없던 가자미를 발라가며 드문드문 대화를 이어나갔다. 시집 초판을 대략 몇 부 찍느냐고 그가 물었던가. 이천 부라 하였더니 여기 와 두 달 동안 지하철에서 책 읽는 사람 딱 두 명 봤고, 죄다 휴대폰만 들여다보더라나. 대체 그 많은 시집은 누가 다 읽는 거냐는 물음에 나는 그저 도라지나 씹었다.

2월 23일 — 운동화 안 신은 게 죄라지만

한동안 웬만한 약속은 다 인사동에서 잡았더랬다. '안국역 몇 번 출구 앞'만큼 설명에 뒤끝이 남지 않는 장소도 없었더랬다. 문인들이 촌스러워 그곳에 모인다는 얘기를 들은 적이 있는데 천만에! 우리들도 포크로 돌돌 말아 먹는 파스타에 피 뚝뚝 떨어지는 스테이크 썰어 먹는 거 즐길 줄 아는데 말이다. 그렇게 영원할 줄 알았던 우리들 만남의 광장 인사동이 어느 날부터인지 우리들의 다이어리에서 사라졌다. 그곳이 아니어도 차 한잔 시켜놓고 문학이냐 죽음이냐를 논할 수 있는 밀실 같은 카페가 여기저기 들어섰기 때문이다. 그곳이 아니어도 술 한 병 시켜

놓고 사랑이냐 사람이냐를 고민하게 만드는 암실 같은 술집이 곳곳에 널렸기 때문이다. 며칠 전 아주 오랜만에 인사동을 찾았다. 뵙기로 한 어르신과 마주앉아 점심으로 정식 메뉴를 시키는데 우리를 제외하고 모두가 외국인 관광객들이었다. 밥이 코로 들어가는지 귀로 들어가는지 시끄러운 와중에도 간드러지는 웃음으로 뚝배기에 담긴 계란찜이며 비지찌개며 숭늉을 찍어대는 저들의 카메라에 대체 어떤 사진들이 담겨 있을지 궁금해진 나. 그렇다고 카메라를 뺏어 넘겨볼 수는 없는 노릇. 하여 뭘 찍었을까 곰곰 인사동 거리를 그려보는데 웬걸! 왜 난 내 구두굽을 몇 번이나 잡아먹은, 그래서 길 가다 말고 맨발로 서서 내 구두를 무처럼 뽑아서 들게 만들던 보도블록 틈바구니가 젤로 먼저 생각났던 걸까.

2월 24일 – 내가 웃는 게 웃는 게 아니랄 때

느닷없이 예상치 못한 어떤 일이 벌어졌을 때, 그것이 너무도 어이없어 혀나 쯧쯧 차게 될 때 우리가 입버릇처럼 내뱉는 말이 있지. "이거 완전 코미디인데요." 이제 이도 그만 삼가야 될 것 같다. 우리 삶의 카테고리 전반을 가감없이 훑어주는 스캐너 역할을 코미디언들만이 자처하고 있기 때문이다. 사실 사람을 울리기는 쉽다. 울리다 울리려다 안 될 때 내가 먼저 울기라도 하면 상대가 눈물을 글썽이기까지는 하니까. 그러나 사람을 웃기기는 어렵다. 웃기다 웃기려다 안 될 때 내가 먼저 웃기라도 하면 상대는 입가에 묻은 실소마저 싹 지우고 마니까. 그렇듯 머리 좋은 이들, 이렇듯 뛰어난 뇌의 소유자인 코미디언들을 나는 '개그콘서트'를 통해 만난다. 썰렁하다가도 터지는 박장대소의 순간이 나나 관객석이나 엇비슷한 걸 보면서 나는 우리들의 웃음과 박수와 해소가 동시에 터지는 그 지점을 뭐라 짚어야 할까 생각하곤 한다. 구체이자 추상이고 이성이면서 감성인 동시에 주관과 객관의 정가운데쯤이라 할까. 장석남 시인의 새 시집을 읽다 참 별말도 아닌데 밑줄을 긋기에 그걸 본다. '무심으로 장작을 쪼개니 쪼개진다'라나. 무심의 그 무시무시한 힘을 아는 코미디언들, 매주 에피소드 다 어디서 구하나 걱정도 할 법한데 당분간 소재 고민은 안 해도 될 것 같다. 강 머시기 의원처럼 아이디어 주실 정치인들, 시쳇말로 쌔고 쌨을 테니.

2월 25일 – 물론 돈이 다일 수는 있겠으나

자정을 훌쩍 넘긴 시간에 딩동, 문자 한 통을 받았다. 성우 김상현 언니가 시를 낭독하니 자기 전에 한번 들어보라는 전갈이었다. 냅다 텔레비전을 틀었다. 파블로 네루다의 시 「엉겅퀴」 구절구절이 언니의 힘있는 저음에 실려 내 귓속을 타고 심장까지 순식간에 타전되는 듯했다. 번역된 시라지만 조사 하나 쉼표 하나마다 그에 걸맞은 무게를 실어 발음하니 알다가도 모를 엉겅퀴가 모르다가도 알아버린 엉겅퀴처럼 손에 잡히는 느낌이었다. 왜 사는지 모르는 채로 내일을 살아야 하는 버거움에 간혹 한숨이 나다가도 어떤 환기에 코끝이 짠해질 때, 그렇게 삶을 되새기게 만들어주는 도구 가운데 하나가 책이지 싶다. 만만한 게 책이고 흔하디 흔한 게 책이라지만 영상매체 중에 책을 말하는 프로그램이 과연 몇 개나 되려나. 물론 이해는 한다. 웃고 즐기는 가운데 시작했다 끝나는 예능과는 다르게 책은 좀 골치가 아프니까. 그래서들 채널 돌리기에 급급하니까. 그러나 돈이 되지 않는다고 그 몇몇의 소수를 아예 없다고 단정 짓는 것은 너무도 위험한 발상이 아닌가. 언제쯤 우리는 문화의 값어치를 매서운 눈으로 알아채는, 그런 매의 눈을 가진 문화적인 관료를 만날 수 있으려나. 몇 번의 출연으로 애정이 깊었던 KBS 〈낭독의 발견〉이 폐지되었다니 짜증나서 그런다. 한때 방송작가로 밥벌이를 삼았던 EBS 〈세계음악기행〉을 더는 들을 수 없다니 안타까워 이런다.

2월 27일 – 우리들의 일기

연재를 시작하며 다짐한 바이기도 하여 고등학교 3학년 때 담임선생님을 뵈러 갔다. 친구 수연이와 선생님이 사주신 밥을 먹고 댁을 방문하여 돌로 쌓은 모양새가 특이했던 난 화분을 받아온 것이 스물한 살 봄이었으니, 얼추 십오 년 만의 만남. 혹여 나눌 얘기가 없을까봐 가졌던 두근거림이야말로 기우, 선생님과 나는 예술 전반에 걸쳐 그간 서로가 서로에게 열 일 없어 풀지 않았던 관심사의 물꼬를 트느라 몹시도 말 빨라졌더랬다. 열아홉에 난 책과 음악에 관심이 많았는데, 마흔둘에 선생님은 그림과 오디오에 관심이 많으셨다지. 새벽 별 보기 수업부터 자정 별 보기 자율학습까지 그 긴 얼굴 마주함의 시간에다 공식적인 상담마저 잡혀 있음에도 왜 난 선생님과 대화라는 걸 나눠본 기억이 없는 걸까. 이를테면 성적 떨어졌어요, 성적 올려라, 라는 겉어림의 말 말고 저 이런 책 읽어요, 나 이런 그림 샀다, 라는 속사정의 말 같은 거. 물론 치열한 입시지옥에서 내 바람이 일장춘몽의 가운데 토막인 것도 잘 안다만, 나라는 우주의 원심력을 쥐고 흔드는 조종석 가운데 말이 자리함 또한 모두가 잘 아는 사실이지 않은가. 수연이의 근황을 여쭙기에 육 년 전 비보를 덤덤히 전하는 나. 먼저 간 제자를 가슴에 어찌 새기실지 이는 내가 경험한 바가 아니므로 나는 그저 당부하였으니 같은 늙어가는 처지라지만 일단은 선생님, 제가 좀더 오래 살아남겠습니다.

2월 28일 – 옷이 곧 사람 아닌가

봄맞이 대청소랍시고 방 하나를 치우다가 에라, 주저앉아버렸다. 옷방이니 옷이 켜켜이 쌓인 것은 당연한데 무질서하게 개어놓은 모양새라는 게, 옷마다 빈틈없이 쌓인 먼지라는 게 어디서부터 손을 대야 할지 모를 정도로 속수무책의 얼굴을 하고 있었기 때문이다. 옷은 유행과 취향과 사이즈를 고려하여 버릴 것과 아니 그러할 것이 분명히 나뉘므로 계절이 바뀔 때마다 옷장 앞에 서서 하염없이 손톱이나 물어뜯곤 했더랬다. 입기도 싫고 또한 입을 수도 없는데 막상 누군가에게 주려 하면 아깝기도 하고 민망하기도 하여 망설이게 되는 이 '애정남'

의 상황…… 전에는 생일이나 명절, 혹은 특별한 날에 앞서 두근거리는 마음으로 사 입는 게 옷이었다. 대학 입학 선물로 엄마가 사준 코트가 그러했고, 취직 기념으로 아빠가 사준 투피스가 그러했으며, 헤어짐에 종지부를 찍기 위해 남자 친구가 사준 티셔츠가 그러했다. 옷마다 깃든 사연이 가지가지인데다 옷이 곧 사람으로 추억되는 경우도 다반사라 쉽사리 폐기함에 밀어넣을 수 없던 것도 사실이었다. 지금은 패스트패션 사업이 호황이라지. 최신 유행 따라 빠르게 제작하고 빠르게 유통시키는 빨리빨리 옷 장사에 대기업 딸내미까지 뛰어들어 호떡집에 불 날 지경이라지. 너도 나도 사 입다 버릴 테니 나는 관심 없고 점심시간에 안 입는 옷이나 갖고 나와 회사에서 바자회나 한번 열 참이다.

2월 29일 — 책, 나 위해 읽자는 건 아니고요

바야흐로 2월 하고도 29일. 늘 28일이 끝 같아서 삼일절 놀궁리하다 3월을 맞던 여느 2월과는 달리 오늘은 사 년에 한 번 덤으로 주어지는 하루라는 생각에 뭐랄까, 좀 차분히 내 안팎을 둘러보게 되는 것도 사실이다. 물론 이런 여유를 부리는 데는 나름의 이유가 있다. 월급날이기도 하기 때문이다. 설사 은행 잔고가 0을 가리킨다 해도 커피 한잔 사 마시면서 내일을 다짐하게 되는 마음가짐, 사실 돈에 쪼들리면 어디 가당키나 할까. 회사에 충성하는 직원도 아니면서 나는 말일이 되면 직원 수에 대략적인 월급을 곱해 계산기에 찍어보고는 깊은 한숨을 내쉬곤 한다. 이 많은 돈을 카드로 결제할 수는 없는 노릇이고 전액 현금이어야 한다면 책을 대체 얼마나 팔아야 할까 싶어서다. 출간 족족 반품되어오는 책을 보며 깊어지는 시름 속에 안 팔리는 책이라야 어제오늘의 일은 아니다만 지난해 한 가정에서 구입한 책이 월평균 두 권에 지나지 않는다니, 양서를 계속 만들어내는 일만큼 널리 알리는 일 또한 중요함을 알아 방송사 개편 소식에 홈페이지를 들락거리는데 아, 어디에도 책 관련 신설 프로그램은 없다. 불우 이웃 돕기 방송처럼 불후한 책 돕기 운동, 누가 좀 벌여주면 안 되나. 이 와중에 끝내주는 액수의 법인카드 사용 내역서를 자랑한 한 방송사의 사장님, 일로다가 지인들께 온갖 명품 선물하곤 하셨다는데 그중 책은 몇 권이나 될라나.

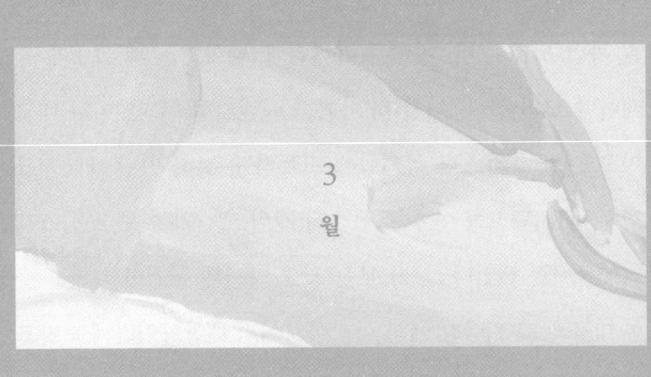

3
월

3월 1일 — 오늘이니까 태극기 생각

올해로 삼일절 맞은 지 서른일곱번째, 부끄럽게도 나는 태극기 한번 내걸어본 적 없다. 그렇다고 제헌절이나 광복절이라고 달랐으랴. 그저 그런 날마다 아파트 베란다에 서서 몇 층 몇 층은 태극기가 걸렸네, 펄럭이네, 휘감겼네, 평가나 해댔을 뿐이니 목숨 바쳐 나라 구하신 선조들 볼작시면 한탄에 혀를 끌끌 차실 노릇일 터. 변명은 아니건대, 태극기는 왜 그렇게 볼 때마다 낯이 설까. 어릴 적 아빠는 이런저런 기념일마다 네모지고 까만 플라스틱 국기함에 반듯하게 접혀 있던 태극기를 꺼내 탁탁 털고는 아주 조심스레 걸어 맸다가 아주 조심스레 거둬들이곤 했었다. 누가 보는 것도 아닌데 굳건히 다지는 듯한 마음의 그 지극한 예의…… 아빠처럼 대한독립만세를 맞고 육이오를 겪고 월남전에 참전하지 못한 까닭에 나는 태극기의 절실함으로부터 늘 뒤로 주춤 물러섰던 건 아닐까. 국기를 가지고 놀아서는 안 되지만 국기를 가지고 입을 수는 있겠구나, 경험했던 2002년 월드컵 이후 어쨌거나 나는 태극기에 처음으로 관심을 가졌던 것 같다. 태극기 4괘가 옳게 그려졌는지 시험도 참 많이 치렀건만 여전히 건곤감리 헷갈려하던 나, 자발이 아니고서 절로 뜨거워지는 애국이란 없듯, 어쩌면 우리는 국기에 대해서는 늘 맹세만 해야 할 것 같은 강박에 길들여져 왔는지도 모르겠다. 그나저나 태극기는 때가 타면 빨아서 말려 다린 뒤 보관하면 좋다는데 난 왜 희디흰 새 태극기를 벌써 사고만 싶지?

3월 2일 – 말은 이렇게 단련된다

이거 진짜 비밀인데, 오프 더 레코드인데, 너한테만 하는 말인데, 라는 추임새를 우리는 매일매일 얼마나 곁들이며 사나. 임금님 귀는 당나귀 귀, 미치게 소리치고 싶을 때 둘러보니 철통 자물쇠가 예밖에 없구나, 말 쏟게 만드는 사람들이 있다 했을 때 우린 이를 지인이라는 인연으로 엮고 그 틈이 새어나가지 않게끔 평생 풀 바르며 다져가지. 풀이라고 뭐 특별하게 쑤는 물이겠나. 밥 먹고 차 마시고 술잔 기울일 때 그로부터 자연스레 새어나오는 저마다의 침이겠지. 내 침과 네 침이 섞여 더욱 끈끈해지는 말의 아교. 그러나 그 성능을 시험해본답시고 자신하고 자만하다 끝끝내 가슴을 탕탕 치는 모션으로 우리가 한숨 속에 섞어 뱉고야 마는 말 또한 있지. 이를테면 세상에 비밀은 없구나, 확성기 탔구나, 결국 내 혀를 잘라야지 누굴 탓하랴, 라는 후회막급의 한탄 말이다. 그런 순간마다 여러 처방을 받아봤으나 그중 가장 탁월한 효과를 자랑하는 약은 역시 침묵밖에 없는 듯하다. 이해와 오해라는 양 라켓 사이에서 핑퐁 소리를 내며 잘도 튀는 말의 그러거나 말거나 전법으로부터 우리는 늘 속수무책이기 때문이다. 말에 달린 발을 믿을 게 아니라 말이 지칠 때까지 말 없음으로 버티는 게 말과의 게임에서 이겨먹을 수 있는 유일한 방법임을 거듭 확신하게 된 연유, 거참 CCTV 만든 사람 누군지 몰라도 완전 천재라니까요!

3월 3일 — 무용지물의 유용지물

가끔 일층부터 사층까지 회사 곳곳을 찬찬히 둘러봐야 하는 밤이 있다. 마지막까지 회사에 남은 자에게는 철저한 문단속이라는 의무가 주어지기 때문이다. 혹여 손버릇을 의심하신다면 바로 거두시라. 훔쳐갈 거라고는 책밖에 없는 출판사 아닌가. 늦은 밤 열린 창문이 하나라도 있나 싶어 알뜰히 살피는 살뜰한 당신으로 잘도 변해가는 가운데 이상하지, 책상 곳곳에 이런저런 모양으로 놓인 필기구 꽂이며 그에 마구잡이로 꽂힌 필기구들을 보면 뭐랄까, 마음이 짠해지곤 하였으니 말이다. 삶을 두고 저마다 살아내는 방식이 다르듯 교정지를 두고 저마다 읽어내는 눈이 다름을 증거하는 색색의 시선들. 매년 3월 초마다 홍조 띤 얼굴로 문구점에서 한나절을 보내던 내가 있었다. '책가방 크다고 공부 잘하냐'가 엄마의 모토라면 '새 술은 새 부대에'가 내 모토여서 새 연필과 새 노트를 사이에 두고 벌이는 모녀 간의 신경전이 참으로 팽팽했던 탓이었다. 볼펜 한 자루에 노트 한 권 다 쓰기까지 꽤 오랜 시간이 소요됨을 알면서도 나도 참 철없었지, "왜 이렇게 우리집은 가난한 거야?" 뺨 맞을 소리나 해댔던 걸까. 그래봤기에 지금은 학용품에 그리 욕심 내지 않을 수 있는 터, 신학기랍시고 새 기분 내고 싶은 학생들 문구점에 북적거린다면 일단 둬보시라. 훗날 그것의 유용과 무용을 구분할 줄 아는 능력도 돈을 써본 뒤에나 생기는 듯하니.

3월 5일 ─ 칼은 엄마에게 부탁해

〈범죄와의 전쟁〉을 봤다. 남자들의 영화였고, 욕설의 영화였으며, 무엇보다 칼의 영화이기도 했다. 칼 한 자루 없는 집이 없고 칼 한 자루 손에 쥐어야 엄마만의 밥상도 완성되는데 주방을 빠져나온 칼이라 함은, 그 주인이 엄마가 아닐 때의 칼이라 함은 어쩜 이리도 무기로밖에 기능하지 못할까. 초등학교 6학년이던 1988년 여름, 웅성거리는 소리에 밖을 내다보니 누군가와 시비가 붙은 아빠가 목청을 돋우고 있었다. 내 차 자리에 네 차를 댔으니 빼달라는 게 아빠의 요지였는데 한참 아래 연배의 상대가 반말에 욕을 지껄였던 것이다. 주먹다짐 같은 건 애초에 모르고 산 아빠, 그걸 아는 네 명의 어린 딸들은 눈이 찢어지도록 상대를 째려보느라 바빴거늘, 그 순간 홀러덩 웃옷을 벗어버린 아빠. 그러고는 흰 러닝셔츠마저 벗어올리더니 제 얼굴을 가려버린 아빠. 아, 저거! 총각 시절 상사의 부부싸움을 말리다 남편이 휘두른 식칼에 맞아 배에 크게 한 줄 칼자국을 새기게 된 아빠. 어쨌거나 상대가 알아봐야 겁도 집어먹을 텐데 어둑어둑 날 저물기 바쁘던 찰나 반가운 목소리가 들려왔다. 어머, ○○네 아버지. 엄마의 주선 아래 아빠와 상대는 어느새 집 앞 슈퍼 파라솔 아래 앉아 형님 먼저 아우 먼저 맥주잔에 술 따르기 여념 없었다. 그리고 시작된 아빠의 흉터에 얽힌 이야기. 몇 번째 리바이벌이냐고? 참아야지, 그 덕분에 세상 나와 칼 구경을 다 했는걸!

3월 6일 – 꿈꾸는 자, 실은 안 잡혀간다

　동네 어르신 가운데 말씀이 꽤나 많으신 아줌마가 계셨더랬다. 풀어놓는 얘기들이 연예계의 숨은 비화일 때가 잦아 몰려드는 아줌마 군단들 꽤나 구름떼 같았더랬다. 한 방송국의 유명한 드라마 PD의 형수인가 제수인가 아무튼 그랬다는데 하루는 꾸벅 인사를 하던 날 쳐다보며 건넨 말씀이 이러했다. 일단 코부터 좀 높이고 보자고. 제아무리 피노키오라도 칼을 대줘야 카메라가 중심을 잡거든. 내가 끝내주는 병원 아는데 알려줄까? 나 참, 누가 언제 배우 시켜달랬나. 다른 건 몰라도 주제 파악 하나는 잘하는 까닭에 나는 단 한 번도 연예인을 꿈꿔본 적 없이 살았더랬다. 웬만큼 예쁘고 연기 잘하고 가창력 뛰어나지 않고서야 어찌 사람들 앞에 나서겠는가. 어쩌면 내 기준이 온전히 슈퍼스타를 향해 있기 때문인지도 모르겠다. 그러니까 모두가 선망하는 별이라는 자리, 독차지해야 온전하므로 일등을 꿈꾸지만 외롭고 버겁고 두려운 그 자리에 왜 그토록 앉으려 하는지 나는 요즘 유행처럼 번져 있는 각종 오디션 프로그램을 보면서 그들의 입장이 되어보는 와중이다. 그 가운데 내가 알아버린 건 세상에 왜 할까, 가 아니라 할 수밖에 없음을 타고난 자들이 따로 있더라는 거다. 무언가를 간절히 바랄 때 그 배를

미는 마음의 순정으로 노래하던 이들이 아름답기만 하던 일요일 밤, 나이 불문하고 출연진의 짙은 화장만 아니어도 거슬리지 않았을 그 밤.

3월 7일 — 호박에 줄 긋는다고 수박 될까

요 며칠 작정하고 화장대 앞에 좀 앉아 있어봤다. 수입화장품 가격이 거품이니 뻥튀기니 원가 들으면 뒤집어질 거니 하여 올라오는 기사에 화가 펄펄 끓어서다. 아무리 브랜드 로열티나 상표권, 연구개발비 등이 포함되지 않은 거라지만 그래도 원가가 육천삼백 원인 에센스를 십오만오천 원에 팔아먹는 건 정말이지 양심에 털 난 일이 아닌가. 주름에 좋다니까 덥석, 보습에 좋다니까 잽싸게, 미백에 좋다니까 얼씨구나, 백화점에 갈 때마다 마네킹처럼 변장한 각 브랜드의 제복 입은 아가씨들 손에 이끌려 카드 얼마나 북북 긁어댔었나. 누구처럼 억대의 피부관리 받을 형편도 못 되고 가만있자니 하루가 다르게 현무암처럼 모공은 넓어져가고 어쨌거나 좋다니까 좋을 거라니까 까짓것 무이자 할부쯤이야 얼마나 쉽게 생각했던지. 그렇게 사모은 화장품을 화장대 위에 장난감병정처럼 줄 세우는 것을 낙으로 알았던 나, 다 쓰지도 못하고 다 쓸 것도 아니면서 그렇듯 쓸데없이 욕심부렸던 나, 그런 내게 한 중견 화가 선생님은 이렇게 말했었지. 하여튼지 간에 우리 집사람에겐 명품에 명자만 꺼내도 이혼이라고 했시유. 그거 조금 펴바른다고 눈밑이 쫙 펴진다니, 크림이 무슨 다리미유? 아니 멀쩡하게 생겨가지고 웬 낭비여 낭비가. 다행히 중저가의 토종 브랜드가 이참에 소매를 걷어붙이고 나섰다는데 품질이야 뭘 더 바라겠는가. 다만 우리 부디 디자인 좀 앞서가게 해주세요, 네?

3월 8일 ― 강정이 기가 막혀

강정 얘기를 하고 싶은데 강정을 모르므로 강정에 한번 다녀와 강정에 대해 쓰겠다고 작심한 것이 이 페이지였거늘, 핑계라지만 그사이 강정 시인의 산문집을 만드느라 여직 강정에 다녀오지 못했다. 제주만 아니었어도 콜택시 불러 타고 부릉부릉 달려가 눈앞의 강정을 고스란히 옮겼을 텐데. 아, 바다가 육지라면…… 그래, 육지로 이어졌다면 지금처럼 뒷짐 지고 구경하는 자세로부터 달랐을까. 밤낮 불 꺼진 언론과는 다르게 밤새 불 켜진 타임라인을 실시간으로 읽어내는데 마음에 큰 바위라도 들어앉은 듯 묵직했다. 구럼비 해안의 구럼비 바위라고 했던가. 거대한 한 덩어리의 용암너럭바위로 용천수가 솟아나 국내 유일의 바위 습지를 형성하고 있다지. 검색하는 족족 '희귀'와 '유일'이라는 단어는 물론이거니와 천연기념물, 멸종 위기의 동식물들 걱정에 모두가 한목소리로 내고 있는 바, 그렇다면 상식적으로 이거 해서는 안 되는 짓 아닌가. 가만, 애초에 상식을 모르는 정치권이지. 그렇다손 치더라도 해군기지고 지역 경제고 이게 다 인간의 머리에서 빚어졌다면 자연은 그 스스로 비롯되어 우리 역시 이렇게 빚어진 것임을 이 부끄러움과 죄스러움을 어찌할꼬. 네가 그랬네, 나는 모르네, 이제 와 책임 전가할 요량이라면 일단 좀 닥치시고, 훗날 모래 알갱이 한 알이라도 빠짐없이 지금 이 모습 그대로 원상복구시킬 자신 있는 시공업체라면 사십오 톤의 화약이든 발파든 해보시든가.

3월 9일 ― 꼰대 같았다면 죄송해요

3월 첫째주이니 대학마다 본격적인 신학기가 시작되었겠다. 그 시절을 반추해보자면 누구와 점심을 먹지, 라는 고민이 가장 컸던 나였으니 새내기들 가운데 여자들끼리 팔짱 끼고 다니는 경우라면 이는 대부분 밥의 힘으로 맺어진 커플들일 게다. 문예창작이라는 학과 특성상 전국 각지에서 특유의 사투리를 구사하는 다양한 연령대의 사람들이 모여든 까닭에 절로 가려지던 낯, 제 발로 찾아간 학교였으나 글쓰기를 선택한 내 판단이 과연 옳은 것인가 밤마다 남몰래 흘리는 눈물깨나 재현했으니…… 나 좋아 시작한 진로도 그러할진대 점수에 맞춰 학교 이름 좇아 제 길을 터 잡은 이들 가운데 지금 이러한 번뇌에 빠져 있을 신입생들 얼마나 많을까. 내 식대로 이른바 행복에 대해 정의해본 적이 있다. 내가 사랑하는 사람이 나를 사랑하지 않는 것만큼 불행한 것이 없다 했을 때 내가 사랑하는 사람이 나를 사랑하는 것이야말로 행복이 아닐까. 그에 빗대자면 내가 가고자 하는 길과 내가 원하는 길이 일치하도록 나와 나의 미래를 한 선상에서 배치하는 일이 우선일 거다. 아니다 싶을 때 얼른 뒤돌아 이거다 싶은 길로 뛸 수 있는 용기와 배짱과 체력, 이도 다 젊으니까 가능하다는 계산에서 하는 말이다. 선생님 저 어느 대학 무슨 과에 붙었어요, 축하해주세요……라는 문자가 재수할래요, 죽고 싶어요……라는 문자로 뒤바뀌기까지. 얘들아, 부침개 뒤집듯 서둘러 그럴 일은 아니란다.

3월 10일 — 그래도 써댄 너부터가 잘못이지

 서울서 일산으로 온 지 사 년째다. 직장을 파주로 옮기면서 어쩔 수 없이 서두르게 된 급작스러운 이사였다. 짐을 빼는 날 지인들은 내게 말했다. "잘 생각해보지그래. 서울 한번 빠져나가면 다시 입성하기 쉽지 않을 거거든." 그때 나는 콧방귀를 뀌었던가, 한숨을 내쉬었던가. 서울에 안 살고 못 살아도 전혀 억울할 일 없다며 침 탁 뱉고 정 딱 뗄 수 있던 데는 그 나름의 이유가 있기도 했다. 십 년 가까이 직장생활을 하는 동안 예금이 잔뜩 든 체크카드는 고사하고 허울 좋은 백화점 VIP 카드만이 지갑 부피를 부풀려왔으니 말이다. 카드, 그 카드 얘기가 나와서 붙이는 사족인데 왜 상담원들은 카드 긁으라는 얘기만 앵무새처럼 반복하고 적립된 내 포인트 찾아먹으라는 얘기라면 입 싹 씻는 걸까. 고객님, 돌아가시기 전에 그 포인트 다 쓰셔야죠, 라는 솔직함은 불문율이라도 되는 걸까. 한 백화점과 제휴된 신용카드를 만든 뒤 지금껏 포인트 한번 따져보지 않은 나, 하루는 작정하고 상담원에서 전화를 했더니 지급받을 수 있는 상품권이 이십구만 원이나 된다나. 그간 써댄 카드 액수를 가늠하다가 내가 얼마나 얼빠진 계집인지 자책하다가 순간 머리꼭지까지 화가 치솟은 건 기억나는 한 통의 문자 메시지가 있어서였다. 일만이천삼백 원 미납으로 카드 정지가 예고될 수 있으니 불이익이 초래되지 않도록 입금 부탁드린다고? 이러니 내가 가위 들어 카드 안 자르겠냐고!

3월 12일 — 토요일은 밤이 좋다더니

주말 저녁 광화문을 찾았다. 지하철에 오르니 어른들은 아직 한겨울 외투바람이었고, 애들이라 부름직한 젊은이들 가운데는 앞코가 훤한 늦봄용 구두를 신은 이도 있었다. 비비기 전의 비빔밥처럼 각기 다른 옷차림이 유지되고 구별되는 가운데 학기 초라 학생들의 주저앉아 책 읽는 풍경이 꽤나 눈에 띄었다. 그 틈을 진공청소기처럼 비집고 다니면서 책 동향을 살피던 나는, 일순 내가 좇는 것이 책이 아니라 학생들의 가방이었음을 알았다. 같은 컬러에 같은 디자인에 같은 사이즈 하나 찾아보기 힘들 만큼 죄다 개성 만점으로 남달랐던 것이다. 필시 이렇게 자란 청년들일 텐데…… 서점에서 나와 청계천 쪽을 향해 걷다보니 같은 머리에 같은 군화에 같은 야광조끼를 입은 의경들이 그 시간 소규모로 치러지던 집회 현장 주변을 가득 에워싸고 있었다. "여기로 못 지나가요? 혹시 이 가게 알려나?" 한 의경에게 밥집 이름을 대는 나, 뭐 이런 여자가 다 있나 싶은 표정의 그는 스물두엇 정도로 한창 멋에 살고 멋에 죽을 청년임이 분명했던 터, 그 순간 또각또각 이건 달리는 것도 아니고 걷는 것도 아니야, 할 리듬의 말발굽 소리가 대체 웬 말이라니. 엘리자베스 여왕의 나라도 아니면서 청계천 투어랍시고 아스팔트 위를 달리는 말 마차가 대관절 웬 말이냔 말이지. 의경이든 말이든 이러니 토요일 밤 서울 하면 정나미 안 떨어지고 배기겠냐고!

3월 13일 ─ 택시 면허는 아무나 따나

일산에서 파주까지 택시로 출퇴근을 하다보니 간혹 만났던 기사님을 또 뵙는 경우가 생긴다. 매일같이 엇비슷한 시간에 부르는 콜택시인데다 사는 동네가 좁기도 한 까닭이렷다. 버스비 일이백 원에도 민감한 게 소시민인데, 정류장마다 길게 줄선 이들이 나보다 다 가난해서 다리 퉁퉁 붓도록 버스에 매달려 가는 것도 아닐 텐데, 어쩌려고 나는 이리 길에 돈을 뿌리는지 원. 카드 한 장을 교통비로 쓰는 나, 청구서에 찍혀 나오는 액수가 가볍게 백만 원을 돌파하고 난 뒤에는 핑계랍시고 우울

중도 생긴 듯했다. 하루는 토요일 점심에 버스 타고 출근하기 프로젝트에 도전했다가 삼십 분, 한 시간이 지나도록 오지 않는 버스에 질려 그만 동네 커피숍으로 일거리를 싸들고 간 적이 있었다. 그곳에서 우연히 만난 소설가 김훈 선생님, 택시를 화두로 펼치시는 말씀 가운데 이런 대목이 있지 뭔가. "택시가 얼마나 좋은 거냐면, 너나 나 같은 운전 무지랭이들을 원하는 곳에 딱 내려놓거든. 놀라운 거라고. 내가 오이도에 있는 맛있는 자장면 집에 가려면 택시를 타야 하는데 그거 없어봐, 내가 맛있는 자장면을 먹을 수가 있겠냐고. 말없이 감사히 타." 그나저나 오늘 아침에 만난 기사 아저씨, 벌써 네번째 나를 태우는 거라시면서 거스름돈 오백 원은 왜 안 주시나. 고향인 부여에 집 짓고 눌러앉겠다고 하시더니 옛수 아저씨, 땅 사시는 데 보태시든가요.

3월 14일 – 남자 고를 때 참고하세요

오늘은 화이트데이. 그 유래를 두루 검색해봤으나 이렇다 수긍할 만한 기록은 없고, 다만 분명한 건 장삿속에 의거한 이벤트의 날이라는 거지. 어제만 해도 그랬다. 당장 찍어 바를 화장품이 똑 떨어져 퇴근 직후 부랴부랴 백화점에 들렀더니 무슨 큰 어른 오신 날이라도 되는 양 광고 일색이지 뭔가. 설날 추석 같은 대목이 예 있었구나, 하며 화장품 매장을 둘러보는데 곳곳에 남녀 커플들 심심찮게 들어차 있었다. 그리고 내 옆 이 커플, 마치 오늘만을 기다렸다는 듯 여자의 작정은 진열대 위에 이런저런 제품을 순식간에 늘어놓게 했고, 마치 오늘만은 피하겠다는 듯 남자의 작심은 진열대 위에 놓인 이런저런 제품을 순식간에 치우게 했다. 어떻게? "이 오렌지빛 립스틱은 너무 섹시해서 안 돼. 안 그래도 도톰한데 남자들이 네 입술 훔치려고 난리일걸. 이 아이섀도도 안 되겠어. 잊었어? 네 눈이 곧 호수라니까!" 나 참, 영화도 아니고 살다 살다 이런 광경도 간만이네 하였으나 묘하게도 이 커플, 꽤나 예뻐 보이는 것이었다. 그사이 수십만 원이 우스울 새라 카드 벅벅 긁어대는 커플 여럿 다녀갔으나 달랑 립글로스와 핸드크림을 집어든 그들을 끝내 주시했던 건 남자의 립서비스에 제법 혹해서였다. 제 여자에게 그랬듯 남의 여자에게도 거리낌 없이 해대던 말의 권법. 배워야지, 배워야 저 무시무시한 양의 샘플을 챙길 수 있지 않으랴.

3월 15일 − 나는 휴대전화로 사네

 제자 하나가 첫 월급을 탔다며 휴대폰을 사가지고 왔다. 월급의 삼분의 이는 될 값비싼 최신형 기종, 고민 끝에 이걸 덥석 받아든 데는 나름 이유가 있었다. 스스로가 어떤 사람이며 어떤 재능을 겸비하고 있는지 모른 채로 그저 제가 판 연못 속에 빠져 허우적거리는 녀석에게 뜰채를 내민 게 나였으니 말이다. 어쨌거나 그래서 생긴 새 물건은 반갑고 고맙고 기뻤다만 손때 묻은 내 구식 휴대폰이 하루아침에 천덕꾸러기 신세로 전락했으니 이를 어쩌나. 쌍권총도 아니면서 양 호주머니 속에 각기 다른 두 개의 휴대폰을 넣고 다니기를 한 달, 하루는 그 둘에게서 동시에 벨이 울린 적도 있었다. 그때마다 주변의 반응은 이랬다. "야, 네가 무슨 연예인이냐? 어서 하나 정리를 해, 정리." 아, 그래 그 정리란 걸 하기 위해 나도 틈날 때마다 구식 전화기의 전화번호부를 열고 있다고요! 가나다순으로 저장되어 있는 사람들 가운데 제법 친하다고 자신하는 이들 몇을 신식 전화기에 옮기고 나니 글쎄, 이런 가늠과 고심 속에 빠지게도 되는 것이었다. 이 사람은 나랑 친하다고 생각할까? 몇 번 통화한 사이도 아닌데 저장하는 오버는 욕심 아닐까? 이름을 쭉 훑어나가는데 그새 운명을 달리한 사람들도 꽤 읽혔다. 산 사람보다 죽은 사람을 지울 수 없어 에라 모르겠다, 고스란히 옮기고 보니 어머 여기 마라도 자장면 가게 번호도 있네. 하여튼 이 오지랖아!

3월 16일 – 니들이 남편을 알아?

 너무 이르지도, 또 너무 늦지도 않은 밤 열한시쯤 아파트 입구에 들어설 때면 저만치 앞서 걸어가는 사람들 가운데 우리네 가장들이 있다. 일단 축 처진 어깨에다 잿빛 모직 코트에 무릎 나온 코듀로이 바지에다 두툼한 목둘레에 짧은 귀밑머리에다 그 술, 술냄새까지. 이상한 것은 터덜터덜 잘도 걸어왔으면서도 현관 앞에 서면 에잇, 뒤돌아버리는 이들이 꽤나 있더라는 얘기다. 술기운에 못 이겨 이리 휘청 저리 휘청 흔들리는 대로 한잔을 재현하면서도 바싹 휴대폰을 귀에 갖다붙이고 하염없이 불러대던 그 이름 순이야, 엄마야. 왜 이런 순간에 맞닥뜨리게 되는 순이는, 엄마는, 어쩜 그리 순식간에 내 친구이자 내 엄마로 탈바꿈이 되나. 대머리독수리라고 불리는 십구층 아저씨, 계단에 쪼그리고 앉아 한숨과 담배 연기를 차례로 뿜어대는데 몇 가닥 안 남은 가르마 뒤쪽 머리카락이 자꾸만 가르마 앞쪽으로 넘어와 눈을 가린다. 이 타이밍에 인사성 밝은 내 스타일을 고수해야 하나 우물쭈물하는 사이 공동 현관문이 열린다. 오리털 점퍼에 맨발로 운동화를 구겨 신은 한 남자와 엘리베이터를 기다리는데 전화벨이 울린다. "어, 샀어. 오이 한 개에 천오백 원이래. 네 개 샀고, 맥주도 세 병 샀어. 기다려 자기." 그의 손에 들린 까만 비닐봉지 밖으로 삐죽이 나온 오이에다 기다려 자기, 라니. 역시 신혼은 남자를 귀찮게 하네그려.

3월 17일 — 이런 바람, 욕심일까?

선거가 채 한 달도 남지 않은 상황인데, 뜬금없이 그날 뭐할 거냐는 메일 한 통을 받았다. 앞뒤로 하루이틀 휴가를 보태 몇몇이서 일본에라도 다녀오자는 얘기였다. 배울 만큼 배운 사람들이 그게 무슨 대책 없는 소리냐며 누군가 호되게 꾸짖는다고 한들 그 작정이 변하겠는가. 세상에는 선거 아니면 죽음이다! 라는 사람이 있는가 하면 선거라면 휴일 아냐?라는 사람 또한 있는 법이니까. 해서 국회위원 후보들끼리 유세랍시고 북 치고 장구 치다 저조한 투표율이면 어쩌나 하는 불길한 예감을 앞서 해보게 되는 것이다. 3월 29일부터 시작되는 선거 운동이 4월 10일 마무리될 때까지 미루어 짐작건대 아침저녁 꽤나 반복될 그 풍경, 인사놀이. 잘하겠습니다, 믿어주십시오, 자신을 개미 입네 바닥까지 몸을 낮추다가 막상 국회위원이 되면 자신을 기린입네 하늘까지 목을 늘일 게 뻔한 그들. 오랜 승무원 생활 가운데 가장 어려웠던 일로 억지로 미소 짓기를 꼽은 동생의 솔직함을 생각한다. 윗니 아랫니 억지로 스마일, 하다보면 입가에 꼭 경련이 나더라 했지. 양복 일색이 아니라 저마다 개성적인 옷차림에 화장 일색이 아니라 저마다 개성적인 주름의 후보를 찾습니다만, 어디 없으려나. 안 웃기면 안 웃으면 되련만 유인물 속 하나같이 가식적인 미소 속의 그들. 보다못해 에잇, 구겨버리는 상황 안 나오게끔 이번 선거는 자자, 모쪼록 인간적으로다가요!

3월 19일 — 나의 사람, 당신의 사람

바야흐로 봄이구나 싶게 따뜻했던 지난 토요일, 뵈어야 할 선생님과 봐야 할 전시가 있어 파주 헤이리를 찾았다. 옷장 앞에서 뭘 입어야 하나 고심하는 내가 있다면 그게 바로 변화하는 계절의 문턱이라는 증거일 터, 벗으면 되는 여름과 껴입으면 되는 겨울과는 다른 애매함 속에 봄과 가을의 패션은 다양함으로 진화해온 것이겠지. 그러거나 말거나 역시나 파주로 밀려드는 차량이 끝도 없이 이어졌다. 예상대로 언밸런스한 옷차림으로 치장한 사람들 여기저기 걷고 뛰고 둘러보며 사진들 찍어대느라 정신없는 듯했다. 연인들은 커피숍을, 유모차 일색인 가족 단위들은 각종 박물관을 시끌벅적 점령한 가운데 나는 사진작가 민병헌 선생님과 그의 누드 연작 앞에서 연신 감탄사를 내뱉고 있었다. 참 신기하지, 우리들 누구나 이렇게 생겨먹은 몸인데 왜 이렇게 생겨먹은 몸이라 찍어 보일 때 다들 처음인 양 수줍어할까. 그게 아마도 예술의 힘일진대, 그리고 둘러보니 한 사람 한 사람 그 사람이라는 물성이 제각각의 다름으로 다가왔다. 곁에 있는 사람으로 인한 괴로움과 곁에 없는 사람으로 인한 그리움의 무게를 놓고 쟀을 때 균형을 이룬 양팔저울의 팽팽함으로 오늘에 지친 우리들, 내일을 희망으로 살 수 있는 거겠지. 사뭇 다른 발걸음으로 헤이리를 빠져나가는데 저만치 세계 최대의 오리집 간판이 보인다. 그래도 어쩌겠는가, 남의 살 먹어야 유지되는 내 살인 걸.

3월 20일 – 닭이냐 달걀이냐도 아니고

세상에 나온 지 두 달 가량 된 조카 옆을 이십사 시간 지키고 선 것이 있으니 다름 아닌 무비 카메라다. 물론 CCTV처럼 이십사 시간 불 켠 눈은 아니다. 제 아빠가 일하다 말고 눈에 밟히는 제 새끼를 어쩌지 못해 집에 들이닥칠 때 비로소 돌아가기 시작하는 카메라니까. 어쨌거나 훗날에 내 조카 참 좋기도 하겠다. 자고 먹고 싸고 울고 했던 제 어린 날의 일상을 청년이 되고 중년이 되고 노인이 된 후에도 고스란히 공유할 수 있다면 그거야말로 기적 아닌가. 가만, 이게 요즘 애들에겐 흔한 일이려나. 가끔 집에 들를 때면 내 어릴 적 앨범들을 두루 꺼내 넘겨보곤 한다. 3.9kg으로 태어난 내가 56.5kg으로 몸집을 부풀리기까지 이루 말할 수 없이 계속 쌓였을 크고 작은 추억의 편린들. 그 순간순간을 놓치지 않고 카메라 렌즈를 들이댔을 부모의 부지런함에 대해 생각하니 아이는 아무나 낳는 게 아니구나, 바짝 정신을 차리게도 되는 것이다. 지금은 한물갔다지만 가끔 싸이월드에 접속하곤 한다. 트윗이 팔로잉 수를 자랑할 수 있듯 싸이월드는 조회수로 그 존재감을 확인케 했던 공간. 그곳을 즐겨 찾던 이유 가운데 하나는 친구들의 아이를 보기 위함도 있었다만, 그보다는 친구들의 글 솜씨가 아이가 커감과 동시에 나날이 특출해지는 걸 확인할 수 있던 까닭이었다. 동영상보다는 사진이야, 결심한 지 오래라지만 어째, 애가 없는걸.

3월 21일 ― 가르쳐주세요

한 시인의 부음을 전해들었다. 한두 달 전 어떤 일로 통화를 했을 때만 해도 쌩쌩한 목소리였는데 그새 병든 몸을 감추고 있던 건가. 이래저래 물으니 심장마비란다. 많은 이가 희망찬 내일을 고대하며 단꿈을 꾸는 시간 새벽 다섯시, 그는 그리도 허망하게 떠났구나. 그때 난 화이트 와인 한 병을 혼자 따 마시며 삶이 버겁네, 지쳤네, 죽고 싶네, 철없이 엄살을 떨어대는 중이었으니 오만방자하게 방정 떤 내 입을 어쩔거나. 65년생, 사십대 중반의 시인이자 출판사 사장으로 한창 바쁠 그가 남기고 간 시집이나 속절없이 꺼내 읽는데 사진 속 그가 야속케도 참 젊다. 호랑이가 귀해진 시대이니 죽어 가죽을 남길는지는 모르겠으나 가난한 시인이 죽어 남길 수 있는 건 고작해야 시밖에 없으므로 매 편마다 최선을 다해야겠구나, 결심하게 되는 바 그런데 그 순간 나는 왜 그리도 삼선짬뽕이 먹고 싶었던 걸까. 결국 단골 중국집에 전화를 걸어 배달 음식을 시켰다. "면은 거의 덜어내고요, 해물을 아주 듬뿍 넣어주세요." 덤덤한 척했으나 두근두근 중국집 배달원을 설레며 기다리는 마음의 모양새라니. 슬픔도 먹어가며 키우는 감정이라 애써 자위하며 국물 한 모금 떠 마시는데 구럼비 발파에 항의하는 마음으로 릴레이 단식에 들어간다는 김선우 시인의 메시지를 보았다. 미약하나마 할 수 있는 일이 이것밖에 없어서라니, 그럼 저는 무엇을 해야 할까요.

3월 22일 - 남편은 여자 하기 나름이라는데

하루가 다르게 봄볕에 누그러지고는 있다지만 옷깃 여미지 않으면 집요하게 파고드는 바람의 성질머리, 꽤나 더러운 듯하다. 패턴을 잃은 계절에 이렇듯 속수무책 당할 수밖에 없는 무기력한 우리, 그 가운데 연일 구럼비를 발아래 놓고 부숴대는 만행의 주인공들에게 부끄러움을 가르쳐줄 이는 아무도 없는 걸까. 누가 내게 그랬지. 그렇게 화가 나면 정치판에 뛰어들어 세상을 바꿔보라고. 나 참, 내가 어디 그럴 '깜'이나 되나요. 그러니 공천 관련으로 보도되는 뉴스 속 정치인들의 희비 곡선이나 구경하는 바, 때때로 박장대소를 터뜨리는 건 개그맨보다 더 뛰어난 몸 개그의 소유자들을 게서 만나게 되는 탓이다. 누가 봐도 그 '깜'이란 게 모자란 사람들이 정치한답시고 맘먹은 것까지는 좋았는데 정색하고 위인인 척 겨레, 민족 운운하는 자세는 좀 너무하지 않은가. 거리를 깨끗하게 만들겠다는 공약이 있다 했을 때 누가 못 들으면 어쩌나 시끄럽게 외쳐대기 전에 누가 볼세라 모자 쑥 눌러쓴 채 소리 소문 없이 비질하고 사라지는 그런 정치인, 정말 대한민국에선 태어나기 힘든 팔자일까. 괜히 그 밤에 텔레비전을 켰다. 결연, 입양, 탈북 등의 민감한 사안에 연예인으로서 어떤 역할을 해야 하는지 너무도 잘 알던 차인표. 일단 나부터 끊었던 결연을 하루아침에 다시금 잇게 하였으니 이-씨, 좋겠다, 신애라씨는!

3월 23일 – 기우가 아니라니까요

전체 인구의 절반가량이 1인, 혹은 2인 가구라는 뉴스를 접했다. 네 주변에 너처럼 사는 사람 너 하나지?라는 부모님의 핀잔은 이로써 틀린 얘기임이 증명되는 것이다. 내비둬요, 이렇게 살다 죽게. 그런데 아닌 말로 정말 그렇게 살다 죽게 생겼으니 이 말이라는 무시무시한 씨를 어째. 어떤 일로 저녁을 함께한 이가 내게 물었다. "저는 돌싱인데요, 혹시 외롭지 않으세요?" "글쎄요, 전 심심한 걸 도통 몰라서요." 수줍은 그와 달리 당당한 나의 대답이 좀 재수없게 들렸나 싶어 우물쭈물 몇 마디 보탠답시고 말을 거들고 보니 이랬다. "근데 걱정은 되어요. 혼자 죽어갈 때 아무도 모를까봐, 너무 늦게 발견될까봐, 부패하기 시작하면 냄새 엄청 난다더라고요." 그 순간 뭐 이런 여자가 다 있어 하는 뚱한 표정의 그러니. 언젠가 욕실에서 미끄러져 벌거벗은 몸으로 바닥 위에 큰 대자로 뻗은 적이 있더랬다. 순발력을 발휘하여 뇌진탕은 피했다만 허리와 등뼈는 한마디로 작살이 났더랬다. 도무지 일으켜지지 않는 몸, 휴대폰은 멀리 있고, 혹 손에 쥐었더라도 119 대원들과 그 상태로 안녕하세요? 인사할 수는 없는 노릇…… 시간이 얼마나 흘렀을까. 통증보다 타일의 찬기에 아 추워, 버들버들 떨며 구부러진 등으로 침대로 직행하는 다행, 덕분에 지금껏 잘도 걷는다지만 가끔 먹통인 내 전화라면 살펴들 주시길. 더불어 이 지면이 백지라면.

3월 24일 — 부끄러움을 아는 것, 그 예술

가끔 내 직업이 어떤 분야에 속하는지 기재해야 할 순간을 맞닥뜨리곤 한다. 한동안은 아무런 고민 없이 예술, 이라는 글자 앞 작은 네모를 보무도 당당하게, 몹시도 떳떳하게 색칠해왔으나 내가 과연 예술가인가 싶은 자의식에 자주 빠지지 뭔가. 이를테면 처음 만나는 누군가에게 나를 이야기할 때 어떠한가 보면, 시인이라는 본업은 뒤로 쏙 뺀 채 편집자라는 주업을 앞세우는 경우가 대부분임을 알았다. 시를 쓴다는 일이 감출 만큼 부끄럽거나 창피한 직업이어서가 아니다. 변명거리도 아닌데 시인이라는 말끝에 붙여야 할 부연이 엿가락처럼 늘어지는 걸 여러 번 경험했기 때문이다. 왜 시를 쓴다고 하면 이렇게들 물을까. "도수 높은 검은 뿔테 안경은 안 끼셨군요." "결혼하시면 애도 낳고 온전한 살림살이 꾸리실 수 있겠어요?" "정말 소주를 물처럼 마셔대야 시상이 떠오르곤 하나요?" 나 참, 화성에서 온 우리들도 아닌데 뭔가 일반적이지 않을 거라는 선입견으로 바라보는 시선이라니. 이 맥락 하에 요즘 나의 고민이라 하면 시인으로서의 내가 시쳇말로 예술하고 있네, 라는 비아냥을 들을 만큼 진정성을 잃어가는 게 아닌가 하는 두려움이다. 엊그제 가회동의 한 갤러리에서 젊은 화가 김한나의 그림을 둘러보다 질문이랍시고 던진 말이 "한나야, 네 그림 비싸?"였으니. 평생 휴대폰 한번 가져본 일 없이 밤낮없이 그림만 그려대는 순정한 친구에게 말이다.

3월 26일 – 이게 다 공 때문이다

파주 근처 야구장을 찾게 됐다. 문인들과 출판 관계자들 몇몇이 꾸려온 야구팀이 연예인 야구팀과 연습경기를 벌인다는 제보를 입수했기 때문이다. 비 온 뒤 하늘은 말갛고 환해서 공의 시야를 가늠하기 딱 좋았다지만, 키 큰 나무들의 허리가 금방이라도 꺾일 만큼 거센 바람이 문제였다. 하필 마운드에 오른 시인 후배의 체형이 딱 간디였으니, 그의 누나임을 자처하는 나는 바람에 펄럭펄럭 날리는 후배의 유니폼을 안쓰럽게 쳐다보며 파이팅이나 외치기 바빴다. 지난 겨울에 사달라던 패딩점퍼를 하나 입혔어야 하는 건데라는 생각도 잠시, 연예인들에게 사인 받을 작정으로 왔던 애초의 의도도 잠시, 상대편의 방망이가 불을 뿜어대기 시작했고 특유의 승부욕이 발동한 나는 사인이고 예의고 뭐고 삿대질을 일삼으며 점점 욕쟁이로 분해가고 있었다. 그 순간 데구루루 펜스 밖 내 발 밑으로 굴러온 파울볼 하나. 가벼웠다. 단단했다. 약 백오십 그램 정도 되는 이 공 하나에 울고 웃고 죽고 사는 인생…… 비단 프로야구 선수들에게만 해당되는 얘기겠는가, 내게는 그 심지가 펜이듯이 말이다. 주말마다 조기 축구회를 나가겠다는 제부와 그 시간을 가족과 함께하라며 앙칼지게 굴던 동생 사이의 다툼이 자주 벌어지는 바, 아마도 나는 제부 편에 설 듯하다. 제아무리 장모 솜씨가 좋다지만 땀 실컷 흘리고서 떠먹는 뒤풀이 고추장찌개의 첫 숟갈을 어찌 이겨 먹을까.

3월 27일 — 사람은 무엇으로 찾는가

총선이 보름 앞으로 다가왔다. 어깨띠를 두르고 길거리에 서서 인사하고 율동할 이들 머잖아 아침저녁 바빠지실 때. 누가 국회위원이 될 만한가 간 볼 수 있는 기간은 13일, 이 시간 동안 우리들은 과연 얼마나 신중한 선택을 할 수 있으려나. 흔히 열 길 물속은 알아도 한 길 사람 속은 모른다고들 하니 속이려고 들면 백 번이고 속이고 속아 넘어갈 수 있는 것이 사람과 사람 사이이거늘, 그러니 스스로 문제적이다 싶은 사람들 여럿 피곤하게 만들지 말고 알아서들 물러나면 좀 좋을까. 다른 부모들은 금배지 단 자식들 키워낼 욕심깨나 부린다는데 우리 부모들은 다행히도 그런 과욕 한 번 부린 적이 없는 듯하다. 전부터 우리 아빠가 소원한 내 직업은 국회의원이기는커녕 〈6시 내 고향

〉 같은 프로그램에서 전국 방방곡곡을 다니며 갖가지 별미를 감칠맛 나게 먹어주는 리포터였으니 말이다. 하필 왜냐는 물음에 그때마다 확고한 신념으로 아빠는 말했었지. "맛있는 거 먹고 우는 사람 봤냐? 맛있는 거 먹으면 절로 웃음나잖아. 리포터는 매일을 그렇게 살고 매일의 웃음을 우리에게 전할 거잖아. 그보다 네가 가본 맛집 너 따라가면 공짜일 거 아니야." 아파트 동 대표 선거가 코앞이라 엘리베이터 벽면에 후보자들 이력이 너덜너덜 붙어 있다. 고작해야 성별이랑 학력 정도만 선명한 글귀에서 내게 웃음 줄 사람 대체 어떻게 찾으라는 건지 원.

3월 28일 — 책만한 거름이 어디 있으랴

단골로 애용하는 한 인터넷 서점에서 메일이 한 통 왔기에 열었더니 헌책을 대신 매입해준다는 얘기였다. 이곳에서 운영하는 중고서점이 큰 인기를 끈다더니 책을 계속 사들여야 할 만큼 대박이 난 모양이었다. 책이라 하면 읽기보다 장식용으로 꽂아두는 걸 즐겨 하는 탓에 팔 요량을 몰랐던 나는 어느 순간 책장 앞에서 이 책 뺐다 저 책 넣었다 바삐 손을 움직이고 있었다. 이고 지고 있다 한들 그 많은 책이 다 내 머릿속에 똬리 틀고 앉아 있을 것도 아니고 하여 작심한 끝에 고르고 골라보니 묘하지, 켜켜이 쌓인 그 책의 모양새가 참으로 슬픈 형국이더란 말이다. 사실 뚜렷한 기준이랄 건 없었다. 저자나 지인이 면지에 사인을 남긴 책, 행간마다 꾹꾹 눌러 그은 밑줄로 굵은 볼펜심 자국이 선명한 책, 여러 번 넘겨 읽은 증거인양 낱장마다 침 자국이 남은 책, 그리고 예전 어느 날 헌책방에서 사들여 더는 팔 수 없다 싶은 책. 고등학교 시절 유일한 낙이라면 주말마다 친구랑 배다리 헌책방 골목을 배회하는 일이었다. 천 원짜리 한 장으로 다섯 입 베어 먹고 나면 없어질 핫도그도 아니고 책을 살 수 있다니. 그때 양손 가득 노끈 묶어 사 나르던 책 가운데 한 권이 지금 내 손에 있다. 무슨 소리인지 알아먹지도 모르면서 나 잘났다 싶어 사들였던 실비아 플라스의 시집. 안녕 내 책들아! 그러나 내 헌책 사시는 분 가운데 시인 나오면 참말 좋겠네.

3월 29일 – 미치면 결혼이 되겠니

한 여자 연예인이 결혼식에 일체 협찬을 받지 않기로 한 '개념'을 보였다더니, 연일 오르내리는 연예계 핫 소식이 그녀의 신혼집이며 드레스에 대한 뉴스다. 팀 후배 중 하나도 5월에 결혼을 한다기에 준비할 것이 많아 힘들겠네, 라는 말을 종종 건네게 되는데 그때마다 그 아이 손사래를 치며 전혀요, 라는 대답만 반복하는 것이었다. "반지만 했어요. 링은 얇고 다이아몬드는 거의 안 보일 만큼 작은 알로요. 예단이며 한복이며 웨딩 촬영도 다 생략하려고요." "서운하지 않아? 그래도 한 번 입는 웨딩드레스인데……" 말끝을 흐린 건 나 자신에 대한 부끄러움이 스멀스멀 스며들어서였다. 결혼할 마음도 없으면서 왜 그렇게 오랜 기간 웨딩 잡지를 정기 구독해왔는지, 그사이 머릿속에 남은 거라곤 온갖 웨딩 관련 명품 브랜드의 이름뿐이었으니 말이다. 언젠가 한 남자 선배와 크게 다툰 적이 있다. 사랑하는 사이라면 비닐하우스에서 시작해도 행복하다는 그의 지론에 밥 없이 사랑이 어디 있냐며 철없는 소리 좀 말라면서 혀를 끌끌 찬 게 나였기 때문이었다. 자기 여동생이었으면 큰소리했을 거라고 했던가, 너 같은 속물이 진짜배기 사랑을 어찌 알겠느냐고 했던가. 청혼한 여자로부터 퇴짜를 맞은 뒤에야 선배는 내 말이 맞았다며 화해의 악수를 청해왔고, 지금껏 둘 다 혼자인 가운데 묘하게도 결혼관은 뒤바뀌어버렸다. 사랑 하나면 된다 싶은데 그 쉬운 사랑이 나는 왜 이리 어려울까.

3월 30일 — 봄에 우리 모두 입조심

 나보다 윗세대 분들도 많이 계시니 나이 타령하면 욕먹겠으나 각오하고 말하건대, 요즘 내가 부쩍 늙었음을 느끼곤 한다. 외모가 아니라 실로 마음이 그렇다는 얘기다. 찬바람 숭숭 맞아가면서도 가끔 창문 열어젖히고 뭘 그렇게 기다리나 들여다보면 간단케도 봄이더란 말이다. 예전엔 미처 몰랐었다. 머리가 하얗게 세고 허리가 둥글게 굽은 할머니 한 분이 지팡이 옆에 두고 몇 시간이고 놀이터 벤치에 앉아 볕을 쬘 때 그 느림, 그 침묵이야말로 봄을 받아들일 수 있는 온전한 자세임을. 그리하여 봄이랍시고 앞머리나 파마할 겸 해서 단골 미용실에 들렀다. 로트 몇 가닥 말기 시작했는데 불현듯, 서너 명의 여자들이 미용실로 들이닥쳤다. 저마다 하이힐 굽 찍어대는 소리에 껌 씹어대는 소리에 왁자지껄 웃음소리 뒤섞인 것까지는 참을 만했는데 의자에 앉자마자 줄줄이 뱉어대는 얘기가 글쎄, 연예인들 까대는 소리이지 뭔가. 이름 뒤에 '씨' 안 붙이는 거야 이해한다, 붙이면 욕이 되기 힘들 테니까. 출연작에서의 미흡한 활약상에 대한 지적은 그래, 비판도 애정에서 비롯되는 거니까. 그녀들의 입을 통한 이런저런 연예인들의 사생활 캐기가 끝날 무렵 나는 저러지 말아야지 결심했거늘, 친구를 만나자마자 안부도 묻기 전에 호들갑스럽게 건넨 말이 있었으니 그 연예인 안부가 왜 불쑥 튀어나왔을까. 봄맞이 꽃단장 하면 뭘 하나. 입이 더러운 것을.

3월 31일 ─ 지각도 때론 공부다

부장님 얼굴이 어두워 뛰어가 물었더니 대뜸 아들 얘기를 꺼내신다. 고등학교 1학년인데 지각을 밥 먹듯 한다는 거였다. 학교 가는 길에 우리의 아드님 대체 어딜 가서 무얼 하시나. 나와 달리 우리 부장님 지금껏 지각 한 번을 안 한 성실 모범 표창감이시니 나와 닮아 아침잠 많은 아드님 어찌 쉽게 이해하실까. 다른 건 다 참아도 유독 졸음은 못 이겨서 1교시 수업마다 울상이던 고교 시절의 내가 있었다. 아무리 짝사랑하던 선생님이 내 앞을 지키고 서 계셨어도 고개로 방아 찧기를 멈출 수 없던 나, 특히나 조는 걸 들키는 즉시 칠판지우개를 던지시던 국어선생님 시간에는 두려움에 묵주까지 손에 쥔 채 기도하는 심정이곤 했다. 죽으면 평생 잘 잠인데 그걸 왜 그렇게 못 참는지 원. 자율학습 시간에 매를 들고 지나가시며 툭툭 내뱉던 선생님들의 말씀, 아니 고작해야 네다섯 시간 자는데도 안 졸리면 그게 사람이냐고! 얄개시대다 뭐다 해서 그 시절로 꼭 한번 돌아가고 싶다는 이들도 많다던데 천만에, 영국의 오랜 역사를 자랑하는 대안학교 서머힐이면 모를까 이 나라 이 교육 과정이라면 가마 태워 등하교 시켜준대도 싫다. 잠만 푹 잤어도 이 센티미터는 더 클 수 있었던 내 키가 아쉬워서다. 각설하고, 책 한 권을 사서 부장님께 드려야겠다. 부장님 아들이 왜 지각대장인지 그림책 속 주인공 존 패트릭 노먼 맥해너시가 꼭 집어 알려줄 테니 말이다.

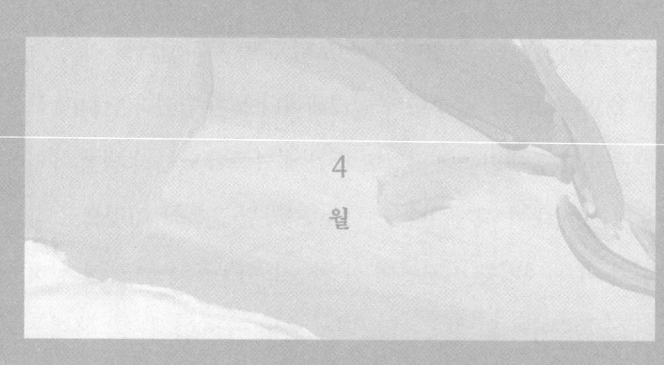

4
월

4월 2일 – 이런 이유

 사람 많은 거 딱 질색이면서도 나는 꼭 주말에 백화점을 찾는다. 책을 보고 책을 사기 위해서다. 동네서점이랍시고 자리한 곳이 백화점 팔층, 그것도 아주 소규모인데다 주저앉아 편히 책 볼 구조도 아니다. 그럼에도 아쉬운 건 나라서 일층에서 엘리베이터를 기다리는데 넉 대의 네모상자마다 유아차 부대들이 꽉꽉 들어차 있었다. 물어보니 구층 문화센터를 가기 위한 행렬들이라나. 층층마다 엘리베이터 문이 열렸다 닫히며 사람들이 타고 내리는데 답답한 공간에 짜증이 났는지 빽빽 아이들이 울어대기 시작했다. 하나로 시작된 울음이 여럿으로 타번져 귀가 멍멍할 지경인데 이상하지, 아무도 우는 애를 엄히 다스리는 이가 없었다. 이런 데서 울면 이놈 아저씨가 혼내주러 와요, 할 법도 한데 아이들은 서로 경쟁이라도 하듯 점점 더 목청을 키워가며 울어댔고 어른들은 그러거나 말거나 저마다 사들인 쇼핑백 속 품목들에 대해 쉴새없이 떠들어대고 있었다. 목적지가 문화센터라고들 했지. 온갖 문화적 체험거리를 다 경험하면 뭐하냐고, 애초에 어른들부터가 문화적 소양이 없는걸. 팔층에서 내리자마자 그들 또래에 그 아이들 또래의 아들을 둔 막냇동생에게 전화를 걸었다. 너는 그러지 말라는 게 내 요지였는데 애도 안 키워본 주제에 잘난 척 좀 말라니. 미안하다, 우울증의 특효약이 수다인 걸 내 미처 몰랐구나.

4월 3일 – 후졌다고 놀리지 말아요

나는 인천 사람이다. 인천에서 나고 자라 스물여덟까지 살았다. 신기한 것은 인천에서 벗어나자 인천이 눈에 들어오는 묘한 경험의 발로다. 옛 애인의 어떤 뚝심, 그 귀함은 왜 매번 헤어진 뒤에야 내 발등을 찍게 할까. 권태기에 접어든 커플의 입에서 가장 빈번하게 튀어나오는 말이 우리 잠시 떨어져 서로에 대해 생각할 시간을 가져보자, 인 걸 보면 시에 있어 객관적 거리감이라는 게 삶에 있어서도 별반 다르지 않은 모양이다. 그래 그 인천, 요즘 들어 자주 가보게 되는 나다. 사는 게 과욕이다 싶을 땐 자유공원에 올라 노인들의 그 느린 걸음을 무한정 쳐다보게도 되고, 사는 데 의욕을 잃었다 할 때는 신포시장에 가 닭 튀기는 아줌마들의 그 분주한 손놀림을 하염없이 지켜보게도 되더란 말이다. 이른바 삶이란 것을 화두로 내 머리에 얹었을 때 나는 왜 인천으로 달려가는가, 생각해보니 전혀 뜯어고치지 않은 고향의 얼굴이 거기 그대로 있어서가 아닐까 했다. 제 생을 고스란히 반추해볼 수 있는 추억들 앞에서야 비로소 무릎을 굽히게 되는 우리들. 고향 사람들은 저주받았다는 표현으로 인천의 낙후에 통탄하곤 한다지만 나는 한 집에서 육십오 년째 살고 있다는 친구네 가게가 부러울 따름이다. 밥집은 원조, 게다가 낡고 쇠락한 매무새라면 더 환호하면서 내 집, 내 동네, 내 고향은 새 집, 새 동네, 새 고향이기를 바라는 우리들의 슬픈 삽질이란.

4월 4일 – 우리를 돼지, 아니 바보로 아나

한동안 종이 신문을 끊고 살았다. 더는 바닥을 칠 수 없는데도 하염없이 곤두박질치는 우리 시대 우리 양심, 그 롤러코스터를 구경하면 뭣하나 싶은 헛헛함에서였다. 그러나 신문 지국은 죄가 없고 신문 배달원은 일이 없으니 다시금 구독하게 되는 신문. 바야흐로 때는 2012년, 아무리 4월에 눈 내리는 수상한 시절이라지만 시대를 역주행하는 불법사찰이라는 단어 앞에 치미는 이 분노를 어째. 유명인사들에게만 해당되는 일이겠지, 치부하기엔 그 마수가 민간인인 우리들에게까지 뻗쳐 있음을 확인하게 된 터, 저마다 생각이 있고 저마다 입이 있는 내가 언제 그 사찰의 대상이 될지 누가 알랴. 좋은 걸 좋다 해도 뭐라 하고 나쁜 걸 나쁘다 해도 뭐라 하니 이 정부는 우리를 뻐끔뻐끔 건망증 금붕어로 아나. 인터넷 사이트에 접속하여 로그인을 할라 치면 비밀번호 변경하라는 둥 여러 메시지가 뜨는데 이렇듯 뒷조사하는 누군가가 있음을 예견하며 그들이 남긴 힌트랄까. 어쨌든 사찰을 당한 자가 있고 사찰을 행한 자가 있다면 사찰을 시킨 자 또한 엄연히 존재할 터, 모두가 인정하는 나쁜 짓이면 암, 그럼 맴매 맞아야지. 박사논문 표절을 인정하며 대통령직에서 물러난 헝가리 대통령 팔 슈미트의 말이 떠오른다. 대통령에서 물러나는 것이 내 의무라고 생각한다, 라고 했던가. 물론 그가 잘했다는 게 아니다. 그의 인정과 결단이 참 부러웠다는 얘기다.

4월 5일 – 이 풍경을 시 쓴답시고

간만에 기차를 탔다. 구포역에서 한 시인과의 미팅이 잡혀 있었기 때문이다. 나름 시인이랍시고 후미진 동네의 낡은 역이라면 감흥을 일으키곤 하는 나, 난생처음 발 디뎌본 구포는 두리번거릴 필요도 없이 작디작았다. 그렇게 악수를 나눈 시인과 이리 갈까 저리 갈까 고심 끝에 찾아들어간 곳이 있었으니 역 앞에 자리잡은 한 다방, 그러고 보니 어릴 적 읽었던 문학작품 속 '역전앞 다방'이란 말에 환상깨나 가졌던 모양이다. 해가 아직 중천인데 다방 안은 어둠침침했고 각 테이블마다 자리를 꿰고 앉으신 분들의 대부분은 노인이라 부름직한 어르신들이었다. 쌍화차와 대추차가 여기저기 주문 메뉴로 불리는 가운데, 궁둥이가 실하니 딴 놈이 생겼느니 별별 음담이 오가는 가운데 쟁반을 들고 이리저리 오가는 한 여인, 마담 아줌마와 눈이 마주쳤다. 우리는 그녀가 안내하는 구석자리를 마다하고 그녀가 기대하는 바와 달리 정중앙 테이블에 마주앉았다. 서로의 안부 묻기가 끝나자마자 곧바로 시집 교정지를 꺼내 들춰가며 설전을 벌이는 바, 미처 생각지 못한 것이 시니까 쓸 수 있는 온갖 19금 단어들을 내가 마구 뱉어내고 있었던 것이다. 이를테면 여자의 윗도리, 남자의 아랫도리를 가지고서 말이다. 어느 틈에 고요해진 다방 안, 여자 복싱 경기가 한창 중계중인 텔레비전 너머 마담 아줌마가 내게 물었다. 뭐하시는 분이세예? 끝끝내 그저 웃지요, 가 나였다.

4월 6일 — 이종범, 멋지게 복수하시라

한 사내의 울음을 보다 결국 나도 울어버렸다. 통곡의 순간보다 눈물을 참으려 할 때의 그 찡그림이 너무도 격하더란 말이다. 이종범, 그는 내가 고등학생일 때에도 야구선수였고, 서른 중반을 넘어선 지금까지도 야구선수임이 분명하다. 언제나 모든 이의 기대를 넘어선 플레이를 보여준 야구 천재이자 바람의 아들. 승부욕이 강한 나라지만 상대편 가운데 그가 그라운드에 나설 때는 차마 야유를 보내지 못했다. 그래, 그에게는 절로 박수를 치게 만드는 어떤 자력 같은 게 흘렀고 그에 감전되기 십상인 게 늘 나였던 것이다. 타고난 실력도 그렇거니와 한눈에도 짐작이 될 만큼의 성실한 자기 관리…… 그런 그가 눈물의 은퇴식을 하고 있었다. 은퇴, 맡은 바 직책에서 손을 떼고 물러나서 한가로워지는 일이 그것이라면 기자회견장의 그는 턱없이 젊기도 하여 서글픔을 주기에 충분했다. 1970년생으로 우리 나이로 마흔세 살, 물론 운동선수로 보자면 노장임이 틀림없겠으나 몸도 중요하지만 정신이 지배하는 것이 또한 스포츠가 아니던가. 요리조리 명분을 만드는 데 급급한 냉혹한 프로의 세계에서 끝끝내 똥 누고 밑 닦는 걸 울며 겨자 먹기로 해 보여야 하는 선수의 입장에 서본 적들 있으신지. 그러니 세상은 공평한가보다. 연봉은 비교할 수 없이 적다고 해도 노력 여하에 따라 파파 할머니가 될 때까지 나, 책을 읽고 책을 만들면서 책에 묻힐 수 있는 편집자가 내 업이니.

4월 7일 — 엄마 밥, 엄마의 존재

엄마가 아프다. 이때껏 나는 아빠가 자리보전하는 것보다 엄마가 드러누울 때 더 큰 산을 마주하는 심정으로 살아온 것 같다. 자주 아픈 부모를 둔 까닭에 초등학교 때부터 훗날 치러야 할 부모의 장례식을 걱정했던 나, 또래보다 조숙하다는 게 매년 생활기록부를 장식한 선생님들의 품평이었던 터라 부모 생각 끔찍한 아이로 일찌감치 만들어졌던 나…… 타고난 효녀가, 환생한 심청이가 나려니 자신해온 내가 큰 착각임을 알고 스스로 뭇매질을 하게 된 건 요 근래의 일이었다. 한 패션 디자이너가 손맛 좋기로 소문났던 제 어머니가 돌아가시자 가장 먼저 김치부터 냉동실에 얼렸다는 글을 어디선가 읽고부터였다. 울면서 배추김치 한 포기 한 줄기씩을 조금씩 아껴가며 찢어 먹었다는 얘기를 듣고부터였다. 그래 그 김치! 엄마 죽으면 못 먹을 엄마 김치! 내가 엄마의 부재를 알뜰히 살뜰히 살핀 것은 혹여 엄마보다 엄마 밥상에 대한 강한 애착 때문이 아니었을까.

젓가락 하나 못 집을 만큼 기력 없는 엄마를 보면서도 엄마가 버무리는 잡채 생각이 너무나도 간절했으니 말이다. 그러니 자식 키워 무슨 소용이냐고들 하는 거겠지. 하지만 어쩌랴, 자식은 엄마 등골 뽑아먹기로 작정한 채 태어난 요물들이니. 이 봄 엄마는 아픈데 엄마의 밥은 만날 먹고 싶고 하여 딸이 낸 묘안이 엄마의 요리책이니, 집집마다 그렇게들 남겨보면 어떨까. 이보다 더한 가보는 또한 없을 테니.

4월 9일 – 오늘도 딸들은 태어나건만

봄기운이 완연했던 주말에 나는 마스크 쓴 채 온 집안 먼지 털어대는 총채질로 바빴다. 근교에 나가 오리구이라도 먹고 오자는 친구네 부부의 청을 마다하고 내가 집에 들어앉은 것은 봄맞이 대청소에 신이 나서가 아니었다. 남도를 뒤덮기 시작했다는 벚꽃만큼이나 희디흰 이로 웃기만 하면 좋으련만, 어두워지면 벌어지는 별별 사건 사고들이 오히려 대낮의 밝음을 생경스럽게 느끼게 한 탓이었다. 한 남성에게 납치되어 끔찍하게 살해당한 한 여인. 칠 분 삼십육 초 동안 살려달라는 비명을 질렀음에도, 휴대전화 너머 현장 상황이 실시간으로 타전되고 있음에도, 사건 현장으로부터 불과 칠 분 거리의 파출소는 고요했던 바, 그 시간에 경찰들 뭐했냐고, 죄다 똥 싸러 갔냐고, 이게 대체 말이 되는 시추에이션이냐고. 이런 참극이 벌어질 때마다 격한 분노로 경찰청을 향해 삿대질을 하는 이유는 단 하나, 모자란 완력의 소유자인 내가 바로 여자이기 때문이다. 하굣길에 어디론가 끌려가 오랜 실종 끝에 처참한 시신으로 돌아왔던 한 친구를 기억한다. 그 사건의 범인이 잡히기까지 우린 야간자율학습으로부터 잠시 풀려나 해가 중천에 있을 때 집에 가는 횡재를 누렸었지. 일진 사납고 재수없으면 내가 죽을 수도 있는 나라, 누가 우리나라 좋은 나라라고 노래 불렀나. 이런 일마다 왜 우리의 지휘책임은 위로 더 위로부터 묻는 게 아니라 아래로 더 아래로부터 추궁되고 마는 걸까.

4월 10일 — 투표 꼭 합니다, 해요!

콜택시를 불렀다. 차에 오르고 보니 아파트 옆 라인 사신다는 늙수그레한 기사 아저씨였다. "막 밥 한술 뜨고 났는데 콜이 뜨더라고요. 내가 몇 달 전에 사별을 했어요. 우리 마누라가 죽었다는 얘기예요. 그랬더니 혼자 밥해 먹기가 그렇게 지겨울 수가 없어요. 그래도 우리 아파트 주민이라 내 황급히 나왔어요." 아저씨는 처음 본 내게 말씀이 꽤나 많으셨다. 아무런 사정을 몰랐다면 창밖으로 시선을 돌려버리고 간혹 억지웃음이나 지었을 텐데 숱이 없어 휑한 아저씨의 뒷머리를 보자니 얼씨구 같은 추임새가 절로 내 입에서 삐져나오는 것이었다. 아저씨는 쉴새없이 침을 튀기고 있었다. 얼마 전 아파트 동 대표가 되었는데 전임 대표가 여러 가지 심각한 횡령을 저질렀음에도 부끄러운 줄 모른다며 사람 뽑는 일이 얼마나 중요한가 주먹 쥐고 연신 연설이셨다. "지금껏 나는요, 콩기름 하나 밀가루 한 포라도 준 것도 받아먹은 것도 맹세코 없어요. 대표자는요, 누구보다 나한테 떳떳해야 해요. 국회위원 한답시고 나온 사람들, 거울 무서운 줄 알아야 해요." 신호에 걸려 횡단보도 앞에 서고 보니 양옆으로 저마다 반듯한 미소로 저마다 더 무리한 공약으로 나부끼는 선거 관련 플래카드가 유독 눈에 띄었다. 그나저나 아가씨는 내일 누굴 찍으시려나. 그로부터 요금을 낼 때까지 침묵이 계속된 우리. 말리셔도 저 내일 꼭 투표할 거라니까요!

4월 11일 ― 선거하고 삼겹살 먹으렵니다

평소 존경하는 선생님으로부터 받아야 할 원고를 간절하게 참 철없이도 기다리고 있는데 전화벨이 울렸다. 예상대로 선생님이셨고 예정대로 원고 쓰기가 벅차다는 말씀이셨다. "도무지 선거 앞두고 펜이 손에 안 잡힌다. 인터넷 들락거리느라 정신이 없구나. 일주일만 더 다오." 그리고 바로 그 결전의 날, 선거철마다 말도 많고 탈도 많았던 게 사실인데 이번 선거는 생각보다 조용히 시작됐다 끝나는 듯싶다. 선거에 집중하지 못할 만큼의 중대한 사건사고들이 연이어 터져나왔기 때문이다. 쌍용자동차 스물두번째 희생자로 정리해고자 이윤형씨의 빈소가 차려졌고, 제주도 강정마을 구럼비에서 해경과 실랑이중 문정현 신부가 추락했고, 도무지 권좌에서 내려올 줄 몰랐던 조현오 경찰청장을 단숨에 끌어내릴 만큼 엽기적인 살인사건이 벌어졌고…… 그밖에 이 정권 아래 지금도 연일 계속되는, 우리들이 직간접적으로 봉착해 있는 어려움들이 어디 한두 가지인가. 귀가 먹은 것도 아닌데 살려달라 외치는 사람 말을 나 몰라라 외면하다 끝끝내 맞닥뜨려야 했던 한 여인의 죽음, 어쩌면 이 나라 이 정부 아래 우리들의 형국이 바로 그런 모습은 아닐는지. 간만에 계란 세례 장면을 목격했다. 선거를 축제로 받아들이기에 우리의 갈 길은 좀 먼 듯도 하다만 어쨌든 내 집안 일이고 내 가족 일이라 하면 마음가짐이 달라질 터, 누구보다 오늘은 날 위해 목욕재계하고 투표소 가는 날!

4월 12일 ― 선거에도 경험이 필요하다

 매일 아침 아빠의 모닝콜이 울린다. 지금껏 내 단잠은 죄다 아빠가 깨워왔다. 그간 나에 대한 아빠의 애정은 실로 눈물겨운 것이었다. 큰 수술을 받던 날 아침에도 민정이 깨워, 가 첫 인사였으니. 이러한 따르릉 전화벨이 하루 쉽니다, 에 들어가는 날이 있으니 바로 선거일이다. 그렇다. 아빠와 나는 정치 얘기만 나오면 현재형의 애인 사이가 아니라 과거의 전 남친과 전 여친처럼 볼 것 안 볼 것 다 본 사이로 으르렁거리며 송곳니를 드러내니 말이다. 오랫동안 서로 다른 정당을 지지해온 아빠와 나, 선거가 있던 어느 해는 밤샘 작업을 하고 와 해질녘까지 퍼 자던 날 깨우지 않기 위해 깨금발로 집안을 오가던 아빠이기도 하다지. 밥상머리에서 논쟁이 붙을라치면 밥숟가락 내던지며 화를 내던 아빠와 그러거나 말거나 끝까지 구시렁거리며 꾸역꾸역 밥그릇을 다 비웠던 나, 대체 이 다름 이 차이를 견디는 건 물어뜯음밖에 없으려나. 투표를 마치고 아빠에게 전화를 걸었다. 역시나 지지하는 상대가 달라 그들을 놓고 쳇 하기도 잠시, 서둘러 휴대폰에 코를 박는 내가 있었다. 트위터를 통해 실시간으로 올라오는 선거에 관한 말 풍경이 참으로 흥미로웠기 때문이다. 결과를 떠나 소득이라면 사람들이 이번 선거를 주체적으로 받아들이고 다양한 상상력으로 갖고 놀아보기 시작했다, 라는 거랄까. 어쨌거나 선거는 끝났다. 그러나 우리들의 축제는 이제부터 시작이다.

4월 13일 – 죽은 정치인의 사회

누군가는 이겼고 또 누군가는 졌다. 하룻밤 새 무리한 축배로 간이 부은 얼굴이 있는가 하면 하룻밤 새 절망의 폭음으로 댓살은 늙어버린 얼굴도 있었다. 선거 다음날 미팅 겸 들른 한 카페를 휘 둘러보니 그랬다는 얘기다. 참 이상하지, 정치와 스포츠는 일단 말하기 시작하면 저마다 평론가를 자처하게 되니 말이다. 어쨌거나 선거에 임했던 모든 후보자에게 박수를 보낸다. 누구 하나 빠짐없이 최선을 다했다는 건 분명한 사실일 테니까. 왜 아니겠는가, 자신의 얼굴을 걸고 이름을 걸고 학력에 심지어 재산까지 다 공개한다는 게 어디 쉬운 일일까. 그럼에도 입맛이 쓴 데는 약속이나 한 듯 일제히 한 방향을 향해 책임 전가의 화살을 쏴대던 정치인들 때문이었다. 오늘 승리했고 오늘 패배했다 해서 내일 이기고 내일 지리라는 보장이 없는 선거판이 아닌가. 냉철한 원인 분석이 선행되고 반성과 전략이 준비되어야 하는 바, 이도 다 사람의 일인 바, 그 작업이 채 끝나기도 전에 내 탓이오, 가 아닌 죄다 네 탓이오, 라니. 어릴 때 위인전집 속에서 링컨과 처칠과 케네디를 골라 읽고 정치인을 꿈꾸며 그들이 남긴 명언을 노트 속에 따로 베끼던 내가 있었다. 그 가운데 우리나라 정치인은 김구 선생이 유일했지, 아마. 물론 십오 년 전에 만들어진 시리즈라지만 전 세계의 아이들에게 위인으로 읽힐 우리의 정치인은 누구이려나, 대체 언제까지 연예인들만 한류 삼으려나.

4월 14일 – 손, 잡으면 심장인 그것

시간이 약이다, 라는 말을 입버릇처럼 가진 선배가 있었다. 진로 문제로 고심할 때도 연애 문제로 방심할 때도 심지어 큰 병이 의심된다는 의사의 소견서를 받아들었을 때도 그는 그랬었다. 어차피 시간은 간다, 라고. 별다른 대안 없이 고작해야 시간 타령이 전부였음에도 이상하지, 왜 그렇게 많은 선후배가 저마다의 고민거리로 그를 찾았던 걸까. 고해소도 아닌데. 지금 와 생각해보면 우리 모두 그를 자기 고백의 수단으로 삼았던 게 아닌가 싶다. 무엇보다 그는 철통 보안을 자랑하는 무거운 입의 소유자였고 한번 술 마시기 시작하면 삼일 낮밤도 끄떡없는 튼튼한 위장의 소유자였으나 제아무리 무인도에 둘뿐이라 해도 사랑은 아니 할 유별난 외모의 소유자이기도 하였으니…… 그 앞에서 나 무장해제된 채 얼마나 자주 얼마나 헤프게 인생사 요약에 들어가곤 했던가. 그런 그에게도 치명적인 매력이 있었으니 다름 아닌 손이었다. 그의 손은 큼지막한데다 보드랍고 한겨울에도 내내 벙어리장갑 속 같은 온도를 유지해서 잡고 잡히기에 아주 좋았더랬다. 휘청거리는 어떤 이의 중심이 되어주기도 하나 한편으로 안주하는 어떤 이의 안심을 흔들어놓기도 하는 손, 그 무시무시한 들킴에 대하여 요 며칠 깨달음이 많은 나였다. 민심 또한 이 손으로부터 비롯됨을 그제야 알게 된 까닭이다. 일찌감치 시간의 두려움을 알고 손의 위대함을 깨달았던 선배는 지금 농부로 산다.

4월 16일 — 꽃보다 사람

생일도 아닌데 꽃을 받았다. 함께 책 작업을 하고 있는 한 잡지사의 기자가 저녁 약속에 조금 늦는다 싶더니만 내미는 게 꽃이지 뭔가. 묘하게도 그 가짓수가 하나일 때 더한 애착을 갖게 되는 게 있는데 이를테면 꽃 한 송이가 그런 듯싶다. 꽃 앞에서 와, 어머, 하고 벌어지는 내 입이 절로 꽃봉오리를 닮아버리니 말이다. 문단 어르신 몇 분이 술자리를 갖고 계신다는 전화에 먹는 둥 마는 둥 밥숟가락을 놓고 술집으로 향했다. 꽃다운 젊은이들 저 스스로 꽃인 줄도 모르고 피어 넘치는 홍대 밤거리를 꽃 든 손으로 걸었다. 스무 살 땐 왜 모를까, 화장기 없는 민낯에 무릎 나온 청바지가 가장 그 나이답게 예쁘다는 걸. 시꺼먼 아이라인이 언더라인까지 죄 번진 줄도 모르고 횡단보도 앞에 토해대는 여자애와 그녀의 가방을 목에 걸고 그녀의 등을 토닥토닥 쳐주는 남자애가 있었다. 신호가 몇 번이나 바뀌는데도 건너지 않은 채 그들 커플에게 입 헹굴 물과 입 닦을 휴지라도 사다 줄 오지랖의 요량이었던 데는, 나도 한 시절 저리 지내왔음을 기억하는 까닭이었다. 아무 힘들 것 없어 보여도 세상 모든 게 다 고민이던 그때, 술자리에서 진탕 먹고 진탕 울고 나면 마음가짐이 새롭게 다잡아지기도 하던 그때, 그 시절로부터 사십여 년이 지났음에도 여전히 민중가요와 전태일을 얘기하며 우는 선생님들을 만났다. 지지 않는 꽃은 역시 사람뿐이구나.

4월 17일 – 다시 첫사랑의 시절로 가본들

영화 〈건축학개론〉을 봤다. 기대 없이 보면 기대 이상의 재미가 있을 거라는 주변의 엇비슷한 권유가 있었다. 다들 이부자리 챙기기 바쁠 자정 무렵, 트레이닝복 차림으로 쓰레기 분리수거를 하러 나갔다가 단지를 돌아나가는 택시를 잡아탔다. 장마철 여름밤이거나 눈 오는 겨울밤이면 상상할 수 없을 이 즉흥은 본디 봄밤만의 홀림일 터, 극장은 예상대로 텅 빈 채였고 내 앞줄과 뒷줄로 야구 모자를 꾹 눌러쓴 남남 커플이 의자 깊숙이 몸을 파묻고 있었다. 내 세대인 95학번 안팎을 시대적 배경으로 깔았으나 전 세대의 감성을 투과할 수 있는 첫사랑을 주제로 한 까닭에 영화보다 배우보다 내가 남을 영화가 아닐까 했다. 첫사랑, 그 희미한 옛 그림자를 좇느라 시작부터 기억의 퍼즐 맞추기에 나선 것이 비단 나뿐만은 아니라는 생각에서였다. 그땐 최선이라는 판단 아래 뱉은 말과 저지른 행동이었으련만 우리들의 처음은, 그 사랑은 왜 늘 안녕?과 안녕!을 헷갈려 하던가. 그렇게 꽈배기처럼 어긋난 인연을 연인으로 망각 속에 체념 속에 처음인 듯 서로를 속고 속이며 살아가는 우리들, 그 아름다운 착각이 오늘도 우리를 살아가게 하노니……
그래 애절한 첫사랑과 절절한 로맨스 좋은 건 알겠다만 영화 제목처럼 건축학에 더 관심이 가는 나를 어쩌누. 사람에도 사랑에도 고개 절래절래, 그저 믿을 거라곤 땅이라며 평당 계산에 바쁜 속물근성의 나를 어찌할꼬.

4월 18일 ─ 오해 아니라 고해 말이다

한때 주말마다 성당에 나가 기도하던 내가 있었다. 또래 친구들과 미사 후에 어울려 다니며 떡볶이도 사먹고 극장도 가는 이런 유희의 명분을 종교에 갖다댈 수 있으니 그게 편했던 것 같다. 한 가지 어려움이라면 특정한 시기마다 의무적으로 행해야 하는 고해의 시간이었다고나 할까. 고해소 앞에서 차례를 기다릴 때는 두근두근 방망이질 치는 심장이었으나 막상 그 나무 막 앞에 서서 내가 저지른 만행을 뱉어내기 시작하면 안정적인 심박동 궤도에 들어서던 나였다. 그때의 가뿐함, 그 개운함, 그렇다고 이미 켜켜이 쌓인 마음의 때가 벗겨지는 것은 아니지만 심정적으로나마 새롭게 살아보려는 의지를 갖는 데 참으로 효과적인 것이 바로 고해가 아닌가 싶다. 방송인 김구라가 막말 여죄로 출연하고 있는 모든 프로그램에서 하차한다는 뉴스를 접했다. 관련 기사를 다 클릭해서 보았다. 적절치 않았다. 험하긴 했다. 씁쓸함과 동시에 든 생각은 두려움이었다. 공인이 아니라지만 우리도 말로 때론 난감하고 때론 억울한 상황을 자주 맞닥뜨리지 않는가. 연예인이라는 이유로 어떤 책임에 있어 검은 정장 입고 머리 숙여야 하는 일이 생기곤 한다지만 그리고 보면 정치인들이 가장 뻔뻔한 것 같다. 과거의 무책임한 발언을 따져 묻는다면 그들 가운데 자유로울 자 몇이나 될까. 표절 시비 운운에 제수씨 추행 운운에도 물러남 없이 고요한 그들의 행보를 보다못해 이런다.

4월 19일 – 헛공부도 공부구나

며칠 전 새벽같이 익산행 KTX 표를 끊는 내 손에 들린 원고 한 벌. 5월에 시집을 출간할 안도현 시인을 만나러 가는 길, 그 대목을 환영하듯 흐드러지게 핀 꽃들을 차창 너머로 가리키면서 바야흐로 봄이 왔음을 여실히 실감하는 나였다. 그리고 보면 아침 열차가 객실마다 빠른 속도로 매진을 기록하는 데는 그룹 지어 꽃놀이를 떠나는 아줌마 부대들의 나들이가 한몫을 한 듯싶었다. 연분홍 모자며 모자 달린 등산 점퍼며 한껏 멋을 낸 아줌마들의 수다가 여고 시절 우리와 다르지 않더라고 하자 역에 마중 나와 있던 시인은 말했지. 전과 다르게 꽃 좋은 걸 알고 꽃을 기다리게 되면 나이가 들었다는 증거라고. 그 순간 나는 아마도 이맛살을 찌푸렸다지. 시인의 차에 올라 나는 아래로 더 아래로 길을 따라 달렸다. 이것은 매화, 이것은 벚꽃, 이것은 살구나무, 이것은 진달래…… 아, 이게 진달래구나. 시인은 아스팔트 키드로 자라난 내게 이것저것 알려주기 바빴다. 세상에나, 너 몰라도 너무 모르는구나. 그러고 보면 이 땅의 꽃과 나무가 참으로 무궁무진할 텐데 내가 아는 거라곤 장미나 개나리나 대나무 정도이니 긴긴 학교 공부 가운데 내가 배운 건 대체 뭐라니. 주먹만한 선지가 둥둥 뜬 뭇국에 육회비빔밥을 싹싹 긁어먹고 졸다 깨보니 저 산이 미륵산이고 저 탑이 미륵사지 삼층석탑이라 했다. 몰라본 게 내 죄랴, 눈으로 봐야 진짜 앎인 걸 이제야 안 걸.

4월 20일 ─ 엄살도 부모 봉양 후에나

이 선배는 우울증 저 후배는 조울증, 겉으로는 머리 아프다면서 속으로는 마음 아픈 이들이 꽤 많은 듯하다. 나도 봄볕 아래 그늘진 그네들이 자주 되어보곤 하는 요즘이다. 배를 곯는 것도 아니고 실연한 것도 아닌데 대체 왜 똥 씹은 얼굴이니? 감춘다고 하는데도 억지웃음 뒤로 힐끗힐끗 들키곤 하는 내 오만상, 특히나 예민한 축의 소유자인 글쟁이들에게 속내의 민낯을 들킬 때면 여지없이 이렇게 되물어버리는 나다. 무슨 힘으로 한평생을 살아갈까. 누군가는 고개를 끄덕이고 누군가는 손가락질을 하는 이 근원적인 물음을 화두랍시고 꽃잎이 눈꽃처럼 날리는 정동길을 하염없이 걸었다. 이 많은 사람 중에 내가 아는 사람 혹여 만날까, 은근 바바리 깃 세워가며 한껏 똥폼 잡고 관조하는 자세로다가 시인 흉내였는데 야! 하고 내 등을 치는 선배. 우리가 몇 년 만이더라, 로 시작된 대화가 이런저런 근황 토크로 이어지다 더는 할말이 없다 싶을 무렵 무심코 내가 던진 말이라니. 왜 이렇게 폭삭 늙었어요? 머리카락 다 잡아 잡수셨네. 웃자고 한 얘기였는데 몇 년 전 대장암 수술을 크게 받아 그렇다고 무심히 답해버리는 선배라니. 커피 한잔 나눌 새도 없이 그는 손 흔들며 가던 길로 사라졌다. 중환자실에 누워 계신 어머니 간병인으로 나섰다나. 그럼에도 환히 웃으며 남긴 명언이라니. 이 환장할 봄 날씨 우리 엄마가 젤로 좋아하셨는데. 부디 민정아, 효도해라!

4월 21일 ― 부끄러움에 대하여

 어떤 잘못을 하였을 때 나는 얼굴 빨개지는 여자가 된다. 그러다보니 솔직함만큼 무시무시한 무기가 없다는 걸 온몸으로 증명해내곤 한다. 선거 결과를 놓고 쯧쯧 혀를 차게 했던 인물 가운데 한 사람이 새누리당을 탈당했다. 문대성, 내겐 정치인이라기보다 IOC위원이라기보다 2004년 아테네 올림픽 당시 태권도 금메달리스트로 기억되는 바, 그는 어떤 미래를 꿈꾸다 예까지 오게 되었을까. 선거 내내 표절 의혹이 계속 제기되었고 어느 정도 신빙성 있는 주장들이 보태지면서 나는 그의 물러남을 기대했던 것도 같다. 양심에 발을 얹지 않고서야 원, 이런 망신을 예상치 못했다면 그건 우리를 바보로 알았기 때문이 아니었으랴. 아 참, 그에게 표를 던진 민심도 분명 있었지. 그러고 보면 표절이 얼마나 심각한 범죄인지 우리 모두 잘 몰랐던 건 아닐까. 남의 글 몇 줄 베껴 쓰는 게 뭐 그리 대수겠어, 라는 방만함으로 네 것을 내 것인 양 삼는 일이야말로 극악무도한 도둑질임이 분명한데 말이다. 어쨌거나 그를 욕하기 전에 우리부터 반성하자는 건 우리 사회가 책 읽고 글 쓰는 법을 일찌감치 가르치지 않았기 때문이라는 생각이 들어서다. 아침부터 밤까지 돌려차기에 바쁜 그를 돌려세워놓고 책 읽어라, 글 써라, 가르친 스승이 계셨다면 어땠을까. 같은 죄목으로 조마조마 떨리는 심장 부여잡고 있는 분들, 아이참 시간이 없다니까요!

4월 23일 – 지금 나라님이 읽고 계신 책은?

오늘은 유네스코가 제정한 '세계 책의 날'. 우리로 보자면 2012년은 문화체육관광부가 삼은 '독서의 해'. 책 읽기를 세 끼 밥 먹기로 여기는 입장에서야 기념일이 별스럽겠지만 한편으론 책이 처한 궁핍한 현실의 반영이 아니겠는가. 왜 하필 4월 23일인가 검색했더니 책을 사는 사람에게 꽃을 선물하는 스페인 까딸루냐 지방 축제일인 '세인트 조지의 날 St. George's Day'에서 유래한데다, 1616년 셰익스피어와 세르반테스가 죽은 날이기도 하다지. 만약 밸런타인데이이고 화이트데이여도 이리 고요했을까. 한두 달 전부터 깊은 산속 시골 장터 슈퍼에도 별별 초콜릿들이 뽀얀 먼지를 뒤집어쓴 채 진열되어 있는 데 반해 책 주고받기를 일로 알고 탈로 알고 별 재미를 느끼지 못하는 우리 풍토로 보자면 그 책이란 걸 축제의 산물로 여기기에 아직 갈 길이 먼 듯싶다. 줄도산에 이르는 서점과 출판사, 실업자로 전락하는 편집자가 느는 건 팔리지 않는 책과 사주지 않는 책 때문인 바, 그럼에도 하루 평균 250에서 300종의 신간이 끊임없이 출간됐다 대부분 절판되는 첩첩책중을 어떻게 헤쳐 나가야 할는지. 나라님은 뭐하시나. 너 읽어라, 가 아니라 나 읽는다, 로 본보기가 되어주실 어른 어디 안 계시려나. '책 드림 날'인데, 그 드림을 'dream'이라고도 쓴다는데, 다른 금배지들은 고사하고 작가 출신의 정치인들은 꿈도 안 꾸나 몰라.

4월 24일 – 장난감은 장난감의 이름으로

대형마트에 들렀다가 레고라는 놀라운 세상을 만났다. 덴마크의 블록 왕국이란 건 익히 들어 알았으나 연령대별로 시리즈별로 다분히 세분화되어 있는 레고 나라에서 이거 사달라, 저거 사달라 떼를 쓰며 드러누운 아이들을 여럿 보자니 뒤늦은 관심이 생겨나지 뭔가. 사실 아이들 입장에서 보자면 얼마나 탐이 날까. 플라스틱 블록과 미니 피규어 등등을 조합하여 자기가 좋아하는 소방차를 비행기를 기차를 만들어내고 이를 모아 마을도 나라도 천국도 완성할 수 있으니 얼마나 하고 싶고 갖고 싶을까. 고백건대 나는 단 한 번도 레고 박스를 가져보지 못했다. 목수였던 창업주가 1949년에 조립식 블록 완구를 내놓았다 하니 그 역사가 칠십 년이 넘었다고는 해도 내 어린 시절 레고는 무척이나 값비싼 소유물이라 대중적이지는 않았으니까. 지금 와 그게 아쉬워서 이리 사설이냐고? 불현듯 아빠 생각이 나서다. 산교육이 중요하다며 마당 가득 토끼며 다람쥐며 닭이며 새장 속 앵무새에 어항 속 금붕어까지, 나는 레고는 몰랐으나 아빠의 재미로 살아 있는 생명의 눈동자의 아름다움을 보고 자랄 수 있었기 때문이다. 아빠와 함께 봄마다 찾은 동물원에서 내가 만난 돌고래는 쇼 잘해서 기특한 녀석이 아니라 쇼 잘해서 불쌍한 녀석이었지. 어른들은 알까, 아이들의 눈동자에 어떤 기억이 추억으로 남아 반짝이는지. 돌고래는 장난감이 아니란 걸 아시는지.

4월 25일 ─ 우리 개라는 빚쟁이가 있다

대학 때 동네 어른이 집에 개 한 마리를 가져다주셨다. 목에 줄을 묶어 개집에서 먹고 자게끔 집밖에서 키우는 일명 똥개. 반달눈에 주먹코라 귀염성이 다분했던 우리 개는 밥을 퍼주기가 무섭게 밥그릇을 소리 나게 굴리는 시위로 밥 더 달라는 애교를 피우곤 하였다. 하루가 다르게 살이 오르고 털이 반지르르 윤기가 돌던 우리 개의 무한 성장은 시도 때도 없이 싸대는 똥으로 증명이 되는 바, 아빠는 여기저기 모락모락 무덤으로 둥글어져 있는 똥을 삽으로 퍼 담으며 이렇게 씩씩거리고 하였다. 역시나 개 팔자가 상팔자라니까. 그러던 어느 날부터 우리 개가 짖는 것도 아니고 우는 것도 아닌 이상한 소리를 내기 시작했다. 누군가 집에 우환이 생길 징조라고 불길한 예감을 전한 지 얼마 안 되어 엄마에게 뇌종양 판정이 내려졌다. 우리 개가 태어나기 전부터 그 싹수가 있었으련만, 식구들은 우리 개보다 엄마의 편에 설 수밖에 없었다. 제 죽을 날을 알았는지 아침부터 밥도 안 먹고 개집 안에 틀어박혀 으르렁대던 우리 개, 결국 다른 사람을 다 물리고 내가 다가가자 모든 경계를 푼 채 달려나와 내 치마에 제 발자국을 남기며 달려들던 미련했던 우리 개. 트렁크에 실리기까지 발버둥쳤던 공포의 흔적은 포대자루 너머 내 마음에 고스란히 남은 바, 힘든 일이 생길 때마다 그날을 생각한다. 평생 치를 죗값이 남았구나, 하는 인정도.

4월 26일 — 인간사 거기서 거기

봄비가 장맛비처럼 내리던 날, 작정하고 옷장 정리를 했다. 옷장에 개어져 있던 두터운 스웨터며 행어에 걸려 있던 외투를 하나하나 꺼내 마루 한구석에 쌓고 보니 순식간에 옷으로 다져진 작은 뒷동산 하나 완성되는 듯했다. 이 가운데 내가 입은 옷은 과연 몇 개나 될까. 고백건대 한동안 옷에 정신줄 놓던 시절이 있었다. 내 스타일도 아니면서, 심지어 내 사이즈도 아니면서 보는 족족 사들인 옷이 담긴 쇼핑백을 열흘 넘게 소파 위에 놓아둔 채 열어보지 않은 날도 부지기수이곤 했다. 누구 말마따나 왜 이러는 걸까요, 왜 나는 입지도 않을 옷을 사느라 시집가면 소박맞기 딱 좋을 헤픈 씀씀이를 자랑하는 걸까요. 몇 년 전 〈화성인 바이러스〉란 프로그램으로부터 출연 요청을 받은 적이 있다. 그때만 해도 케이블 방송을 몰랐으므로 자연스레 그게 뭔데요? 반문을 던졌던 터, 당황한 듯 작가는 이랬었다. 다른 시인들과는 조금 다른 시를 쓰신다고 들어서요. 검색을 해보니 우리와 조금 다른 삶을 사는 이들을 화성인이라 부른다나. 다시보기를 통해 만난 화성인들은 좀 별나기는 했으나 그렇다고 지구인으로 돌리기 위한 어떤 작전의 일환으로 설득할 필요는 없어 보였다. 왜? 저마다의 방에 CCTV를 달았다고 했을 때 삶의 어느 한 부분씩은 화성인으로 별스럽게 엿보일 테니 말이다. 내게 옷이 그러듯 코를 파면 꼭 씹어 삼키는 네가 그러듯.

4월 27일 — 만약에 야구가 없었더라면

비도 그쳤고 바람도 멎었다. 맑고 푸른 하늘에 확 트인 시야라서 날아가고 날아오는 공도 꽤 날렵하게 눈에 잡힌다. 여전히 텔레비전 끼고 혼자 보는 스포츠를 즐기는지라 관중석을 가득 메운 야구팬들을 보며 그들의 부지런함에 감탄하는 나지만 슬슬 예매하는 법이 궁금해지는 걸 보니 조만간 야구장에서 꽃술 흔드는 나를 만날 것도 같다. 야구가 뭐라고, 야구가 뭐기에, 경기에 이기면 휘파람을 불고 경기에 지면 병나발을 불었을까. 그러니까 아빠 얘기다. 잘하고 못하고를 떠나서 인천, 하면 야구로 잔뼈가 굵은 도시이니 인천 토박이들만의 야구장 문화라는 게 분명 존재했던 모양, 그러니까 아빠 동료이며 아빠 공장 아저씨들 얘기다. 그때도 지금처럼 하루도 빠짐없이 정치 경제 문화 안팎으로 별별 사건들이 벌어졌을 테고, 그때도 지금처럼 하루도 빠짐없이 권력을 가진 자들과 돈을 가진 자들에 의해 우리 같은 소시민들의 먹고사는 문제가 더럽고 치사했을 터, 어렸던 나라지만 왜 진즉 나는 이해하지 못했을까. 고작해야 바지 뒷주머니에 소주 팩 꽂고 들어가 술 마시며 술에 취해가며 응원을 빙자한 채 고래고래 악을 쓰는 것으로 풀어내야 했던 아빠들의 갑갑한 속내를, 그 스트레스를. 초등학교 때 같은 반 남자애들이 청룡이나 청보 문양이 수놓인 야구 점퍼를 입고 등교하면 다가가 한번만 입어보자고 했던 게 나였다. 그거 사달라고 조르지나 말걸 그랬다.

4월 28일 – 그래도 냉장고는 놀라워

후배 부부가 결혼한다고 하여 함께 가전대리점에 들렀다. 고를 것은 냉장고였건만, 호기심에 나는 에어컨이며 텔레비전이며 세탁기며 회사별로 구비되어 있는 다양한 종류의 가전제품들을 손으로 쓸어보고 버튼마다 눌러보기 바빴다. 내가 처음 비행기를 탔을 때, 그리하여 이륙의 순간을 맛봤을 때, 유레카를 외치듯 라이트 형제는 천재라며 호들갑을 떨었었지. 실은 냉장고가 플러그 뽑힌 흰 속내인 채로 일렬종대한 것을 볼 때도 그 마음이곤 한다. 엄마는 먹는 것도 해먹이는 것도 죄다 일이라고 입버릇처럼 말했지만, 냉장고 없이 식당이나 요리사는 고사하고 이렇게 기하급수적으로 인구가 늘었겠는가. 냉장고가 발명된 것이 20세기이고 그로부터 1세기를 더 살아낸 지금, 무지막지로 번식할 박테리아로부터 벗어났다고는 하나 그렇다고 우리들이 더 건강한 삶을 사는 것은 아닌 것 같다. 물고기가 먹고 싶으면 물에 뛰어들고 멧돼지가 먹고 싶으면 들로 뛰어들고 풀뿌리가 먹고 싶으면 산으로 뛰어들던 자급자족의 삶만큼 신선도가 뛰어난 냉장고는 앞으로도 등장할 턱이 없을 테니 말이다. 맨손으로 살림살이를 시작하는 후배 부부가 장롱은 없어도 냉장고 없이는 못 산다며 좁은 집에 욕심껏 양문형 냉장고를 고르는데 한숨이 피식 흘러나왔다. 이런다고 미국서 오는 고기가 한우 되랴. 국민들 먹을거리 걱정은 안중에도 없이 미국 눈치 보기 바쁜 정부 아래 우리들, 좀 불쌍하지 않는가.

4월 30일 – 문학도 연애만이 살 길

올해로 3회째 열리는 인천 알라 포럼의 토론자로 다저녁때 인천을 찾았다. 행사 전 집으로 날 불러들인 엄마는 불판을 달

구고 삼겹살에 차돌박이에 치마살에 부위별로 구워대기 바빴다. 입맛대로 골라 고기쌈을 쌌으면 하는 엄마의 바람과는 달리 상추나 오물오물 씹어대던 나는 결국 반 졸음 상태로다가 마이크를 넘겨받고 말았다. 만만한 게 나라고 토론의 스타팅을 끊게 된 나, 마주앉은 이라크, 아랍에미리트, 수단, 팔레스타인 등 네 나라에서 온 작가이며 편집자에게 질문을 던지라는데 어휴, 아직 내 트림도 해소를 못했는데 '지역에서 세계를 찾다'에 걸맞을 문제제기라니. 결국 아랍에미리트에 가본 적이 있다는 둥, 아랍어로 번역된 내 시 들고 갔다가 큰일나는 줄 알았다는 둥, 그곳에 한류의 붐도 분명 시작된 것 같다는 둥, 나는 연신 헛소리만 늘어놓았고 아랍에미리트의 여성 작가는 예의 표정 없는 진지함으로 열띤 답변에 이르렀다. 그녀 왈, 한국이든 아랍이든 여성이든 문학이라는 보편성 안에서 다시금 세계를 바라보라는 뻔한 논지로 설득과 충고를 적절히 섞었던 것 같은데…… 그럼에도 나는 동시통역기 너머 계신 낭랑한 그분이 누구실까, 얼굴 없는 동시통역사들의 말이 아닌 목소리에 한껏 집중했을 뿐이었다. 국제적인 어떤 행사 때마다 이렇듯 막막한 신세가 돼버리니, 입때껏 나는 외국인 남친 한 명 못 사귀고 뭐 했나 몰라.

5
월

5월 1일 — 하여튼 입만 살아가지고

 간밤에 꿈을 꿨다. 쫓고 쫓기는 그림자들 가운데 나는 쫓기는 자로, 뒤에서 쫓아오는 그 누군가에 잡힐까 다리에 쥐가 나도록 헐떡대며 뛰고 있었다. 땀으로 흥건히 젖은 이부자리 위에서 깨고 보니 여섯시, 마치 초여름의 새벽녘 같은 느낌이라 얼음을 부숴 넣고 흔든 아이스커피 한잔을 쭉 들이켰다. 잠이 든다는 것, 그리고 또 이렇게 깨어난다는 것. 매일같이 반복되는 일상이라지만 이토록 당연함에 의문을 품고 우아하고 감상적인 부인인 척을 할 때가 있다. 예컨대 오늘 같은 꿈을 꾸고 난 뒤에 말이다. 유독 쉽게 이 꿈의 연원을 타고 오른 데는 저녁나절에 본 한 오디션 프로그램이 주요했던 것 같다. 열여섯, 열일곱 소녀의 대결로 압축된 〈K팝스타1〉의 최종 라운드를 지켜보다 1등과 2등이 가려지던 찰나, 함께 시청하던 가족들 앞에서 내가 뱉은 말이 이랬던 것이다. 난 누가 뒤에서 따라오는 게 젤로 소름 끼치더라. 체질이 딱 1등보다 2등이라니까. 잘하면 잘한다고 뭐라 하고 못하면 못한다고 뭐라 하고. 언제든 넘어설 허들이 있고 언제든 올라설 의자가 있는 2등이 좋더라. 상금 삼억 원에 부상으로 나온 자동차를 보며 쟤네 부모는 얼마나 좋을까, 저 돈을 어디다 쓰려나, 타던 차는 갖다 팔겠지? 연신 좋겠다, 좋겠다, 를 연발하는 엄마에게 혀를 쯧쯧 찼더니 돌아오는 말. 나 참, 누가 보면 너 전교 1, 2등 한 줄 알았겠다, 야.

5월 2일 – 착한 척이라면 미안해요

웃는 애는 미소를 갖고 있다는 게 기특해서, 우는 애는 눈물을 흘릴 줄 안다는 게 짠해서 애라면 사족을 못 쓰는 나라지. 2005년 처음 결연이란 걸 시작했을 때는 그 마음이 최고조여서 아이들 머릿수 늘리기에 온통 정신이 팔렸었다지. 제 가랑이 찢어지는 줄도 모르고 한 달에 삼만 원 그까짓것 하다가 카드 명세서를 열어보고 화들짝 놀란 나, 그로부터 서너 달 뒤 후원 단체에 전화를 걸어 이렇게 뒷북을 쳤더랬지. 죄송한데 끊어주시겠어요? 제 여력으론 오버다 싶어서요. 너무 솔직해서였는지 살짝 웃음 끝에 간사님은 보다 부드러워진 말투로 아이들 가운데 누구의 결연을 중단할 것인지 그 이름을 알려달라고 했더랬지. 가만, 걔가 누구더라? 결국 전화를 끊고 아이들의 친필 편지와 사진이 담긴 종이 박스를 열었더랬지. 더듬더듬 영문을 읽어도 대번에 발음되지 않는 이름은 보츠와나, 부르키나파소, 방글라데시, 볼리비아 등 내게 익숙지 않은 나라의 아이들인 까닭이었지. 네모 반듯 접어둔 세계지도를 펼치자 군데군데 빨간 동그라미가 구름처럼 떠 있었는데, 그건 내가 아는 아이들의 나라가 어디쯤 위치했는지 세계지도 위에 하나하나 표시를 해둔 연유로였지. 아이들이 내게 준 앎이란 아이들을 몰랐다면 내 것이 아니었을 세계에 대한 관심이구나. 열둘이었던 아이들을 반으로 줄인 기준에 대해서는 묻지 마시라. 때마침 내 서가에 보인 책이 슈테파니 츠바이크의 『아프리카, 나의 노래』였던 게 힌트랄까.

5월 3일 ─ 천재들

줄곧 1등을 놓치지 않았던 사촌동생이 고3일 적 내게 자신의 진로를 놓고 의견을 물어온 적이 있다. 외동으로 자란 녀석이다보니 이런저런 생각의 추림이 필요했던 모양이었다. 나는 열두 번 죽었다 깨도 못 갈 학과들이 친척 어른들 사이에서 거론되는 동안 정작 그 어떤 이름에도 녀석의 의지는 담기지 않은 듯했다. "언어학과 어때? 얼마 전에 이란 책을 읽었는데 전 세계의 구십 퍼센트가 가장 많이 쓰이는 백 개의 상위 언어를 사용하는 거라더라. 최소한 육천 개 정도의 언어를 나머지 십 퍼센트가 쓴다는 얘기인데 언어의 사멸은 곧 생태계의 붕괴를 의미

하는 거잖아. 이런 거 한번 공부해볼 만하지 않아?" 녀석은 이게 무슨 입으로 물방귀 뀌는 소리냐 싶은 표정으로 날 빤히 쳐다보았다. "그렇게 좋으면 누나가 가든가." 철학과는 어떠냐는 권유에 철학관 차려 뭐하냐는 귀먹은 할머니 말씀은 또 뭐라니. 부모님 말씀 잘 듣는 효자답게 녀석은 법대에 갔고 졸업도 하기 전에 고시 패스를 해서 지금은 대형 로펌에 다니며 잘 먹고 잘 산다. 하루가 멀다 하고 온갖 고소 사건이 난무하는 나라인데다 제 적성에도 딱 들어맞는다니 꽤나 얄밉기까지 한 녀석. 연이은 카이스트 학생들의 비보에 마음이 돌 매단 것처럼 묵직해서 놓아보는 어깃장이다. 유서 속 미안하다는 말 대신 연서 속 행복하다는 말 나오게끔 이 천재들, 살릴 방안은 없는 걸까.

5월 4일 – 가만있으니 가마니로 보기에

'폭력'이란 단어를 볼라치면 그 자체의 생김이 그 말의 의미와 닮아 있음을 느낀다. 손으로 쓸라치면 어느 한 획 느슨하게 풀어지는 부분 없이 힘이 확 고이는데다 발음이라도 할라치면 혀끝이 바짝 서서 몸 전체가 순식간에 긴장 모드가 되는 것도 말이다. 지구상에 폭력을 일삼는 생명체가 사람 말고 또 있을까. 먹잇감을 놓고 벌이는 맹수간의 다툼도 암놈을 놓고 벌이는 수놈간의 쟁탈도 다 생존 본능에 의거한다고 할 때, 인간만이 유일하게 그 자연스러운 발로를 거스르는 존재가 아닐까 싶다. 뭐 그 덕에 우주선 타고 달나라 땅 따먹기 할 지경에 이른 것까지는 알겠으나 지구 전체가 하루도 조용할 날 없이 핵이니 방사능이니 테러니 서로가 위협 못해 안달인 걸 보면 인간사 참 가관이다 싶은 요즘이다. 혹시라도 다음 생이 주어진다면 모래 한 알이거나 쌀 한 톨이었으면 하는 심정, 그러니 이해들 하시려나. 다시금 광화문에 하나둘 촛불이 켜지고 있다. 전문가들 입 모아 문제라는데도 미국산 쇠고기 수입을 강행하는 못난 정부의 무책임함, 이것이야말로 민심에게 행하는 폭력이 아니고 뭐람. 하물며 소뿐이랴. 먹고살기 힘든 것은 둘째 치고 온 나라 온 국토를 자격증 없는 정원사처럼 난도질한 것도 폭력이라면 폭력일 터, 촛불은 그에 비하면 너무나 아름다운 인간만이 쳐들 수 있는 방패. 부끄럽게도 지금껏 광화문 속 그들에 섞여 있지 못했더랬다. 촛값 얼마나 한다고.

5월 5일 – 동요는 즐겁구나

해마다 5월 5일이면 애나 어른이나 누가 시킨 것도 아닌데 절로 이 노래를 부르곤 하지. "날아라 새들아 푸른 하늘을, 달려라 냇물아 푸른 벌판을, 5월은 푸르구나 우리들은 자란다, 5월은 어린이날 우리들 세상." 어린이였을 때는 미처 몰랐던 시적인 가사에 딱 떨어지는 노래가 어른이 되고 나니 새삼 감탄을 연발하게 한다. 역시나, 윤석중 선생님의 시에 윤극영 선생님이 곡을 붙이신 거였다. 그러니까 시가 노래로 불려온 역사의 전형이라고나 할까. 애초에 노래됨이 불가한 시를 써온 탓에 그저 강 건너 불구경 해온 나, 요즘 들어 그 시적 스타일에 변화를 모색하게 된 데는 밤낮없이 동요를 불러대는 엄마의 노랫소리 덕이기도 하다. 이제 갓 백일이 지난 아이와 십팔 개월 된 외손자 둘을 손수 업어 키우게 된 엄마, 배고프다고 울고 졸리다고 울고 쌌다고 우는 두 아이를 번갈아 안고 어르는 것만으로도 분주할 텐데 참 극성이기도 하지, 입에서는 내내 멜로디를 흘리더란 말이다. 그래야 잘 먹고 그래야 잘 싸고 그래야 잘 잔다나. 환갑에 어깨 인대 파열되면서까지 기저귀 갈아대는 게 안쓰러워 여동생들에게 성질이나 버럭 내는데 엄마 왈, "너 키울 땐 목 쉴 정도로 노래 불렀다니까. 네가 시인된 데는 내 덕이 반이야, 알아?"라나. 내 품에 안기자마자 떼를 쓰며 울어대는 조카. 실은 얼마나 다행인지, 외우는 동요 하나가 없는 음치

이모이니.

5월 7일 — 다르니까 책도 재미지

지난 금요일부터 일요일까지 파주에서 어린이 책 잔치가 열렸다. 그중 하루를 나도 책 파는 여자가 되어 부스를 지키다보니 책을 구경하거나 사러온 여러 가족들을 자연스레 관찰할 수 있었다. 가족 단위로 와서 책 고르기에 한창인데 책 도우미는 못할망정 나는 책 파느라 여념 없는 후배들에게 이런저런 귓속말 하기 바빴다. 주로 책을 대하는 한 가족의 어떤 자세에 대해 집중적으로 관찰일기를 써댔던 것 같다. 보고 싶은 책을 서로 간에 별 간섭 없이 바퀴 달린 여행용 캐리어에 사 담은 채 드르륵 끌고 가는 집이 있는가 하면, 오천오백 원짜리를 삼십 퍼센트 할인해서 삼천팔백오십 원에 파는 책임에도 불구하고 남편에게 전화를 걸어 책은 어떻다 작가는 누구다 사이즈는 이만하다 하나하나 설명한 뒤에도 허락을 못 구한 아내가 있는, 가족마다 책을 소비하는 형태의 그 다름에 대해서 말이다. 책 한 권을 놓고 봐야 하네, 볼 필요 없네, 쉽게 말할 때 그 침이 튀는 방향에 내가 만든 책들이 놓여 있기도 했다. 책을 알고 책의 민심을 꿰뚫으려면 정말이지 의자를 박차고 종종 거리로 나와야겠구나, 하는 결심으로 목에 낀 먼지나 좀 삭혀볼까 먹자골목을 도는데 술집마다 사람들로 가득이었다. 어린이날에 어린이를 위해 민물매운탕을 먹은 한 가족, 어버이날에 어른들을 위해 무엇을 먹을 것인가.

5월 8일 ― 카네이션은 고사하고

가끔 식구들과 모여 앉아 드라마나 영화를 함께 시청할 때가 있다. 뉴스 말고는, 전국노래자랑 말고는 텔레비전에 그다지 큰 흥미가 없는 아빠는 내가 저 여자주인공 재벌 딸일 거야, 저 남자주인공 불치병일 거야, 라고 스토리를 예견하고 그것이 맞아들어간다 싶을 때면 온갖 감탄사를 연발해가며 마치 천재 딸을 둔 양 의기양양해하곤 했다. 사실 그처럼 빤한 스토리 얼개에 평면적인 인물들이라면 세상살이 얼마나 살 만할까. 설사 천하의 악녀를 만난대도 신분을 감춘 재벌가 왕자님에게 어차피 구원당할 테니 착한 척 일색이면 될 테고, 실패에 실패를 거듭한대도 머잖아 성공할 테니 외로워도 슬퍼도 나는 안 울어 하다가 웃으면 복이 와요 증명해 보이면 될 테고. 우리들이 다 아는 불편한 진실 가운데 세상 모든 부모가 입버릇처럼 하는 말이 있지. 내가 살아온 얘길 다 쓰면 아마 대하소설 열 권은 족히 넘을 걸, 이라는 일관된 그 레퍼토리 말이다. 부모가 소주잔을 기울이고 앉아 지나간 한평생을 자조하며 한숨을 내뱉을 땐 정말이지 내가 자식으로 태어난 게 죄스럽게 느껴지기도 했지. 기실 우리들의 삶은 우리가 상상할 수 있는 범위를 언제나 늘 가볍게 뛰어넘지 않던가. 그러고 보면 하루아침에 우리네 부모들, 전 재산 잃을 지경이 되어 퇴출 명령을 받은 저축은행 앞에 주저앉게 될 거라고 그 어떤 드라마나 영화가 시나리오를 짐작했으랴. 것도 오늘은 어버이날인데.

5월 9일 — '우리'를 생각합시다

최루탄 냄새라는 걸 처음 맡은 건 초등학교 때였다. 눈물 콧물 재채기를 연발한 채 집에 와보니 엄마가 시민회관 근처에는 얼씬도 말라고 했다. 대학생들이 데모중인데 거기 잘못 끼었다가 죽을 수도 있다고. 이는 거짓말 같은 참말이었다. 잠자리 안경을 낀 더벅머리 대학생들의 흑백사진이 연일 신문 속 영정사진으로 찍혀 나왔으니까. 그때 처음 대학생의 '대'가 큰 대 자라는 데 무릎을 쳤던 것 같다. 적게는 여섯 살에서 많게는 열 살 정도 위인 그들을 난 왜 그렇게 어른이라 생각했던 걸까. 숙제는 내가 대학생이 된 뒤에야 풀 수 있었다. 그들의 정의가, 그들의 구호가, 그들의 이상이 내 시절의 그것과는 사뭇 달랐던 것이다. 그러니까 내가 '나'를 고민할 때 그들은 '우리'를 고심한 정도의 차이랄까. 그 마음으로 비롯됨직한 MBC 총파업이 백일을 넘겼다. 〈무한도전〉 없는 토요일 저녁 채널 11번을 처음에는 아쉬워하다가 짜증내다가 분노도 일삼았건만 이제는 그러려니 무심해진 것도 사실이다. 방송을 못 보는 우리들의 불만과 손해는 그렇다 쳐도 노조원들에게는 생활이 담보된 문제, 그럼에도 제 이름을 걸고 나선 그 절박함에는 관심이라는 박수를 내내 쳐줘야 하지 않을까. 그나저나 방송사 사장이면 방송사 생리를 가장 잘 아는 전문가 중에 뽑는 것이 상식일 텐데 누가 낙하산이란 말을 맨 처음 썼는지 원, 풍선도 때가 되면 바람다 빠지겠지만 말이다.

5월 10일 — 시인 황인숙 언니

남영역 인근 카페에서 시 쓰는 선배 언니와 만나기로 했다.

늘 바쁜 척하느라 긴 만남을 가지지 못한 미안함에 약속보다 한 시간 일찍 도착하게끔 출발을 했다. 언니를 기다리는 동안 오롯이 언니만을 떠올려보자, 이 발상을 언니에 대한 나만의 보속으로 삼고자 작정한 연유이기도 했다. 처음 언니와 나를 이어준 건 고양이 두 마리였다. 누군가 키울 수 없게 된 그 녀석들을 이 사람 저 사람을 통하다가 결국 내가 넘겨받게 되었던 것이다. 늦은 밤 내 집에 들른 언니의 손에 들린 검은 비닐봉지 속에서 우르르 쏟아지던 밤 식빵이며 사과며 꽤나 많던 각종 화장품에 향수 샘플이라니. 선물이라면 백화점에서 작정하고 골라 리본 묶은 네모상자로만 알던 나는 그 앞에서 절로 벌어진 수국처럼 환히 웃었더랬다. 서로의 시는 봐왔으나 서로의 얼굴은 봐온 적 없는 우리는 그로부터 언니는 늘 주는 사람, 나는 늘 받는 사람으로 오늘에 이르게 되었다. 집에 들른 내게 아끼던 청바지며 입고 있던 티셔츠며 가보처럼 여기던 고양이 티스푼 세트를 진작 주지 못했다며 안달하던 언니. 아무런 작정 없고 그 어떤 목적 없이 누군가에게 향하는 그 마음의 순정이 아름답다는 걸 알려준 언니 덕에 나도 가끔 간식거리로 사다 둔 땅콩봉지나 말린 문어다리를 필자들에게 보낼 택배 박스에 넣곤 한다. 역시나, 군밤 안고 온 언니. 글쎄, 한 봉지를 언니 앞에서 혼자 다 까먹고 있는 나다.

5월 11일 – 괜히 과유불급이랴

 한동안 꽃이라면 사족을 못 쓰던 나다. 뭔가 푸른 것들이 내 집 창가에 넘실댈 때의 설렘을 알아버린 이후로는 돈 아까운 줄 몰랐더랬다. 오죽하면 아파트 베란다 한가득 상추에 치커리에 고추까지 웃자라게 하였을까. 족히 백 개 남짓 되는 화분도 모자라 생선 담는 스티로폼을 여러 개 들여서는 흙을 퍼 담고 나 보자고 나 좋으라고 이것저것 씨를 뿌리던 나, 그걸 본 누군가는 장하다며 칭찬을 하였고 또다른 누군가는 과욕이라 혼쭐을 냈었지. 예쁘다고는 못할망정 왜 남의 꽃밭에 침을 뱉나 흥! 섭섭한 마음에 쯧쯧 혀를 찬 누군가에게 도끼눈을 흘기기도 한 나였건만 요즘 들어 대략 난감하게도 그의 충고가 여러모로 가슴에 와닿는 중이다. 그때 그는 말했지. 꽃의 입장이 되어봤는지, 그 많은 꽃 하나하나에 책임은 질 수 있는지, 이를 사람으로 치환하건대 네가 맺는 인간관계는 다분히 그러하지 않은지. 두 귓불까지 빨개질 정도로 발끈했던 나였으나 그의 예견대로 나는 지금 그 반성중에 있다. 대구에서 뵌 한 선생님이 던지신 질문 하나에 턱 사레가 들렸던 거다. 너는 네가 좋은 사람이라고 생각하나. 그 순간 주책맞게 눈물이 왜 그리 쏟아지던지. 그 많던 화분 다 죽여버린 나와 달리 부모님 집 베란다는 평생이 사시사철 푸르다. 채 열을 넘지 않지만 저마다 이름이 있고 어느 하나 어느 하루 손 안 가는 녀석이 없다. 나는 그렇게 컸을 것이다.

5월 12일 — 내게 또 거짓말을 했단 봐

때로 남을 속이기도 하지만 보통 남에게 잘 속곤 하는 나다. 장점이자 단점이 사람에 대한 의심이 앞서지 않는다는 건데 이만큼의 살아옴 속에 뒤통수 얻어맞는 상황이 제법 생기기도 하더란 말이다. 초등학교 때 친구 하나는 내게 자기 아빠가 흰곰이 그려져 있는 상표의 밀가루 회사 사장이라더니 우윳값을 꿔 달라는 게 아닌가. 엄마가 첩이라는 말로 날 입 닫게 한 친구에게 한동안 내 용돈이 고스란히 빨려들어갔더랬지. 한꺼번에 갚아준다는 사장 아빠는 온데간데없고 사장의 운전기사더러 아빠라고 부르던 친구의 거짓말은 결국 돈 때문이었던 것. 고등학교 졸업 즈음에는 친구 하나가 아침부터 엎드려 펑펑 울기에 물었더니 엄마가 위암이라는 게 아닌가. 돈이 없어 입원도 못하고 있다는 말에 그날 탄 적금을 빌려준다는 명목으로 건넸고 고스란히 그 친구의 남자친구가 오토바이를 사는 데 들어갔다는 소식이 전해졌더랬지. 수술만 잘되면 갚아준다는 친구 엄마는 멀쩡하였고 부릉부릉 남자친구의 오토바이 뒤에서 부서지게 웃던 친구의 거짓말 또한 결국 돈 때문이었던 것. 그에 비하자면 미래저축은행 김찬경 회장의 거짓말 이력은 참 소설이지 않은가. 중졸 학력인 그가 서울대 법대 졸업을 사칭해 오천억 원이나 되는 돈을 빼돌리기까지, 그 무시무시한 거짓말도 놀랍다지만 그에 속아준 우리 사회는 또 뭐람. 그에 비하자면 내 친구들의 거짓말은 참 귀엽지 아니한가.

5월 14일 – 에잇, 질문이 너무 어렵잖아

이른 아침 카페에서 신문을 보는데 옆 테이블에 앉아 있던 한 학생이 내게 묻는 것이었다. 신문 다 읽으면 버릴 거예요? 당황한 나는 네, 라고 살짝 답했고 학생은 순식간에 환해지는 듯했다. 한국 온 지 육 개월 되었는데요, 신문 읽는 거 재미있어서요. 그런데 저 동그란 안경 낀 여자분이요, 왜 논란의 핵이라는 거예요? 내가 신문의 5면을 들고 보는 동안 학생은 4면을 따라 읽은 모양이었다. 내가 대략 난감한 표정을 짓자 호기심이 발동한 학생은 아예 제가 마시던 음료 잔을 들고 내 앞에 와 앉지 뭔가. 그러고는 내가 읽다 만 신문을 집어 뚫어지게 본 뒤 질문 세례를 퍼붓기 시작했다. 통합진보당은 뭐하는 당인가요? 진보라는 말의 정의가 어떻게 되나요? 왜 한국에서 정치하는 여자는 스모키 메이크업 하거나 귀걸이 왕 큰 거 하거나 파인 원피스 같은 거 입으면 안 되나요? 속사포처럼 쏘아올리던 물음표 하나하나마다 제대로 된 마침표를 찍어주면 좋았으련만 나는 그저 웃지요, 하고 앉아서는 커피만 홀짝일 뿐이었다. 스타일이야 저마다의 개성 아니겠어요? 간신히 마지막 질문에 답이랍시고 건넨 나는 때마침 카페 안에 들어선 학생의 친구로 말미암아 안도의 한숨을 내쉴 수 있었다. 얼굴 전체가 주근깨로 뒤덮인 백인 소년과 브런치를 먹을 건데 함께 가지 않겠냐고? 얘! 아메리칸 스타일은 너나 하렴, 이 언니는 밤새 술을 퍼서 돼지국밥으로 해장해야 해.

5월 15일 ─ 성진 물텀벙이를 지나며

초등학교 입학 전까지 한 살 많은 한 동네 언니가 내겐 유일한 친구였다. 키도 또래보다 훌쩍 크고 묶고 꽂는 머리끈이랑 머리핀도 무지 많은데다 프릴 달린 원피스도 매일같이 갈아입던 이른바 부잣집 막내딸, 유미 언니. 자동차라고는 택시 말고 타본 게 없던 내가 자가용이라는 네 바퀴 위에 몸을 실어본 것도 유미 언니네 포니가 처음이었다. 황갈색 차 엉덩이에 붙어 있던 갈기를 휘날리며 포효하던 그 말 장식의 고급스러움이라니. 사실 언니를 부러워했던 데는 남다른 이유가 있기도 했다. 그건 바로 언니네 집이 경양식집을 했기 때문이었다. 경양식이라고 이름은 들어봤나, 왜 커다란 흰 접시에 바삭하게 튀긴 돈가스가 놓이고 그 옆에 채 썬 양배추랑 깡통 옥수수랑 삶은 당근이 얹어져 있던 나 어릴 적 최고급 외식 메뉴. 가끔 언니네 초대로 우리 여섯 식구가 노르스름한 조명 아래 벽돌로 쌓아올린 기둥 뒷자리로 안내를 받기도 했다. 싹싹 소스까지 다 핥아 먹은 여섯 개의 흰 접시 아래 언니네 아빠가 솜씨를 뽐낸답시고 색소폰을 불 때 아마도 우리 아빠는 맥주병으로 나발을 불었더랬지. 왜 우리 아빠는 외식이라면 돈가스에 코카콜라가 아니라 물텀벙이에 두꺼비 소주를 최고로 알았던 걸까. 고작해야 초등학교 1학년이었던 나, 그 소박함이 그 평범함이 일찌감치 몸에 밴 나는 그로부터 지금껏 유일한 매력 포인트랍시고 이거 하나 내놓고 산다. 애늙은이라는.

5월 16일 — 밥보다 쌀이 우선이니까

 종종 이런 질문을 받곤 한다. 외롭지 않느냐고. 외로운 게 어떤 감정인지 느껴본 적 없다고 하면 십중팔구 잘난 척이라는 비아냥도 따라붙곤 하지. 외로움. 나는 언제 그 단어 아래 내 무릎을 꿇릴 수 있을까. 몇 년 전 산더미처럼 쌓인 일을 뒤로한 채 홀로 정동진행 버스에 오른 적이 있다. 일은 둘째치고라도 처리하지 못한 일로 내가 나를 죽일 지경이었기 때문이었다. 직장 동료들의 배웅을 받으며 버스터미널로 향하는데 한 선배가 내게 말했다. 쉬러 간다며 캐리어에 책을 수북이 담는 이유가 뭔데? 예약해둔 호텔에 도착하고 보니 아무리 둘러봐도 혼자인 이는 나뿐인 듯했다. 동행은 정말 없으신가요? 왜요? 혹시 죽으러 왔나 싶어서요? 바닷가는 온통 커플들 천국이었다. 옆구리 살이 터지도록 서로 끌어안은 것까지는 봐주겠는데 왜 다들 보는 데서 입을 맞추는지 원. 서울서 전화를 걸어온 선배가 옳거니 물었다. 그거 보니 너 외롭지? 외롭긴, 저러다 쌈질하고 죽이기도 하는 게 사랑일걸. 그래도 사람의 살이라는 게 얼마나 큰 위로를 주는지 아니? 혼자서 영화를 보고 나오는데 문득 그 대사가 생각났다. 왜 남자랑 자는 줄 알아요? 외로워서요. 영화관을 빠져나오는 무수한 사람들 틈을 가르고서 재빨리 택시를 잡아탔다. 세탁기 안에 그대로 꼬여 있을 빨랫감들이 생각나서였다. 외로움도 속옷 뽀송뽀송 말려 입은 뒤에나 얘기하자고요!

5월 17일 – 그림책, 비싸려니 합니다

지난 8일 어버이날에는 아동 그림책의 거장 모리스 센닥이 세상을 뜨더니 지난 15일 스승의 날에는 라틴문학의 거장 카를로스 푸엔테스가 세상을 등졌다. 우연히도 두 사람 모두 1928년생 용띠, 그네들의 저작을 뒤지니 공교롭게도 두 사람의 책에 '1996년 여름 인천 대한서림에서'라는 사인이 선명히 박혀 있었다. 대학에 입학하고 난 이듬해 교재랍시고 무슨 개론, 어떤 작법 등과 같은 제목에 깔려 책 읽기를 공부로 알았을 무렵 나는 그림책과 라틴문학에 홀딱 빠졌더랬다. 특히나 그림책은 아동문학론 시간에 만난 한 선생님께서 매 시간마다 가방 한가득 컬러풀한 그림책을 목이 쉬도록 읽어주신 덕에 재미삼을 수 있게 되었지. 동화라면 착한 사람은 복 받고 못된 사람은 벌받는 권선징악만 주제로 알았던 터라 자유자재로 일탈을 꿈꾸는 아이들이 대거 등장하는 외국 작가들의 그림책에 내가 받은 충격이란 얼마나 신선한 것이던지. 『깊은 밤 부엌에서』의 모리스 센닥도 그렇게 만났었다. 우리가 다 잠들고 난 깊은 밤, 우리가 꿈꿀 수 있는 상상력의 그 끝 간 데 없음이 얼마나 무한대일 수 있는지 그 가능성을 확연히 열어둔 책이 아니었던가. 서점에 가면 그림책 코너마다 다리 쭉 펴고 앉아 코밑까지 흘러내리는 안경을 추켜올려가며 책을 읽는 어린이들 꽤나 많지. 학부형 된 내 친구 부부들 휴일도 없이 만날 일하러 나가는 이유, 그림책이 좀 비싸기는 하니 말이다.

5월 18일 – 노동자들 하여간 착해

몇 주 전 대구의 한 시장 골목에서 소주를 마시는데 젊은 남녀 한 쌍이 옆 테이블에 앉아 술판을 벌이고 있었다. 늘어뜨린 긴 머리에 위아래 트레이닝복을 맞춰 입은 여자와 청바지에 단정한 티셔츠를 받쳐 입은 남자의 사투리가 말의 궁합을 맞추는데 꽤나 리드미컬한 호흡을 자랑하는 듯했다. 그들의 대화를 훔쳐 듣던 나는 당연히 그들을 애인 사이로 알다 문득 훌쩍 훌쩍 울기 시작하는 여자와 등이 맞닿고 말았다. 여자의 등짝을 쓸어주기는커녕 새우 껍질이나 호호 불며 까대는 남자가 뭔가 싶어 물었더니 친오빠라나. 오빠야, 나 이거 맛없어서 싫다, 까지 마라, 오빠야 나 싱싱한 거 먹고 싶다. 일곱 살 터울 여동생의 투정에 알았다, 알겠다를 반복하던 남자는 대뜸 이렇게 말을 잇는 것이었다. 저 가시나 연봉이 육천이 넘습니다. 우와, 짧은 탄식 끝에 내가 여자의 트레이닝복을 유심히 쳐다보자 오른쪽 가슴께를 앞치마로 가리던 그녀, 회사 로고 보일까봐 창피하다나. 그러나 막상 S반도체 얘기가 나오자 자신이 다니고 있는 회사의 인센티브 제도가 일하기에 따라 얼마나 다양한지 늘어지게 늘어놓기 바쁜 여자였다. 열아홉에 회사 들어가 칠년째라 했던가. 모든 말끝마다 극비의 기밀이라며 쉿 제 입을 닫는 스물여섯 노동자의 열띤 애사심, S기업 사장님은 복도 많지. 병 걸리지 않게 몸 챙겨요. 오지랖이랍시고 덧붙이고 온 말 한마디가 맘에 걸려 죽겠다.

5월 19일 – 호강도 병인 양하여

딸이라면 사족을 못 쓰는 우리 부모 앞에서 할 소리는 아니다만, 한때 천애 고아이길 바란 적이 있었다. 어른이 된 후에야 그게 얼마나 철없는 생각인지 깨달았다만 그땐 참 간절히도 그런 상상 속에 날 자주 빠트렸던 것 같다. 매일 반복되는 새벽 등굣길이 지겨웠고, 매달 뿌려지는 모의고사 성적표가 두려웠으며, 매년 시작되는 새 학기마다 모든 새로움이 거추장스러웠던 사춘기 골병 속의 나. 그러다 부모 봉양을 행복한 의무로 받아들이게 된 어떤 계기를 만났다. 고3 입시를 치르고 난 어느 날 모친상을 당한 친구의 장례식장을 찾게 되었던 거다. 흰 소복을 입고 흰 양말을 신고 머리에 흰 핀 꽂은 것까지는 평범했는데 미처 제 엄마의 죽음을 예견치 못하고서 샛노랗게 공들여 탈색한 친구의 금발머리가 금박 총채처럼 어찌나 화려하던지. 예고나 하고 죽지 우리 엄마 참 못됐지 않냐. 이 꼴로 나 화장터 따라가게 생겼다, 미친 여자처럼. 차라리 울기라도 하면 맘이 편했으련만 끝끝내 친구는 내 앞에서 눈물을 보이지 않았다. 다만 그날따라 허리디스크로 드러누운 엄마의 이부자리 앞에서 펑펑 내 울음이 터졌을 뿐. 하기야 고아라고 다 같은 고아랴. 입양아 출신으로는 최초 프랑스 장관이 된 한 여성의 이야기가 온 언론을 떠들썩하게 뒤덮던 날, 난 이력보다 그녀의 모습에 더 관심을 보였더랬다. 왜 유럽에서 나고 자란 한국 여자들은 검고 짙은 아이라인에 검은 단발들일까.

5월 21일 – 이러다 또 복수당할 거면서

 연재를 시작한 지 다섯 달이 다 되어간다. 원고지 분량이 넉 장 미만, 글자 수로 치자면 680자 내외이니 까짓것 뭐 어렵겠나 싶었는데 웬걸, 생각보다 만만찮구나 알아가는 요즘이다. 길면 아주 길든가 짧으면 아주 짧든가 이도 저도 아닌 애매함 속에 팽팽한 긴장감으로 짜임새 있게 써야 하는 에세이의 어려움. 다행히 그 한계로부터 일찌감치 미끄러졌더니 글에 대한 부끄러움은 나 몰라라, 대신 뻔뻔함만 남아 연일 민폐를 끼치게 된 이들이 있다. 마감을 훌쩍 넘겨서도 도착할 줄 모르는 내 글을 기다리느라 골병들게 생긴 기자들이 바로 그들이다. 그 옛날 잡지기자 시절, 작가들에게 이메일을 물으면 집주소를 불러주던 시절, 원고를 받기 위해 필자의 집 대문 앞에 쪼그리고 앉아 있던 내가 있었다. 아무리 전화를 해도 받지 않고 아무리 초인종을 눌러도 인기척이 없었는데 어둑어둑 밤이 되자 대문 너머 그 집안 곳곳에 켜지던 불빛. 편집장한테 혼날 걱정보다에서 내가 뭘 하고 있나 싶은 헛헛함에 발길을 놀리며 눈물깨나 흘렸던 나, 기필코 복수할 거다 다짐했었다만 아무래도 그

대상을 잘못 짚은 듯하다. 성실이 죄라고 힘없는 기자들의 문자사서함을 원고로 채우고 있으니 말이다. 어디서든 빵빵 터지는 무선인터넷의 시대라지만 다급히 전화로 원고를 불러줘야 했던 어느 날, 조사 하나를 두고 잠시만요, 침묵하는 나를 기다리며 기자는 무슨 생각을 했으려나.

5월 22일 — 한자를 몇 자나 알랑가

여기는 제주도. 한중 수교 이십 주년을 맞아 6회째를 맞이한 한중작가대회에 참석하고 있다. '양국 문학의 소통과 이해'라는 주제로 양측에서 사십여 명이나 되는 문인들이 모여든 가운데 올해 처음 이 자리를 함께하게 된 나는 평소의 못된 버릇을 감추지 못한 채, 게다가 개중 나이도 가장 어리다는 어리광으로 진지한 문학 토론의 장보다 가벼운 인간 뒷담화의 장에서 망아지처럼 뛰노는 중이다. 익히 이름을 들어왔던 중국의 유명 시인에게는 선망의 눈초리를, 몰랐으나 예리한 비평에 필력으로 번역된 시 앞에서 나를 입 쩍 벌리게 만든 낯선 시인에게는 관심의 제스처를 취해가며 말이다. 서로의 시를 번갈아 낭독하고 서로의 시에 대한 인상을 솔직히 토로한 뒤 혹여나 품었을

의문점을 차차 해소해가며 서로를 알아가는 과정 속의 우리들, 문학이 아니었다면 이렇게 낯모르는 이들 앞에서 제 살아왔고 제 살아가는 이야기를 허심탄회하게 털어놓을 수 있었을까. 편집자를 겸하고 있다는 중국의 한 작가가 내게 명함을 달라기에 건넸더니 대번에 내 이름 석 자를 또박또박 발음해 읽는다. 아, 맞다, 우리는 한자를 공유하는 민족이었지. 영어라면 불쑥 들리는 단어 하나에도 힌트를 얻는다만 중국측 작가들의 저녁 테이블에 혼자 끼어 졸지에 귀가 먹고 입이 다물리게 되고 보니 문득 그 옛날 문익점이 생각나는 것이었다. 것봐, 예부터 난사람은 딱 한 사람, 정해져 있다니까는!

5월 23일 ― 술값만한 돈값 있으랴

메일함에 온라인 청구서 몇 장이 깜빡깜빡 도착해 있음을 알렸건만 애써 외면하는 며칠이었다. 봄이다 연휴다 먹자 마시자 집에 가자, 해서 밥집이니 술집이니 택시비니 상점마다 북북 긁어댔던 카드 값이 그제야 현실로 다가왔던 것이다. 일단 클릭을 하고 들어갔더니 역시나, 내역을 차근차근 읽어내려가며 의아해하다 억울해하다 마지막 한 줄 그 합계에 이르자 수긍이 되더니만 절로 터지는 한숨. 그때부터 여지없이 시작되는 자책의 연속. 일찍 결혼했으면 애가 고등학생일 텐데 이렇게 살림 살다가는 집안 말아먹었을 거라는 둥, 차라리 쇼핑벽이면 택배 박스라도 내다 팔았으련만 먹고 싼 기억 말고 남은 게 뭐냐는 둥, 그러한들 솔직히 얻어먹는 술보다 사주는 술에 더 배부른 걸 어쩌랴. 거나하게 취한 날마다 동네 앞 슈퍼에서 내다놓은 빨간 파라솔의 철제 테이블, 파란 플라스틱 의자에 앉아 이 어른 저 어른 죄다 불러세우던 아빠가 있었다. 그러고는 맥주 한 짝을 시키고 그 안에 든 모든 맥주를 꺼내더니 뻥뻥뻥, 일단 뚜껑부터 다 따두던 술 취미라니. 이 술 다 마시기 전에 아무도 집에 못 가, 나 죽으면 나 밟고 가든가. 술 대신 콜라 마시는 아빠였다면 부자는 됐을지언정 이런 뭉클함이 있었을라고. 아빠 병원에 입원했을 때 계란 열 개 삶아 검은 비닐봉지에 넣어 오셨던 동네 폐휴지 할머니의 구부정한 허리, 완전 낫이구나 그려 보이던 나였는데 말이다.

5월 24일 — 우리들 가장 예뻤을 때

날이 좋아 그런가, 나이가 들어 그런가, 교복 입은 여고생들 삼삼오오 지나갈 때 환해진 얼굴로 그들의 동선을 좇던 내가 있더랬다. 예뻐서 어쩔 줄 모르겠다는 표정으로 엄마 미소를 짓던 나더란다. 에이 들켰군, 들켰어. 버스정류장에 서서 목젖이 다 보이도록 웃어대는 소녀들을 보면 그 주제 뭔지 몰라도 슬쩍 끼고 싶어지고, 서점 문학 코너에 서서 긴 머리칼이 다 쏟아지도록 책에 집중하는 소녀들을 보면 그 내용 뭔지 몰라도 참견하고 싶어지니 이 오지랖은 대체 어디로부터 기원한 것일까. 고등학교 삼 년간은 나도 붉은 벽돌색 체크무늬 교복에 흰 양말을 신은 채 등하굣길을 오가곤 했더랬다. 입학 때 무릎 아래로 맞춘 엄마표 치마 길이는 그후로 조금조금씩 짧아져 어느 순간 학생부 선생님 앞에서 그 치수를 재기에 이르렀고 그럼에도 무사통과된 날이면 머잖아 미니스커트로 분할 내 핑크빛 자유에 들떠 있기 마련이었지. 왜 진작 몰랐을까. 방과후 진짜 하고 싶은 친구들만 남아 배구를 할 때, 교복 치마 속에 체육복 바지 입고 텅, 텅, 배구공을 쳐올릴 때, 공이 좋아 오로지 공만 보고 달려가던 아이들의 무시무시한 집중력, 그 속에 숨겨진 또다른 내 얼굴을. 그러고 보면 그 여학생들, 그 길이 불길인 줄 알면서도 뛰어들었을까. 연예인을 바라다 연예인에게 버려진 그 여학생들, 배꽃 시듯 언젠가는 땅에 떨어지는 게 배구공의 운명임을 예상키나 했으려나.

5월 25일 — 우리 다 죽을 거잖아요

집 떠나길 끔찍이도 싫어했던 내가 소풍 말고 수학여행 말고 졸업여행 말고 진짜배기 내 멋대로 여행을 떠나본 건 약 십 년 전 경주행이 처음이었지. 마음에 뭔가 부대끼는 일이 있어 주섬주섬 짐을 꾸려 아무런 계획 없이 터미널로 향했고 심야 우등버스 가운데 쭉 이름을 읊조려가며 그 하나를 골랐더랬지. 창밖은 깜깜했고, 버스 안은 고요했고, 한잠도 자지 않고 도착할 때까지 구십 도로 꼿꼿이 앉아 내가 지금 어디로 가고 있는지 그때 비로소 인생에 비유되는 그 '길'의 의미에 대해 실감했던 것도 같지. 두렵고 막막했으나 누군들 그 상황 속에 놓이지 않는 자 있겠는가 싶어 옆자리에서 코를 골며 잠든 채 자꾸만 머리를 내 쪽으로 기대오던 한 군인에게 살짝 어깨를 빌려주기도 했었지. 그렇게 도착한 경주에서 나는 혼자 먹고 혼자 걷고 혼자 자는 사흘간의 여행을 충실히 이행했지. 함께 표를 끊어온 이 없고, 게서 따로 만난 이 없으니 모든 관광지에서 표는 딱 한 장씩 끊은 게 현실이었다지만 실은 자연이 늘 함께였다지. 여기저기 봉긋하게 솟아오른 큼지막한 무덤들, 그 곁에 우직하게 우거진 나무들, 꽃들, 새들, 그리고 바람…… 무덤 크면 뭐하나 어차피 죽으면 죽어질 인생들, 그러니 화를 내면 무엇하고 미워하면 무엇하고 복수하면 무엇하랴. 자연이 아니라면 끝끝내 교만할 수밖에 없을 우리들, 강정마을 왜 지키려는지 아직도 모르겠냐고요!

5월 26일 – 발 달린 말의 맛

멘붕? 멘붕이 뭐야? 맨지붕이야? 처음 아이들이 내게 멘붕 왔어요, 하였을 때 그 말이 무슨 뜻인가 좀처럼 감잡을 수 없었다. 술래잡기도 아닌데 맞춰봐라 하며 달아나는 아이들 틈에서 혼자 별별 상상을 다한 것도 사실이었다. 단어의 조합으로 보아 어감이 그리 건강한 느낌은 아닌지라 오히려 떠올려보는 재미는 있었다. 멘에 붕이라 음, 이게 무슨 병신에 가까운 뜻이냐? 아이 참, 멘탈 붕괴라고요! 그러니까 어떤 정신 넋 빠진 상태에 이르렀을 때 너무도 어이없고 황당할 때의 공황 같은 걸 지칭하는 말이로구나. 그 말 배운 지 얼마나 되었다고 요즘 악착같이 입에 붙고 사는 나다. 응원하던 야구팀이 9회말 투아웃 상황에서 역전 홈런을 맞고 경기에서 패배하던 순간에도 친구에게 전화 걸어 내뱉은 첫 말이 그러했지. 그뿐이었지만 그뿐으로 충분히 내 상황을 다 파악하던 친구. 붕괴란 단어 대신 충격이란 단어가 그 자리를 차지했다면 신문의 헤드라인까지 장식하게 된 작금의 파괴력을 가질 수 있었을까. 바른말 고운 말 표준어 장려 나라라 교과서에서 죽어도 찾아볼 수 없는 우리네 욕이 생각났다. 중국 작가들과 만나는 자리에 통역으로 함께한 중국인 유학생들에게 놀랐던 것도 우리들 욕을 알고 정확하게 그 뜻풀이까지 한다는 데 있었지. 말과 문화를 배우는 데 욕만 한 게 없다나. 물론 욕쟁이로 소문난 내 입지를 다지기 위한 횡설은 아니었음!

5월 28일 – 부처님 오셔서 반가워요

황금 같은 월요일 연휴. 주차장을 방불케 하는 나들이 차량 행렬 속에 사찰을 찾았던 이들은 과연 몇이나 될까 공연한 생각도 해보게 되는 날. 간혹 산에 오르게 되면 그 근처 어딘가에 혹 사찰이 있는지 그것부터 찾는 나다. 그러고는 그 사찰 앞에 세워져 있는 안내문을 꼼꼼히 읽어내려가게 되는 나다. 아무리 생각해도 전국의 오랜 사찰이 내겐 다 불가사의여서 그렇다.

첩첩 산속 이 깊은 와중에 그 무슨 재주로 뼈대를 잡고 대문을 세우고 마루를 펼치고 지붕을 올렸단 말인가. 그로부터 오늘에 이르기까지 침묵 속에 무던히 흘러가고 흘러왔을 시간, 그 무색무취를 바람에 빗대니 명징하게 남는 한 단어는 분다, 라는 말뿐이다. 왜 사냐는 물음에 바람이 부니까, 라고 한다면 그게 글쎄 건방이 되고 마련아. 하루는 돈가스가 맛나다는 성북동의 한 기사식당으로 밥을 먹으러 갔는데 옆 테이블에 물 한 잔 앞에 놓고 계시던 한 스님이 대뜸 그러시는 거였다. 머리 깎을 팔자구먼. 네? 저요? 일행들 사이에서 얼굴 빨개진 나, 임기응변이랍시고 플라스틱 빈 접시 하나를 대번에 머리에 얹었다. 스님, 저 뒤통수가 납작 쟁반이라 머리 못 깎아요. 보세요, 한번 만져보실래요? 모두가 웃어댔던가, 접시가 떨어졌던가. 소란이 인 사이 스님은 간데없으셨고 민망함에 고무줄로 묶었다 풀었다 애꿎은 머리카락만 갖고 놀던 내가 있었다. 스님도 참, 머리는 아무나 깎나요.

5월 29일 — 끼리끼리 자매끼리

인천의 한 장례식장으로 조문을 다녀왔다. 몇 년간의 투병

생활 끝에 동생의 시어머니, 그러니까 사돈어른이 돌아가셨기 때문이었다. 아직 부모의 죽음을 겪어보지 않은 터라 검은 상복을 입은 동생이 어찌나 낯설던지. 부족한 잠에 울어 푸석푸석해진 얼굴로 동생은 보자마자 내 손부터 잡았다. 언니, 우리 언니 왔네. 순간 울컥 목울대를 치고 오르는 이 뜨거움은 뭐지. 고인께 인사를 드리고, 제부의 어깨를 두드리고, 동생의 시댁 식구들에게 일일이 저는 누굽니다, 라고 인사를 하는데 점점 묘한 기분에 사로잡히는 듯했다. 불과 사 년 전만 해도 남과 남이던 사이가 아니던가. 누가 가르쳐준 적 없어도 결혼이라는 제도 속에 편입만 하면 자동적으로 딸에서 며느리로, 아들에서 사위로 제 역할 수행에 나설 줄 아니 그래서들 어른들 말씀이 노처녀인 내가 아직 진짜 어른이 아니라고들 하시는 걸까. 염할 때 보니까 언니, 우리 어머니 너무 불쌍한 거야. 엄마한테 잘하고 살자. 배웅해주겠다며 내 팔짱을 끼고 내 보폭에 맞춰 장례식장을 빠져나오는 동생이 내 언니 같았음은 비단 나보다 팔 센티미터나 더 큰 키에서 비롯되는 것만은 아니었을 것이다. 안녕, 서로 손을 흔들고 각자의 일상으로 돌아가려는데 날 되돌려 세우던 동생. 그나저나 내 생얼 보기 흉하지? 화장도 못하고 죽겠다니까. 이럴 때 대비해서 언니도 미리미리 점 빼두라니까. 야, 이것아! 뭐, 이러니 내 동생이라지.

5월 30일 — 그래, 핑계가 됩디까?

 여름이 코앞으로 닥친 모양이다. 아침저녁 카디건 없이는 춥다며 닭살 긁는 나라지만 시절은 아니 그러한 듯, 하루에도 몇 통씩 경고의 메일이 날아드니 말이다. 예를 들어 이런 호루라기라는 얘기다. 쫄티를 입어야 하는데 네 뱃살 어쩔래? 샌들을 신어야 하는데 네 맨발 어쩔래? 자외선에 쪼여야 하는데 네 피부 어쩔래? 아, 어쩌긴 이대로 살다 죽어야지 별수 있남. 무심한 듯 세상 다 살아본 사람처럼 말은 그렇게 한다지만 막상 뒤로는 온갖 다이어트 비법과 몸매 유지 요령에 팔랑팔랑 팔랑 귀를 자랑하는 나다. 오죽하면 시에도 썼겠는가. 갑작스레 펑 퍼짐하게 퍼진 엉덩이로 말미암아 작아져버린 팬티를 입고 쪼인 채로 걸을 때만큼 우울한 날이 없다고. 그리하여 몇 번인가 다이어트용 다이어리를 사보기도 했지. 삼 일 동안 오이만 먹고 삼 킬로그램이 빠졌다는 친구의 꾐에 오이 포대를 양손에 든 채 집으로 향한 지 이틀째였던가, 전화를 끊자마자 부리나케 동네 앞 치킨 가게로 뛰는 내가 있었나. 부낭한 이유로 회사에서 잘렸다며 꺼이꺼이 울어대는 친구의 호출이었다지만 내겐 닭의 부름을 받잡은 기억밖에는 없었으니까. 닭을 버무린 매운 양념까지 싹싹 숟가락으로 긁어 먹고 집에 와 던져버린 다이어리가 어디 한두 개였겠는가. 다만 그때마다 내겐 핑계가 아닌 명분이란 게 존재했다. 그러고 보면 세상은 참 짓궂기도 하지. 아직 나 비키니 한 번을 못 입게 했다니까!

5월 31일 – 급할수록 돌아가자는 얘기

성선설이냐 성악설이냐 둘 중 하나를 골라야 할 때 인터넷에 접속하면 답은 쉽지. 한국에서 개통된 지 벌써 삼십 년이나 되었다는 인터넷. 그 파란 우주 속으로 점점이 빠져듦으로 해서 발생하는 경제 규모만 해도 약 팔십육조 원이나 된다니, 그 지배 아래 놓인 우리임을 어찌 부정할까. 할말은 우체국에 가서 편지나 엽서 안에 담고, 살 옷은 시장에 가서 입었다 벗었다 고르고, 읽을 책은 서점에 가서 집었다 펼쳤다 도로 꽂으며 온몸으로 삶을 소비했던 우리들. 그에 반해 지금은 어떤가. 남편보다 택배 기사가 더 간절히 기다려진다는 우스갯소리가 나돌 만큼 인터넷을 통한 원클릭 쇼핑에 주말마다 쌓이는 건 온갖 경험이 아니라 누런 재활용 종이 박스가 아닐는지. 몸 전체의 감각을 종합한 신중함이 아니라 오로지 눈에 기댄 조급함으로 우리는 실례합니다, 라는 말을 배운 게 아닌가 싶은 요즘이다. 뉴스로 기사화되자마자 아메바처럼 무섭게 증식하는 말과 말의 그물 속에 영영 헤어나오지 못한 채 최후를 맞는 이들이 왕왕 생겨났기 때문이다. 그러거나 말거나 신경 안 쓰면 되지 뭘 그깟 걸 가지고……라며 씩씩했던 나라지만 막상 당하고 보니 그 심정, 혀 깨물 지경이긴 하였거늘 인터넷에 떠도는 사진 속 내 다리가 팔자로 휜들, 뭐가 지나다니게 생겼든, 그게 시 쓰는 나와 무슨 상관이랴. 연예인으로 살 수 없게 평균율로 낳아주서서, 부모님 오늘도 감사합니다!

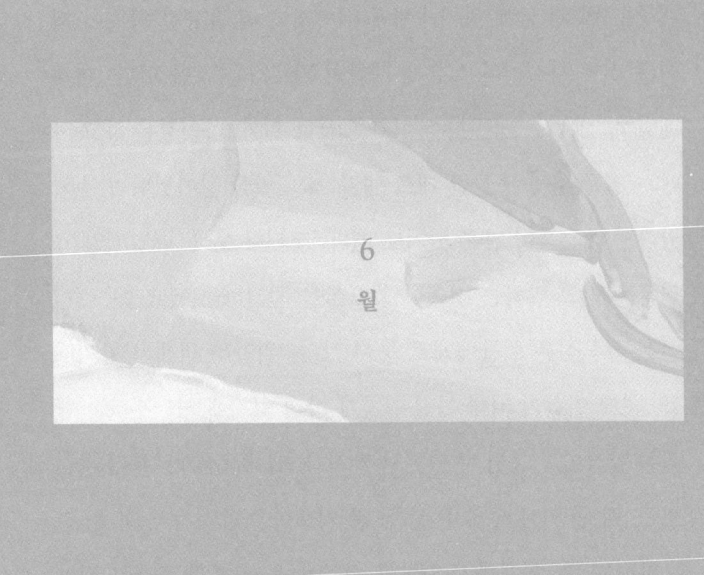

6월

6월 1일 - 애국은 나라가 먼저

 나이가 들면서 생긴 고약한 말버릇이 하나 있다. 어쩌자고 그런 입방정을 떨게 되었는지는 모르겠으나 저기 몇 년생이에요? 하고 불쑥 상대의 허를 찌르는 것. 또래를 만났을 때는 어색함도 털 겸 금세 화기애애해지는 것이 꽤 유용한 화법이 되어준 것도 사실이나 실은 무례함의 발로라는 것을 안다. 대체 왜일까. 왜 나는 당신의 나이가 궁금한 걸까. 나잇값은 하고 사냐는 질문 같아 뜨끔한 채로 내가 어느 만큼 살아왔나 반추해봤다는 어른들이 간혹 있기도 했다. 그러다 문득, 매일매일 그 질문을 받고 말하는 것이야말로 삶을 증거하는 필요충분조건이겠구나 싶은 이들에게로 눈이 갔다. 위안부 피해자 할머니들. 대체 인간의 뇌에 어떤 인자가 박혀 있기에 위안부라는 끔찍한 발상이 연출될 수 있었단 말인가. 일제강점기로부터 지금껏 근 백 년 역사 속에 한 분 한 분 억울함을 풀지 못한 채 눈 감아가시는 바, 언제까지 일본군 위안부 문제 해결 촉구를 위한 정기 수요집회에 항의 플래카드만 펄럭이게 할 셈이람. 떡 하면 국민을 상대로 고소하고 고발하고 법 운운하기를 즐겨 하는 정부, 왜 일본에게는 큰소리 뻥뻥 못 치나. 언제까지나 키다리 가수가 노래하며 발차기하며 빚져가며 들인 돈으로 전세계에 부당함을 호소하게 할 셈이람. 나도 할말은 없다. 내 친할머니였어도 이렇게 뒷짐지고 있었을까. 하이힐을 도시락 폭탄처럼 던졌을 거다. 피가 무서운 고로.

6월 2일 – 결심은 다정도 하여

엊그제 다급히 울산으로 내려갈 일이 있었다. 고작해야 오십 분가량의 비행이니 조금 과장하면 이륙하자마자 착륙일 텐데 대체 그 짧은 시간에 무슨 글공부로 장원급제 하겠다고 읽을 책을 고르고 있었다. 시집에 소설에 이 책 저 책을 집었다 놨다 막바지에 택한 것은 내용도, 저자도 아니고 핸드백에 쏙 들어가는 판형의, 가수 이효리가 입양한 개 순심이와 함께 찍힌 표지가 환한 에세이였다. 처음엔 슬렁슬렁 기내에서 나눠주는 주스 한 컵을 손에 든 채 책장을 넘기다가 그 속도가 천천히 잦아들었던 건 그녀 특유의 솔직함이 나를 부끄럽게 만드는 접점을 맞닥뜨릴 수 있었기 때문이었다. 모피만 보면 호들갑 떨며 침을 흘려가며 이 털 저 털 몸에 감기 바빴던 나, 그 가죽이 벗겨질 때 고통 속에 비명을 삼켜야 했던 동물의 사정은 왜 미처 살피지 못했을까. 아니다. 엄밀히 말하자면 알면서도 모른 척

한 게 더 옳을 것이다. 당장 화려하고 멋스러운 스타일을 유지하기 위해 눈 딱 감았던 것일 뿐. 한때 털 바람이 불어 부업으로 밍크를 키웠던 고모네 농장에서 죽어간 밍크들의 눈망울이 떠올랐다. 불쌍하다, 죄 받을 거다. 그로부터 옷장 켜켜이 걸린 모피를 나는 이효리처럼 기부할 용기는 없으나 다만 올 겨울부터는 폴리에스테르만 입겠노라 결심을 선언할 마음은 다지게 되었다. 올 겨울 지나가다 혹여 털 두른 나를 보시게 되거들랑 망설임 없이 돌, 던지시라!

6월 4일 — 고양이를 부탁해

두 마리의 고양이와 기묘한 동거에 돌입한 적이 있다. 우리 며느리, 애가 안 생겨서 고생했는데 덜컥, 그랬지 뭐야. 전화를 끊고 달려간 한 시인 선생님 댁에서 백호 털옷을 입은 빼미와 쭈니를 만났다. 품종은 스코티시폴드, 한 살배기 암놈들. 러시아에서 비행기 타고 온 귀한 녀석들이라고 했다. 나도 못 가본 러시아에서 시베리아 콧바람을 쐬고 왔다니, 게다가 끝내주는 혈통이라니. 그날부터 고양이에 대한 경례가 시작됐다. 그러나 상전도 알아 모셔야 대우 받는 법, 고양이는 밤낮없이 울어댔고 냉장고 위에서 잠을 청했고 똥오줌 따로 가린다면서 오줌은 유독 내 침대에 싸댔고 이유 모르는 나는 급기야 고양이와 꼬리잡기를 하다 할큄을 당했고 참다못해 바리바리 짐을 싸서 부모님 댁으로 녀석들을 귀양 보낸 나, 얼마 지나지 않아 비실비실 고양이들이 살 오르고 윤기 나는 털을 자랑하는 걸 두 눈 부릅뜨고 지켜보지 않았던가. 매일 새벽 다섯시에 눈뜨자마자 다랑어 캔을 손에 묻혀 먹이는 아빠의 정성이라나. 가끔 사료나 집에 보내는 것으로 옛 수하의 의무를 다하던 나는 고양이를 떠나 보낸 뒤에야 관련 도서들을 읽으며 녀석들을 이해하는 뒷북치기에 바빴다. 늦은 밤 도로 위를 쏜살같이 가로지르다가 빵빵 차들의 클랙슨에 야옹야옹 놀란 제 속내를 토해내던 고양이를 보았으니 부디 기사 아저씨들, 신경질은 알겠는데 쌍욕만은 참아주세요. 에이, 고양이잖아요.

6월 5일 — 진짜로 아껴야 잘산다

요즘 맥없이 하늘을 올려다보고는 한다. 가물어서다. 쩍쩍 갈라진 논과 타들어가는 농사꾼의 깊은 주름을 나란히 배치시켜 찍은 사진을 본 적이 있다. 상투적이라고는 하나 어느 순간

근심이라는 단어를 떠올리면 저절로 상기되는 이미지, 그 물 없음의 뻑뻑함. 농심을 민심으로 안다면 한숨깨나 내쉴 판인데 도심을 민심으로 아는 까닭에 어딜 가나 냉방병 걸릴 지경으로 횡횡 돌아가는 에이컨. 아이 참 내 팔뚝에 돋은 닭살 안 보이시나, 정말 가게 안이 시원해야 사람들로 득시글득시글 매출이 올라가나. 배달시켜 먹는 중국집이 어디에 위치해 있는지 알지 못하는 채로 계속 자장면을 시켜 먹듯 우리들이 물처럼 써대는 전기 또한 그런 듯싶다. 용기에 담겨 포장된 채 진열대에 놓여 있었다면, 그리하여 당장에 현금을 주고 사야 하는 거라면 아끼고 또 아꼈겠지. 매달 청구되는 고지서를 봐야 화들짝 놀라는 사람들, 그것도 잠시고 며칠 지나면 다들 까먹고서 에라 모르겠다, 일단 내 더위부터 좀 식히고 보자 에이컨 적정 온도를 낮추고 또 낮추는 사람들. 다른 아빠들처럼 서점에도 데려가고 발레 공연도 보여주고 교향악 연주도 듣게 해줄 줄 모르는 아빠를 원망한 적이 있지. 하물며 전기과 나온 공돌이라며 놀려대기도 한 싹수없는 딸이 나였다지. 우리집 전기 스위치마다 빨간색 고딕 서체로 '절전'이라는 글자를 붙여놨던 아빠 덕분에 이만큼 살아가는 걸 나는 왜 자꾸 잊을까.

6월 6일 – 놀러가는 학교, 그리 어렵나

6월 6일, 오늘이 무슨 날인지 주관식으로 답하라는 시험 문제를 꽤 여러 번 받아본 것 같다. 특히나 초등학교 때 보통 사회 과목의 마지막 문항을 기록했던 바로 오늘에 대한 설명은 참 길기도 길었다지. 나라를 위하여 목숨을 바친 애국선열과 국군 장병들의 넋을 위로하고, 충절을 추모하기 위하여 정한 기념일은? 맞다, 현충일. 교과서에 밑줄 그어가며 달달 외울 줄이나 알았지 선열, 충절, 현충, 이 모든 단어의 정확한 뜻은커녕 한자조차 몰랐던 어린 시절, 왜 우린 보다 구체적인 이해를 도모하기보다 아는 척하다 마는 교육에 이바지당했던 걸까. 교과 중에 수학을 가장 좋아했던 나는 고등학교를 졸업한 뒤에도 뭔가 심정이 복잡한 날엔 연습장 그득 쌓아놓고 『수학의 정석』을 펼친 채 한 문제 두 문제 풀어나가곤 했다. 높은 점수를 기록하기 위해서가 아니라 숫자와 씨름하며 온갖 공식에 대입해가며 답을 알아가는 과정 속에 나의 속내를 유추해내려는 나만의 속풀이 수단으로 말이다. 미분에 적분에 물리에 화학에, 그 많은 과목과 그만큼의 교과서를 배웠음에도 내가 기억하는 공부는 화장실 청소 빨리 해치우는 순서나 교실 창문에 걸린 커튼을 나비 모양의 리본으로 묶는 법이나 선생님한테 들키지 않고 조는 요령이라니. 어쨌거나 이 모든 배움은 지금껏 내 사는 데 도움이 되는 것들이니 진실로 학교가 우리에게 가르쳐야 하는 건 지식이 아니라 지혜가 아닐까.

6월 7일 — '깎아볼까'가 어때서

중학교 다닐 때 정년을 곧 앞두신 미술선생님이 입버릇처럼 하신 말씀이 있었다. 아무리 머리 좋고 재능 있는 여학생이라도 고등학교 올라가면 남학생들 못 따라간다고. 수리 능력이 떨어지니 지각 능력이 부족하니 틀니에 우물우물 새어나가는 그 작은 목소리로 교과서에 충실치 아니한 말씀만 해대시니 그때 내가 체득한 학습은 반발심이 다였을 터. 고등학생이 된 후 쇼트에서 단발에서 묶이는 길이까지 비교적 자율적인 범위 안에서 '누가 보아도 단정히'라는 시적인 카테고리 안에 우리들은 잘도 묶여버렸다. 개성이라야 머리로 승부할 수밖에 없었으니 친구들의 지갑 안에 단골 미용실의 쿠폰만큼은 한두 장씩 꼭 꽂혀 있고는 했다지 아마. 엄마 따라 동네 미용실에서 일자단발을 고수하는 친구들이 있는가 하면, 자율학습 시간에 맞을 각오로 시내까지 나가 누구 선생님을 찾으며 어떤 요구 속에 바빴던 친구들. 비교적 전자에 속했던 나는 어느 날 토요일 오후 친구 따라 무슨 미용실 체인점에 들렀다. 우리처럼 가슴에 이름표를 달고 있는 헤어디자이너들이 신기해서 그네들의 이름을 하나하나 읽어보는데 찰리, 애니, 세라, 도로시. 왜 하나같이 다 영어였을까. 그로부터 이십 년가량이 지난 지금까지도 미용사는 물론이고 대다수 미용 체인점의 간판이 영문이니 언제쯤 기발한 우리말이 미용 시장을 개편하려나. 우연히 '까까보까'라는 미용실을 지나가다 직업병이 도져 이런다.

6월 8일 – 아프니까 사람이다

가끔 위경련이 나서 병원을 찾곤 한다. 통증의 한계에 굴복하여 병원에 도착했다가도 순간 말짱해지는 기분이 되는 건 이 침대 저 침대를 차지한 여러 환자들을 마주하게 되면서다. 교통사고로 피투성이가 된 이가 있는가 하면, 부부싸움하다 홧김에 불을 질러 화상을 입은 이에, 술에 취해 업혀 들어온 교복 입은 여중생까지 다양한 사연과 병명으로 드러누운 이가 많은 응급실 풍경이라니. 경찰서와 더불어 병원은 왜 이렇게 사람을 굴곡진 사연의 덩어리로 만들까. 내 차례가 되어 피 검사와 소변 검사를 한 뒤 위의 통증을 가라앉힌다는 링거 한 병을 꽂고 누웠는데 문득 옆 침대에서 서늘한 기운이 느껴졌다. 머리부터 발끝까지 씻은 구석이라곤 찾아볼 수 없이 시큼하고 퀴퀴한 냄새를 풍기던 한 남자의 발이 침대 밖으로 삐죽 새어나와 있던 것이었다. 숯처럼 새까만 발, 몹시도 시려 보이던 그 발끝에 시선이 머물기도 잠시, 웅성거리는 소란 끝에 젊은 의사가 그의 사망을 선고했다. 연고가 없는 노숙자였던 그의 죽음은 그 후 어떻게 처리되었을까. 누가 그를 위해 울어주고 누가 그의 화장된 시신을 바람에 날려주었을까. 그걸 묻는 내게 의사가 말했다. 그런 별 걱정을 다하니까 아픈 거예요. 병원에 다녀오는 길이면 살아야지, 살아봐야지 죽 떠먹어가며 삶의 의지를 다지는 나. 병원만 다녀오면 꼭 그렇게 다이어리 정리를 하고 앉았는 나다.

6월 9일 - 영원한 내 집, 별

맘씨 속씨 좋은 주인아주머니를 만나 삼 년 넘게 한 집에서 잘 살고 있는 와중이었다. 천정부지로 치솟는 전셋값을 증명이라도 하듯 이사철이라는 봄 가을이 아닌 요즘에도 이삿짐을 지고 나르는 사다리가 자주 치솟아 있는 걸 목격하다보니 이러다 나도 혹시? 하던 차에 걸려온 전화 한 통. 죄송해요, 여의도에 빚져 사둔 아파트 때문에 생활이 안 되어서 부득이하게 일산집 처분하려고요. 아뿔싸! 머잖아 닥칠 장마철을 앞두고 이게 무슨 날벼락이람. 그리고서 둘러본 내 집 모양새가 어찌나 짠하던지, 그런 류의 전화를 받아본 사람은 알 것이다. 그 순간의 철렁함을 그 순간의 짜증을 그 순간의 나락을 그 순간의 허망을, 그리하여 자본주의 사회 속 내가 가진 모든 것의 신랄한 현재를. 매일같이 부동산에서 전화가 걸려왔다. 매일같이 집안 구석구석을 훑는 사람들의 혀가 문제랄 것도 없는 부분을 쓸어내리느라 정신 없었다. 어차피 제 집 삼을 것도 아닌데 왜 이리 평가에 박할까. 아무도 온다는 이 아직 없다만 그 덕분에 아침 저녁 내 집 쓸고 닦기에 여념 없으니 이 수고를 내 집에 대한 마지막 추억거리로 삼을 작정이다. 지상에 방 한 칸, 별과 같구나. 그러나 별은 총총 많기도 하지. 에고, 그 반짝임 아래 버려진 매트리스 위에 가만 앉아 층층마다 환한 집들을 바라보는 청승을 떨어본다. 잠이나마 편안히들 주무시라고 손으로 휘휘 굿나잇을 고하며.

6월 11일 — 취향의 자유, 냉면

 바야흐로 냉면의 계절이 돌아왔다. 날은 푹푹 찌지, 입맛은 없지, 밥해 먹기는 더더욱 싫지, 하여 일요일 점심 사람들이 몰려든 이름난 냉면집은 늘어선 줄만 하여도 끝간데없다지. 이제나저제나 국물 한 모금 마실까 긴 행렬 뒤에 매미처럼 붙어 배곯은 한숨을 내쉬던 나. 미식가도 아니면서 소문난 냉면집이라면 발품에 돈까지 얹어가며 여기저기 먹으러 다닌 끝에 내린 결론이 하나 있으니, 역시나 냉면은 혼자 먹는 음식이라는 거다. 왜? 저마다 다른 입맛으로 저마다 다른 품평으로 내 첫 젓가락질을 기다리며 정갈히 면 말린 냉면 사발에 초를 칠 수 있는 까닭이다. 면이 너무 깔깔한데? 국물이 좀 밍밍하지 않아? 내가 다니는 무슨 면옥은 고아내는 양지머리를 이 지역 이 소만 써, 내가 다니는 무슨 관은 삶아내는 면을 이런 방식으로 반복해서 쫄깃함을 유지해, 등의 온갖 아는 척이 이어질 때마다 나는 사람들을 이끌고 온 내 오지랖만 탓할 뿐이었다. 지역마다 각기 다른 개성을 자랑하는 것이야말로 냉면의 운명이고 그 맛의 차이를 인정하면 그만일 텐데 제 미각이 옳고 나는 틀렸다며 우겨대는 사람들. 어쨌거나 진짜 맛있는 냉면집이 궁금하다면 검색할 일은 아니렷다. 느지막한 점심 무렵 어디 '을밀대'

같은 데 가서 혼자서 냉면 한 그릇 아주 천천히 씹어 삼키는 이에게 물을 일이렷다. 고수라고 자기를 소개하는 고수, 어디 진짜이랴.

6월 12일 – 원수라는 이름의 원수

요 며칠 메인 뉴스에 전직 대통령들의 이름이 줄곧 떠다녔다. 기부니 봉사니 뭐 그런 천지개벽할, 그리하여 감개무량할 소식일 리 있으랴. 육사 생도들에게 경례하는 전두환 전 대통령의 모습을 보고 있자니 하도 어이가 없어 헛웃음이 자꾸만 터져나왔다. 사형을 언도받았던 이가 아닌가. 일일이 내 입 더럽게 죄목을 끄집어내지 않아도 온 국민이 다 아는 극악무도한 죄인 중 하나이지 않은가. 내란이나 비자금은 말할 것도 없고 그 때문에 죽은 사람이 어디 한둘이어야 말이지. 앞서 열거한 죄목으로부터 결코 자유롭지 못한 노태우 전 대통령은 어떠한가. 사돈에 맡긴 몇백억의 비자금을 수사해 자신의 추징금 대신 가져가라 했다니, 시쳇말로 이게 무슨 황당한 시추에이션이람. 이분들을 나라님으로 알고 팔십년대를 거쳐 구십년대를 맞은 나다. 사법시험 공부를 해본 적 없으니 어떤 법에 의거해 그들이 오늘날까지도 잘먹고 잘살 수 있는 건지 나는 도통 알 도리가 없다. 다만 한 가지 무조건적인 용서와 이해가 어디서부터 시작된 우리 민족의 마음 씀씀이인지 그 근원을 파헤쳐보고 싶은 심정인 건 사실이다. 대통령을 일컬어 국가원수國家元首라고 하지. 국가의 최고 지도자이자 외국에 대하여 자국을 대표하는 주체, 그 어른. 전생에 무슨 죄를 지었기에 이 나라 대한민국은 원수元首 아닌 원수怨讐를 모시는 모진 굴욕 속에 흘러가는 걸까.

6월 13일 ─ 잘났어, 정말

오래 혼자 살다보니 누군가와 어떤 일상을 함께하는 데 점점 불편함을 느낀다. 엄마와 여동생들과 일요일마다 손잡고 때 밀러 가던 목욕탕 나들이도 작정이자 이벤트가 된 지 오래이니 말이다. 그뿐이랴. 간혹 여고 동창이 놀러와 밥을 해준답시고 부엌에서 내 살림살이를 들쑤실 때면 바로 등뒤에 붙어 별별 간섭에 바쁜 게 나이니. 그렇게 혼자 먹고 혼자 자는 데 익숙해지니 낯선 이의 방문에 신경이 바짝 곤두설 수밖에 없는 게 사실이다. 오죽하면 도시가스 점검하러 집에 들르겠다는 검침원으로부터 쌍욕을 다 들었겠는가. 점검이 확인되지 않으면 가스를 끊겠다는 엄포에 아침 여덟시 방문 예약에 오케이를 해버린 게 화근이었다. 까맣고 잊고 잠에 빠진 나, 쉴새없이 울려대는 초인종에 전화벨에 그러거나 말거나 이불 뒤집어쓴 채 그저 가시기만 바랐거늘, 이어지는 현관문 차는 소리에 벌떡 침대에서 일어났다. 이십오 분이나 지났건만 나를 깨우려는 의지 때문인지, 허탕친 제 발길이 억울해서인지 도통 멈추지 않는 화라니. 고요해진 후 대문에 다닥다닥 붙은 검침원의 메모를 읽었다. 저와의 약속을 잊으셨나요? 전화벨이 안에서 울리던데 일부러 받지 않으시는 건가요? 연락주세요. 빨간 사인펜으로 감정을 꾹꾹 눌러 쓴 포스트잇을 떼며 나는 내가 참 나쁜 여자라 생각했다. 독신녀의 화려한 삶이라고? 개뿔, 그러다 죄나 받지!

6월 14일 – 있을 때 잘해, 나는 비야

뒷머리가 앞머리 될 정도로 거센 바람이 불기에 옳거니, 이제 비로구나 하며 편의점에서 비닐우산 두 개나 사들인 게 그제였는데 여직 깜깜 무소식이다. 가을도 아닌데 어쩌나 높고 구름 없이 파르란지 눈부셔하면서도 길 가다 문득 하늘 올려다보기를 몇 번이나 하게 되는 건 정말이지 진심어린 걱정이 되어서였다. 때 되면 알아서 척척 내려주던 비가 대체 왜 말라버렸는가 말이다. 기온은 높지 아스팔트는 뜨겁지 스트레스는 과열이지 하여 커피도 아이스만 찾은 지 오래, 나도 양심은 있는지라 냉동실에서 꽁꽁 얼린 얼음을 꺼내 오독오독 깨물며 이 물기의 소중함 그 간절함에 대하여 새삼 고마운 마음을 먹게 되는 것이다. 물 아껴라, 물 무서운 줄 알아라, 대변도 아니고 소변 살짝 눈 것뿐인데 제 오줌 더럽다며 물 내리기 바빴던 내게 아빠는 연신 잔소리 타령이곤 했다. 회사 일로 아프리카의 최빈국 중 한곳인 수단에 다녀온 뒤로는 그 레퍼토리의 반복이 더욱 심했더랬다. 저 드라마 시청자 게시판에 글 올리라니까. 이 닦다 말고 꼭 그렇게 물 콸콸 틀어놔야 고민이 해결된다디? 지금 아프리카 아이들은 마실 물 한 컵이 없어서…… 아, 알았어, 알았다고요. 예전 같으면 입 삐쭉 눈 흘깃하고 말았을 얘기에 순순히 고개 끄덕거리는 걸 보면 장마가 예고된 말일까지는 마음에 이 글귀 단단히 새길 참인가보다. 안도현 시인이 선창했다지. 비는, 오지 말고 오시었으면!

6월 15일 — 죽어야 사는 우리라오

또 한 명의 연예인이 목숨을 끊었다. 생활고니 아니니 죽은 자는 말이 없고 산 자들의 추측 속에 이제 와 끌끌 혀를 차면 무엇하리. 이른바 한류의 중심이라는 유명 아이돌의 멤버조차 이름과 얼굴을 헷갈려하는 내가 대다수 어른들의 표본일 텐데, 하물며 스쳐지나가는 게 배역의 전부인 모든 단역배우에게 문어발식 박수는 현실적으로 불가한 일이 아닌가. 죽었다고 하니 얼굴 한번 더 보게 되고 이름 한번 더 부르게 되는 것이 현실임을 알았다. 연예뉴스라는 것이 참 모질기도 하여 명복을 빌기도 전에 클릭을 유도하는 연애기사랄지 패션기사랄지 온갖 가십들이 줄을 잇느라 자극적인 슈퍼스타들의 근황 또한 안 볼 수가 없었던 터, 그 자괴감 아래 나는 인간들 사이에서 빚어지는 온갖 불합리함과 불평등에 대해 다시 한번 생각해보게 되는 것이다. OECD 가입국 가운데 자살률 1위라는 불명예를 안은 채 주위를 살필 겨를도 없이 그저 나만 보고 앞만 보며 달려가기 바쁜 우리들. 기억을 더듬어 지금보다 덜 강했고 지금보다 덜 부유했던 개발도상국 시절만 해도 서로의 목숨이 귀하다는 것만은 충분히 알았던 것 같다. 왜? 1989년 〈행복은 성적순이 아니잖아요〉라는 영화에서 7등을 했다고 투신자살을 한 여고생 이미연에 사회 전체가 패닉일 정도였으니까. 왕따라는 말이 우울증이라는 말이 이렇게나 일상이 될 줄 그때는 상상이나 했으려나.

6월 16일 — 제보다 젯밥

초등학교 때 운동장을 가로질러 걸어가다가 날아오는 축구공에 맞아 기절한 적이 있다. 부지불식간에 맹렬한 속도로 날아왔을 그것이 설마 떨어져도 튀는 공이랴, 돌이나 폭탄쯤으로 알았던 나는 그로부터 깊은 트라우마가 생겨 축구공이라면 질색팔색이게 되었다. 물론 모든 공 앞에 쩔쩔이었다는 건 아니다. 체육 시간에 점수를 받기 위해 배구공으로 리시브를 하거나 농구공으로 자유투를 넣어야 할 때는 썩 괜찮았다. 유독 드리블을 하거나 슛을 날리려는 시늉 속의 축구 실습 때만 발 동동이던 나니까. 비가 오나 눈이 오나 죽자 살자 왜 이 공 하나에 목숨들을 거는 걸까. 이게 대체 뭐라고. 혀나 끌끌 찼지 도통 축구 경기에 관심이 없던 나는 2002년 월드컵을 통해 축구의 신세계를 알아버렸다. 발로 해서 축구인 줄 알았더니만 그게 글쎄 예술이더란 말이다. 나아가 전술이며 전쟁이라는 희극이자 비극. 요즘 입에 달고 사는 말이 피곤해 쩔어, 그게 대세라 일이 많아 그런 줄 알았는데 이게 다 축구 때문임을 순순히 밝히는 바다. 한국이 뛰는 것도 아닌데 뭘 그렇게 다 챙겨 보냐는 게 엄마의 푸념이라지만 나라마다 축구 스타일이 다 다르니 어찌 잠들고 마려나. 우르르 모두가 공을 따라다니는 게 아니라 저마다 자기 위치에서 공을 기다리는 여유, 아 그보다 조각미남 선수들을 어째. 플레이도 좋고 몸도 좋고, 아 땀나는 여름이다.

6월 18일 – 떡은 아무나 빚나

우리 떡집 할래? 한 선배 언니의 제안에 그래야지, 로 일관해 온 게 몇 년째다. 장인 누구를 찾아가보자 하는 것까지는 속도가 났는데 마음을 모으듯 돈을 보태는 일에는 여전히 역주행이니 이쯤에서 목표를 접어야 하나 작정하던 차에 두 종류의 정말이지 상반되는 떡을 맛보게 되었다. 하나는 재벌가에서나 먹는 값비싼 떡이라고 했다. 십만 원을 훌쩍 넘기는 가격이라더니 개수로는 고작해야 일곱 개 정도였다. 금박 문양이 수놓인 화려한 케이스 안에 갖가지 재료로 빚은 다양한 형태의 떡이 하나씩 비닐에 싸여서는 참으로 도도한 자태를 자랑하고 있었다. 맛은 좋았으나 뭐랄까, 다음 기회에 꼭 사 먹겠노라 하는 다짐은 도통 생길 줄 몰랐다. 그리고 받아든 또하나의 떡 상자. 아무런 장식 없는 종이 박스에 돼지 엉덩이에나 찍는 도장으로 박혀 있는 가게 상호에 유독 '수제'라는 단어가 눈에 띄었다. 오밀조밀 모양새가 비슷하면서도 조금씩 다른 것이 신기해서 물으니 사람의 손이 빚은 것만을 떡으로 친단다. 그러니 맛이 안 좋을 수 있으랴. 육백 원짜리 떡 하나 물고 이리도 배부를 수 있다니 다시금 떡집 타령을 했더니만 매일같이 쌀을 지고 내리는 노동 속에 열네 시간 근무는 기본이고 새벽 세시 기상은 의무라고 했다. 삼대가 육십 년 넘게 떡만 빚은 결과가 오늘이라니, 그보다 새벽 세시에 잠드는 나의 습관을 무슨 수로 바꾸나. 생긴 대로 사는 게 순리라니까.

6월 19일 ─ 말도 뿌린 대로 거둔다지

한 스포츠 신문에 야구 관련 칼럼을 쓰기 시작했다. 일주일에 한 번, 솔직담백한 감정적 토로가 필요하다며 야기된 지면 안에서 내 멋대로 떠들어대기를 한 달, 우연히 스마트폰으로 검색을 하다 내 기사에 달린 댓글들을 보게 되었다. 세상에나 이런 관심은 난생처음이었던 터, 그야말로 악플들의 향연이게서 벌어지고 있지 뭔가. 생각해보니 이는 자초한 결과가 아닐 수 없었다. 팔도의 야구팬들을 보건대 저마다 응원하는 팀에 얼마나 예민한지 짐작은 하고 있었으니 말이다. 무시하시라는 담당 기자의 의견을 무시한 채 일일이 내 글에 붙은 남의 글을 읽어나가는데 처음에는 귀까지 새빨갛게 달아오르게 하던 분노가 차츰 가라앉더니 어느새 싱겁게 웃고 마는 나를 발견할 수 있었다. 누가 성질 급한 한국인들 아니랄까봐 글쎄, 끝까지 글 다 읽은 이는 몇 없고 죄다 제목에 꽂혀서는 그걸 가지고 왈가왈부하는 이들이 대다수였던 것이다. 아, 이래서 제목은 데스크의 몫이라고 신문사에서 끝까지 우겼던 걸까. 그래봤자 새발의 피 정도라 킥킥 웃어가며 악플 읽어나가는 나라지만 유명 연예인들은 어떻게들 견디나 새삼 안쓰러운 마음이 드는 것이었다. 위암 4기임에도 임신에 결혼 소식을 알린 울랄라세션의 임윤택, 축하 마땅할 일에 어처구니없는 악플들로 주치의까지 소견서를 공개하는 이 미친 분위기 속 씁쓸한 입맛을 어찌 달랠까. 그저 악착같이 장수만세로 복수할밖에!

6월 20일 ― 사랑, 그 어려움에 관하여

운다고 옛사랑만 안 올까. 울 리 없는 건 새 사랑도 마찬가지일 거다. 연애만큼 형평성에 근거할 수 없는 감정이 또 어디 있으랴. 돈을 벌기 바쁜 사람이 있는가 하면 쓰기 바쁜 사람이 있듯, 매일같이 사랑에 울고 웃는 친구가 있다면 매일같이 사랑을 기다리다 지친 친구가 있는 것이 우리들 삶의 현주소이거늘, 사십 줄을 향해가는 이즈음의 주말마다 사랑 타령에 바쁜 네 남자 보는 맛에 텔레비전 앞에 죽치고 앉게 되는 나다. 〈신사의 품격〉이라는 제목의 주말드라마라지. 보는 순간 안구가 정화되느니 순정 만화에서 걸어나온 캐릭터들이 말도 할 줄 아느니 김하늘처럼 생긴 주제가 아니면 질투도 말라느니 별별 호평 속에 내가 애초에 주목하는 건 그들의 외모도 아니요, 엉킨 관계도 아니요, 다만 사십대의 사랑관이 궁금해서였다. 이를테면 그간의 경험을 토대로 사랑을 직시할 수 있는 사람만이 내뱉는 한마디 한마디를 기다렸다고나 할까. 기대가 컸던 것일까. 지금껏 봐온 결과로 보자면 속마음을 콕 찌르는 대사 한 줄보다 그들의 꾸밈새와 그들의 여유로움이 내 피부를 쓸고 가는 게 사실이었다. 기뻐도 술 마시고 슬퍼도 술 마시고 사랑도 돈이 있어야 아름다울 수 있는 거구나, 를 보여주는 현실 아닌 절실. 그게 뭐가 재밌어 다 늙어 드라마 타령이냐고 타박들 마시라. 나는 지금 사랑 공부중이니까.

6월 21일 – 저 늙는 것은 모르고

택시가 총파업에 돌입한 어제, 부랴부랴 지하철역으로 달려갔다 눈앞에서 문 닫고 가버리는 열차를 쳐다보며 욕 삼키다가 의자에 앉고 보니 양옆으로 할머니들뿐이었다. 열시를 넘긴 늦은 아침에 한 시간 배차 간격인 서울역행 경의선을 기다릴 수 있는 세대는 그분들일 터여서 여유로이 담소 속에 이 얘기 저 얘기 들려오는데 나는 파우치를 꺼내 미처 다 하지 못한 화장의 완성이나 이루려는 것이었다. 반쯤 그리다 만 눈썹을 그리고 마스카라로 싹싹 속눈썹을 말아올리는데 웬걸, 할머니들이 일제히 나를 쳐다보고 있지 않은가. 그거 하면 눈이 커 보이나 효과가 있나 값은 얼마나 하나, 이것저것 따져 물으시는데 대꾸해드리면 될 것을 나는 어색한 웃음만 내리 짓고 있더란 말이다. 이래서 친구들 왈 시어머니 팔짱 끼고 쇼핑하기가 죽기보다 싫더라고들 한 건가. 무심한 나의 태도에 일찌감치 내게서 등 돌린 할머니들은 처음 보는 사이임에도 어디 가냐, 누구 만나냐, 머리는 어디서 볶았냐, 친목회 멤버처럼 정겨워 보였다. 늙어왔다는 것, 한 시대를 함께 겪어왔다는 것의 유대는 바로 이런 격의 없음이 증거해줄 테지. 한 할머니가 밀고 온 유모차 안에 긴 무엇인가 세워져 있어 물으니 가야금이라 했다. 처녀 때부터 꿈이었는데 이제야 배워요. 몸이 아프니 이렇게 실어나를밖에요. 불현듯 엄마가 생각났다. 집에 전화하니 할머니 제사라 했다.

6월 22일 – 칼질은 스테이크 앞에서나

마이크 앞에 있어야 할 방송사 직원들이 처음 피켓을 들고 거리로 나왔을 때 그들은 두툼한 점퍼 차림이었다. 겨울이었고, 기껏해야 길어야 한 달이겠지 했다. MBC 노조 파업 말이다. 방송 중 십여 초만 침묵이거나 암전이어도 대형사고라면서 시청자인 우리들에게 깊은 사죄의 글을 띄우던 관행 속 그간 사측의 대응은 그렇다면 가식이었나. 우리가 시킨 파행도 아닌데 우리로 하여금 뉴스 보기를 돌같이 하게 만든 주제에 머리 숙여 사과 한 번을 할 줄 모르니 이 뻔뻔함은 대체 어떤 자신감으로부터 비롯한 것일까. 이 책임 또한 노조원들에게 지운다면 정말이지 최악의 상사임이 증명되는 바인데. 봄을 지나 최악의 여름 가뭄 가운데 파업 145일째를 기록한 오늘, 다방면의 문화

예술인들이 파업을 지지하는 의사를 속속 밝혀오고 있다기에 찾아들어가 쭉 한번 읽어봤다. 그들이라고 우리와 다를까, 특별할까. 아니다, 모두가 입 모아 하는 말은 첫째도 둘째도 셋째도 상식과 정의의 온당함이거늘, 이 기본적인 얘기를 이렇게 어렵사리 토로해야 한다는 게 참 씁쓸한 노릇 아닌가. 월급이 밀려 돈 없기는 마찬가지임에도 택시 타고 가라 호주머니에 돈 만원 꽂아주던 초년병 시절 내 상사들, 하나같이 자식복이 어찌나 있던지 학원 한번 안 보내고 사자 돌림 되었으니 인간사 유치하다만 뿌린 대로 거두란 게 진리라니까.

6월 23일 — 책을 몸으로

편집자 혹은 시인의 입장으로 종종 독자들을 만나게 된다. 이런저런 이벤트로 독자와의 만남이라는 자리가 자주 주선되다보니 둘 사이의 관계가 전에 없이 스스럼없어지게 된 것도 사실이다. 인터넷이 없던 시절에는 우편물 아니면 작가가 직접 쓴 원고를 들고 출판사를 찾아야 했고, 그제야 비로소 출판사 직원도 작가의 얼굴을 확인하던 때니 요즘같이 근접해진 거리감을 어디 상상이나 했을까. 편집자라면 장점의 면면을 더 늘어놓겠지만 시인이라면 단점의 면면을 더 토로하고 싶은 심정이다. 시인을 만나는 자리에 초대되어왔으면 시인의 시 몇 편은 읽고 자리하는 게 기본적인 예의일 텐데 오자마자 맨 앞에 앉아서는 코 골고 자는 이들 여럿 봐왔기 때문이다. 어디 그뿐이랴. 질문이랍시고 다짜고짜 이 시 언제 어디서 왜 썼는지 취조하듯 묻는 이들도 한둘이 아니었으니 말이다. 남의 시를 읽는 열린 눈만큼 남의 시를 들을 줄 아는 열린 귀의 기울임, 이것이야말로 온전히 시를 가지는 유일한 방법일 텐데 왜 우린 뭐가 있다 싶어 자꾸만 캐물을까, 그로 그렇게 단순해지려 할까. 일요일까지 코엑스에서 〈2012 서울국제도서전〉이 열린다. 캐치프레이즈가 책을 펼치면 미래가 보인다, 라지. 출판사들이 책만 파는 게 아니라 작가와의 만남도 여럿 준비했다니 슬렁슬렁 지나가다 어디 한번 들어보면 어떨까. 책을 읽는 작가들의 목소리를 심장에 새기는 일도 독서의 한 방법일지니.

6월 25일 — 자명한 현실

1월 1일 0시 0분에 애를 낳는 산모들은 과연 어떤 기분일까. 그 시간에 전국에서 그렇게 울음을 터뜨리는 아이들은 도합 몇이나 될까. 애를 낳자마자 퉁퉁 부은 얼굴로 카메라 앞에 서서는 특별하게 낳은 만큼 훌륭하게 키우겠다는 다짐을 다지는 산모들이 점점 낯설어지는 요즘, 피곤하다는 말을 아이스커피처럼 달고 살다보니 집안에서 애가 태어나고 개가 태어나도 흔쾌하지 않은 표정으로 종종 한숨도 쉬는 게 나더란 말이다. 생각해보라. 나로 인해 세상에 나온 아이의 입에서 삶을 원망하고 부정하는 말이 쏟아진다고 할 때 그 되돌릴 수 없는 서로간의 상처를 어떻게 극복할 수 있으랴. 엄살떨지 말고 일단 낳기나 하라는 게 주변 어른들의 말씀이거늘, 그제는 변명이랍시고 이렇게 토로했다. 보세요, 내가 용 안 써도 인구가 오천만을 넘었다고 하잖아요. 세계에서 일곱번째로 20-50 클럽에 가입했다기에 이게 뭔가 했더니만 일인당 국민소득이 이만을 넘고 인구가 오천만 이상임을 의미한다나. 독자적 내수 시장을 갖춘 경제 대국임을 증명하는 수치라는데 순간 코웃음이 터졌다. 번드르르한 겉모습에 비해 누덕누덕 기워 입기 바쁜 우리 경제의 현주소가 정말이지 눈 가리고 아웅 같아서였다. 언제부터 쌍용차인데 여직 쌍용차일까. 뒷짐 지고 사태 해결은커녕 나 몰라라 시간만 보내고 있는 이 나라는 오늘도 돈 줘가며 애 낳기나 상려하고 있다. 책임도 못 질 주제에!

6월 26일 — 노처녀 코털 건드리기

동생이 직장 동료들과 영흥도로 낚시를 갔다고 했다. 아니 이 땡볕에 여직 고여 있는 물이 있단 말이지. 물고기를 신으로 여겨 기우제를 지내도 모자랄 판에 그 날것을 건져 회 쳐 먹는단 말인지. 통화 끝에 혀를 끌끌 차는데 수화기 너머로 엄마가 말끝을 흐리는 게 느껴졌다. 지금 걔가 사랑에 눈이 뒤집어졌는데 그 걱정이 들겠냐? 맞다, 내 동생 시방 연애중이지. 가로수들 수액 한 대씩 꽂고 간신히 버티는 안타까운 상황인 건 알겠다만 동생 말마따나 제가 자리보전하고 눕는다고 소나기가 쏟아질 것도 아니고 대체 가족들이 왜 하나같이 도끼눈으로 목하 열애중인 한 여자를 째려보느냐고? 초면에 무릎 꿇고 앉아 제게 어떤 화살표가 날아올까 전전긍긍하던 동생의 남자친구는 키도 크고 잘생긴 것이 그 허우대만큼은 멀쩡했다. 외모 따지던 이십대였다면 그만하면 됐다 했으련만 부모는 뭐하시니, 연봉은 얼마니, 어느 학교 나왔니, 집은 전세니 월세니 거참 장모도 아니면서 시시콜콜 끝도 없이 꼬리를 잡던 내 질문이라니. 말끝마다 토 달고 나설 시누이 없는 게 어디냐 하면서 결혼을 전제로 한 교제를 허락한 엄마는 쿨한 척은 했으나 내심 뭔가 아쉬운 눈치였다. 아까워 죽겠네, 수백억 땅 부잣집 맏아들 중매 들어왔는데. 그래? 그럼 내가 나갈까? 웃자고 던진 말인데 젠장, 서른둘 이상은 여자로 안 본다니 까다로운 그대 이름 남자여, 고르고 고르다 평생 버림만 당하시라, 홍!

6월 27일 ─ 살자고 사는 게 집이거늘

지금으로부터 칠 년 전, 어쩌다 오피스텔을 하나 사게 됐다. 물론 빚을 왕창 지고서다. 집 앞으로 지하철이 뚫릴 거라는 귓속말도 달콤했지만 어쨌든 지상에 내 집 한 칸은 있어야 하지 않을까 싶어 도장 푹 찍고 보니 웬걸, 매달 갚아나갈 원금에 이자가 뒷목을 싸잡게 만들더란 말이다. 그래도 내심 집값만 올라 봐라 실낱같은 기대감으로 다달이 목돈을 부어나갔거늘 들려오는 소식이 폭삭 집값 내려앉는 소리에 지하철 개발 전면 백지화라니, 한 나라의 정책이란 것이 이렇게도 주먹구구식일 수 있단 말일까. 작년에 경매로 넘어갈 전셋집을 울며 겨자 먹기로 사들인 후배는 적금 하나 들어놓은 셈 치겠다고 하더니 일억 가까이 떨어진 집값에 망연자실한 눈치였다. 이 빚 때문에 죽고 싶어도 죽을 수가 없다니까. 소화 잘되는 얘기로만 밥상을 채워도 방귀가 나올까 말까인데 점심 테이블을 그득 채우는 건 한숨뿐이라서 일찌감치 수저 내려놓고 아이스커피나 쭉쭉 빨며 사무실로 들어오는데 이 땡볕 아래 땀을 뻘뻘 흘리며 전단지를 나눠주는 남자 둘을 봤다. 겨드랑이에서 등까지 땀으로 흠뻑 젖어 있던 남자들은 반소매 셔츠에 넥타이까지 매고 있었다. 파주에 새로 분양되는 아파트에 입주하시라고? 저들도 사느라고 애쓴다, 그치? 땀에 젖은 셔츠만 아니었어도 욕이 나갔을 난데.

6월 28일 — 짠 여자

하루는 이모로부터 전화가 왔다. 올해 대학생이 된 사촌동생에게 갖고 있는 가방 하나만 주면 안 되겠냐는 게 말의 요지였다. 이모도 참, 대학교 1학년이 책가방 메면 되지 무슨 어른 가방씩이나. 명품 가방을 선물로 달라는 얘기임을 바로 알아들은 나는 어떻게든 뺏기지 않기 위해 일장 연설을 늘어놓기 시작했다. 수업 시간에 얼굴은 스물인데 명품이랍시고 마흔넷 엄마 가방 들고 오는 애들이 난 가장 촌스럽더라. 더 웃긴 건 그게 안 예쁘다는 걸 정작 본인들은 모른다는 거지. 한때 가방 사들이기에 혈안이던 내가 있었다. 맘에 드는 걸 발견하면 어떻게든 돈을 모아 매장으로 달려가곤 했던 거다. 그런데 막상 내 수중에 들어오면 메기보다 더스트 백에 담아 처박아두기 일쑤였다. 수십 개면 뭐하나, 우리의 어깨는 끽해야 둘뿐이었던 것을. 후에 나 같은 여자들을 일컬어 된장녀라고 부르는 걸 알았다. 물론 명품을 좋아하는 건 맞으나 된장녀와의 차이라면 애인이 없고 애교가 없어 나는 내 능력껏 사들인 것 정도랄까. 똥인지 된장인지 구분도 못한다 해서 된장녀였는지는 모르겠으나 요즘의 신조어로 간장녀가 거론되고 있다기에 피식 웃고 말았다. 말 그대로 짠 여자란 뜻 아닌가. 나 참, 누가 짜고 싶어 짠가, 짜게 만드니까 짠진 거지. 된장도 간장도 그 소비 패턴을 조정하는 건 우리 같은 여자들이 아니라 뒤에 숨은 경제계의 큰손들이거늘, 이제 남은 건 쌈장녀뿐이군.

6월 29일 — 우리는 그동안 무엇을 향해 그토록 억척같이 살아왔는지 모르겠다

인천의 한 육십대 부부가 목숨을 끊었다. 당연히 돈 문제를 빗겨갈 수는 없었다. 노령연금 십오만 원을 수령했다고 하니 하루 오천 원으로 두 사람이 근근 먹고살았다는 얘기였다. 슬그머니 지갑을 열어봤다. 수북하게 들어찬 영수증 가운데 어제 쓴 것들로만 모아봤다. 차비와 밥값은 그렇다손 치더라도 세전 원가가 백이십삼 원이라는 사천 원짜리 커피를 네 군데 카페를 돌며 마셨고, 간식으로 편의점 소시지를 다섯 개나 사 먹었고, 아 그리고 책이니까 어때 하며 서점에서 벅벅 긁은 카드는 이미 십만 단위를 넘겼으니 이것만 합해도 얼마람. 목숨을 버린 노부부의 사연에 가슴에 뜸뜬 것처럼 뜨거워진 건 그들의 유서를 본 순간이었다. 시작이 그랬다지. "우리는 그동안 무엇을 향해 그토록 억척같이 살아왔는지 모르겠다"라고. 그 첫 줄은 읽자마자 화살표가 되어 내게 꽂혔다. 요즘의 내 화두 또한 그렇듯 삶의 부질없음 언저리를 뱅뱅 돌고 있는 탓이었다. 늦게 발견되는 바람에 대학병원에 원하던 시신 기증도 할 수 없는 노부부, 소리 나는 대로 적어나갔기에 마치 노인들의 나지막한 읊조림처럼 들렸던 글줄 사이에서 나는 노인의 자존심이 고스란히 엿보이던 한 문장을 찾아냈다. "부부가 살면서 빚은 한 푼도 없지만 살아 있는 집 보증금은 삼백만 원뿐이다." 돈을 만든 우리들이 돈에 어찌지 못해 스러져가는 나날 속에 있잖아요, 우리 부모에게 안부 전화라도 잊지 말자고요.

6월 30일 – 비님 양심 좀 있으셔야죠

 작년 비가 하도 무서워 작심하고 마련한 게 장화였건만, 두 번이나 신었나 신발장 앞에 세워놓고 수국이나 꽂아놓은 게 하세월인 듯하다. 내 이른 준비가 동티가 났나, 너무 맑은 하늘과 너무 쨍한 볕 아래 늘어나는 기미나 세는 밤, 장화를 쳐다보다 불쑥 한숨이 터지더니 슬리퍼 찍찍 끌고 산책에 나설 수밖에 없던 순간이 숱하더란 말이다. 아니 그 흔한 비가 대체 왜 안 오는 거냐고. 그래도 우린 도시에 산답시고 수도꼭지 틀면 아직까지 물이라도 콸콸 나오는데 저수지 마르고 저수지 바닥 물고기까지 씨가 말라버린 시골은 대체 어떻게들 버틸까. 기아 체험 같은 프로그램이 방영될 때마다 내가 아프리카에서 태어나지 않은 걸 다행이다, 안도하면서도 뭔지 모를 죄책감이 여전했던 듯 작금의 물 사태도 그랬다. 물도 불도 왜 이렇듯 보다 힘든 이들에게 더한 역경으로 닥치는 걸까. 물차로부터 공급받은 찰랑찰랑 물통을 조심조심 수레에 싣고 가는 할머니를 한 카메라가 쫓기에 나도 쫓았다. 며칠째 씻지도 못한 나라면 사대강이, 한심한 정부의 더 황당한 정책이 온 나라를 말라붙게 했네, 멱살잡이라도 할 듯 악을 썼으련만 아 할머니는 물차를 주셔서 고맙다는 말만 계속이셨다. 드디어 비라는 희소식, 만약 아름다운 단비라면 이 착한 어르신들 덕분이라 할 테다. 착한 일 좀 하고 살 테니 제발 주말 지나 젖은 땅 위로 장화 신은 하마처럼 뛰어다니는 한 여자 있기를, 그게 나이기를.

7월

7월 2일 - 통의동에서의 반나절

 일요일 오전, 친한 언니와 오랜만에 만나 통의동에서 브런치를 먹었다. 김치에 된장에 우거지를 최고로 아는 내게 브런치란 아직 꽤나 생소한 음식 문화여서 주문하는 내내 쭈뼛거렸던 것도 사실. 언제 우리가 아침을 겸해 먹는 점심식사에 특별한 의미 부여를 해왔단 말인가. 늦잠 끝에 대충 때우기 식으로 혼자 비벼먹고 말던 양푼 비빔밥이나 해장 라면이 내겐 아침 겸 점심의 대부분이었거늘. 아, 앞 테이블의 백발노인이 고르곤졸라 그라탱을 드시는데 그 순간 나는 왜 땀을 뻘뻘 흘리며 개장국을 떠먹는 아빠가 오버랩되었는지 원. 긴 수다 끝에 느릿느릿 우리는 걷기 시작했다. 통의동 구석구석 한번쯤 들어가보고 싶은 카페들과 별별 액세서리 가게들과 전시장이 샘이 나도록 포진되어 있었다. "말도 마. 집값 엄청 올라서 내년에도 살 수나 있을지 몰라." 한숨 쉬는 언니를 보니 진심으로 제 사는 동네에 푹 빠져 있는 듯했다. 그러다 한 카페 앞에 벌어진 좌판 앞에 우리는 섰다. 여기저기서 "언니, 언니" 반가이 언니를 부르는 목소리들이 여럿 되었기 때문이었다. 저마다 신발이며 그릇이며 화장품을 갖고 나와 파는 플리마켓에서 마주친 언니의 동네 친구들은 장사보다 정을 우선으로 아는 이들이었다. 뭔가를 싸게 팔려는 의지와 뭔가를 비싸게 사주려는 의지가 만났을 때의 접점. 아마도 어떤 상품의 적정 가격이란 그 안에서 절로 매겨지는 게 아닐까.

7월 3일 – 엄마 없는 하늘 아래

날씨가 후덥지근하다보니 사람간의 신경전도 빈번해지는 듯하다. 버스 타다 발 좀 밟았다고 죽기 살기로 머리를 들이받으며 삿대질을 하는 어른이 있는가 하면 끝끝내 사과 한마디 안 하고 껌 씹으며 시선을 허공에 고정한 학생이 있으니, 오늘도 내 입에서 짜증난다는 말이 몇 번이나 튀어나갔으려나. 종교가 없는 이들도 분명 다수이나, 우리처럼 어떤 믿음에 이토록 신심 깊은 민족도 흔치 않은 것이 사실이니 매주마다 그 좋고 옳은 어르신들 말씀 다 새겨듣긴 할 텐데 한 귀로들 흘리시나 그 실천이 어려운 걸 보면 말이다. 그 어른의 핸드백 밖으로 삐죽 나온 그 책이 왜 하필 성경이었담. 남의 말 안 듣기로 소문난 나와 달리 아빠는 시시콜콜 모든 당신의 일을 엄마에게 브리핑하기 바빴다. 퇴근하고 돌아와 밥을 먹으며 부하직원 중 누가 속을 썩였네, 누굴 진급시킬까, 누굴 명예퇴직 권해야 하나, 하면 엄마는 아내가 아니라 부하직원으로 입장 바꾼 채 앉아 있곤 했다. 그러니 보다 신중한 결론으로 서로 덜 미안하고 덜 서운한 과정에 이르게 하지 않았을까, 무릎 치게 된 건 근래의 일이었다. 말과 행동에 있어 그 보폭을 나란히 하는 일은 얼마나 어려운가. 말이 한발 앞서면 무책임한 사람이 되고 행동이 한발 앞서면 의뭉스러운 사람이 된다. 나는 여전히 아장아장 그 걸음마가 어렵다. 그러니까 엄마는 죽을 때까지 우리 잡아주는 엄마인가보다.

7월 4일 ― 입만 살았더랬다

우연히 만나 당연히 헤어진 사람 가운데 꼭 한번 다시 보고 싶은 이가 하나 있다. 연애의 감정으로가 아니라 인간의 예의로서다. 필시 이는 나의 잘못한 바를 짐작케 하는 문장이거늘 때는 바야흐로 2011년 봄, 두바이에서 한국으로 향하는 에티하드 항공기 안에서 나는 열 시간 가까운 장거리 비행에 몸을 배배 꼬고 있었다. 딱히 할일도 없고 영화나 한 편 볼까 하여 이어폰을 꽂은 채 채널을 돌려댔다. 별다른 기대 없이 보기 시작한 게 외국인 근로자들이 대거 등장하는 영화였는데 어머 이런, 배 잡을 새도 없이 터지는 내 웃음을 어쩌면 좋아. 고요한 기내 안에 웃음 참느라 몸을 들썩이길 몇 차례, 그만 나는 옆자리에 곤히 자고 있던 한 남자의 바지 위에 레드와인을 쏟고 말았다. 어머, 미쳤나봐, 죄송해요, 내가 죽어야 돼요. 호들갑을 떨며 남자의 허벅다리를 휴지로 닦아대는데 하필 왜 흰 바지냐고요. 화를 낼 법도 한데 남자는 친절했고 수다 끝에 동향인 데다 다섯 살이나 어린 걸 알고 시작된 나의 누나 노릇은 비행기가 착륙할 때까지 줄곧 이어졌다. 영국의 어느 대학에서 사회복지학을 전공한다고 했는데, 그렇게 미안하면 책이나 한 권 보내달라 했는데, 흔쾌히 오케이했는데 지금껏 깜깜무소식의 나였으니 이 뻔뻔함을 어찌할꼬. 혹시라도 이거 보시면 연락주시라. 흰 바지에 묻은 얼룩 가리느라 카디건으로 묶어 입고 바이 했던 젠틀맨, 은혜 갚겠사오니.

7월 5일 — 지피지기의 어려움

누군가 내게 전생 얘기를 했더랬다. 엥? 당나귀 귀처럼 커지는 내 호기심이 과연 어디까지 자라나 두고 보겠다는 듯 감질나게 먹잇감을 던지던 그의 입에서 가수 김정호의 이름이 튀어나왔다. 맞아요, 나 일곱 살 때 한번 듣고 가사 다 외워버렸다니까요. 심지어 비 오는 날 그 노래만 나오면 맥락 없이 울었다니까요. 스무 살이었고, 대학생 남자였고, 비 오는 날 교통사고로 죽었다지 아마. 그래서 이렇게 턱 아래가 넙데데한 것이 하관이 세게 발달한 건가. 안타깝고 아프고, 그런 고로 내 삶 너머의 삶을 아릿하게 추억이라도 하겠지 싶었던 내가 양악수술로 자연스레 화제를 돌려서는 깎니 마니 턱을 만져대자 그는 뭐 이런 게 다 있나 하는 눈으로 날 빤히 쳐다보는 거였다. 애늙은이라는 별명으로 불려온 학창 시절, 친구들이 뉴 키즈 온 더 블록 내한 공연에 가 깔려 죽기 일보 직전일 때 나는 아빠와 동갑내기 배리 매닐로우를 귀에 꽂고 있었지. 친구들이 서태지와 아이들에 미쳐 있을 때 트윈 폴리오를 듣던 나는 송도유원지에서 교장 선생님과 〈하얀 손수건〉을 듀엣하곤 했었지. 누가 시킨 것도 아니고 누가 가르친 것도 아닌데 사랑보다는 이별 타령에 왜 만날 반음 내린 정서였을까. 시인이 되었다는 소식에 친구들의 반응은 하나같이 그랬다지. 걔? 내 그럴 줄 알았다니까. 그러고 보면 나에 대해 나만 모르나봐.

7월 6일 – 하여튼 인간들 머리 좋아

모르는 번호라도 찍히면 받는 게 내 생리였는데 어느 순간부터 그 착한 척을 버려버렸다. 놀라운 건 내가 그럴 줄 알았다는 듯 발 빠른 대처를 하는 전화기 너머의 상대들이다. 누가 봐도 그런 유의 전화려니 하는 번호를 뒤로 감춘 채 혹시 아는 누구의 바뀐 번호일까 설렘을 가장한 휴대폰 번호로 고객님을 외치는 목소리들. 대출을 받고 땅을 사고 보험을 들라는 사람들. "여보세요, 네, 아닙니다", 일관이던 내 레퍼토리가 어느 순간 "그런데요, 왜요, 전화하지 말라니까요", 짜증 일색이 되어버렸으니 이도 다 먹고살자고 하는 일인데 상담원들에게 짜증낸 것이 못내 불편해진 나는 뒤늦게 마음을 고쳐먹기도 했더랬다. 그러던 어느 밤 자정 넘어 문자 두 통이 왔다. 꿔간 돈을 갚아라, 네가 도망갔다고 내가 못 받을 줄 아느냐, 죽이겠다, 를 요지로 한 내용의 반 이상이 욕이었다. 리듬감을 살려 그 욕들 실실 따라해보다 문득 호기심이 일어 답장을 보냈다. "저를 아세요?" 어떤 욕이 또 올까 기대하던 차에 문자가 도착했다. "죄송해요. 누가 제 번호로 여기저기 문자를 돌리나봐요. 제 계좌에서 돈도 빼갔어요. 혹시 여성이신가요? 몇 살이신가요? 저는 인테리어합니다." 이건 또 뭐하자는 시추에이션이람. 휴대폰의 신기종은 예상이라도 하지, 신종 사기는 바퀴벌레처럼 영 박멸

이 안 되나보다.

7월 7일 — 부끄러움을 가르쳐드립니다

친구들과의 모임 끝에 비가 쏟아지기 시작했다. 처음에는 한두 방울 떨어지고 말겠지 하며 그치길 기다릴 작정으로 먹다 남은 카푸치노를 리필했는데 어느 순간 굵어진 빗방울이 커튼도 아니면서 창문을 죄다 가리고 있었다. 젖는 것보다는 늦는 게 낫다 싶어 하염없이 카페에서 수다를 떨어댔다. 하다하다 할 얘기가 없으니 비 오는 날 차려입고 나온 사람들의 옷차림에 대한 뒷담화가 이어졌다. 아무리 먹고살기 힘들어도 옷은 사 입고 신발은 사 신는지 언밸런스하게 앞뒤 길이가 다른 색색의 티셔츠에 하의실종이라 할 만한 반바지들, 컬러별 고무장화를 신은 사람들이 흔하면 흔하다 할 정도로 거리 곳곳에 흩어져 있었다. 그 순간 사는 게 곧 일이라는 말이 떠올랐다. 어떤 필요에 의해 뭔가를 사야만 사는 게 되는 삶, 평생 소비 속에 소비되는 삶, 그 가운데 테이블 위에 놓여 있던 친구들의 지갑이 제각각 눈에 밟혔다. 저 안에 종잇장 두둑 채우려고 아등바등 우리들 매일같이 조금씩 늙어오지 않았던가. 비가 거의 그

쳐가기에 카페를 나오는데 주인이 여분의 우산이라며 두 개를 내밀었다. 내가 덩치가 크니까 장우산은 내 꺼, 하면서 친구는 나 몰라라 욕심껏 큼직하고 단단한 놈을 골랐더니 웬걸, 겉보기와는 다르게 뚝 하고 부러진 우산살이 내 어깨 위로 떨어지는 것이었다. 결국 고장난 우산을 버려둔 채 친구의 우산에 꼽사리 붙어 택시정류장으로 향했다. 빗줄기가 점점 굵어지고 있었다.

7월 9일 — 복싱이 화두다

하루는 퇴근하고 집으로 향하는데 사거리 건물 사층에 떡 하니 새로 달린 간판 하나가 눈에 띄었다. 검은 고딕체로 쓰인 누구누구네 권투장. 예전 같았으면 내 일 아니고 동네 형 일이야, 하며 지나치고 말았으련만 가만 서서 잠시 어떤 망설임 속에 있었더랬다. 붉은 글씨로 '다이어트하실 여성분들, 적극 환영'이란 세세한 설명이 글쎄, 내 가던 길을 멈추게 하더란 말이다. 전화번호부터 저장을 했다. 그리고 며칠 뒤 복싱에 입문하겠다는 결심을 실행에 옮기기 위해 회사 상사에게 말을 꺼냈더니 대뜸 이런 반응이 전해져오지 뭔가. "오, 좋은 생각이야. 늘 수

비 전형이라 아쉬웠는데 복싱이 적극적인 자세로다가 공격성을 길러주기도 하거든." 기 센 척하지만 그걸 표현할 줄 몰라 억울한 상황에서도 매번 주먹 한번 길게 뻗지 못한 나, 그래서 피하거나 도망치며 살았나. 그러나 참 묘한 게 내가 글러브를 껴야 할 당위를 보다 근원적인 데서 찾으려니 뒤로 주춤 자꾸만 발을 빼게 되더란 것이었다. 복싱을 시작한 뒤 체지방율 제로를 기록하게 되었다는 탤런트 이시영의 기사를 본 적이 있다. 게다가 얼마 전 서울시 주최 아마추어 복싱대회에서 사십팔 킬로그램급에서 우승을 했다지. 이렇게 예쁜 사람이 왜 두들기고 두드려 맞는 스포츠에 미쳤을까, 이해를 해보려는 와중에 무릎을 치게 만든 그녀의 한마디. 얻어맞는 게 무섭기는 하다고? 아, 그래서 때리는구나!

7월 10일 ─ 공옥진이라는 이름

새벽까지 만들고 있는 책의 교정지를 읽다 잠이 들었다. 전국의 숨은 우리 예인들을 일일이 찾아다니며 이미 노인이 된 그들의 삶과 문화를 재조명하는 『노름마치』라는 제목의 책. 편집자로서의 객관성을 잃고 주관적인 감상에 흠뻑 빠져 있던 차, 자고 일어나보니 공옥진이라는 이름 석 자가 검색어 3위를 차지하고 있었다. 그 순간 내 입에서 혼잣말이 튀어나왔다. 아, 돌아가셨구나. 아니나다를까 향년 팔십일 세로 삼가 명복을 빈다는 근조 메시지 속 한 예인. 공옥진 여사의 죽음이었다. 나는 교정지 묶음에서 침을 묻혀 넘겨가며 밑줄을 그어 읽던 그 페이지를 찾아냈다. '흰옷 입은 심청 엄니'라는 제목 속 근 열두 페이지 속에 고스란히 담긴 공옥진 여사의 한 생. 일제강점기와 육이오와 이승만, 박정희, 전두환 정권을 거치면서 이 땅에서 예인으로 산다는 게 삶과 죽음의 거리만큼이나 극단적인 굴곡임을 몸소 증명해 보인 여인. 그런데 내가 익히 들어온 건 그저 '병신 춤'의 대가라는 수식어뿐이니, '병신'이란 단어 때문에 가벼이 웃어넘기던 여사의 춤을 다시 한번 떠올려봤다. 의식 있는 어른들이 그렇게 희화화하지 않았다면 보존도 누림도 지금과 같지는 않았으련만. 그 어르신이 2NE1 공민지의 할머니로 연관 검색어가 뜨기에 검색창에 내 이름 한번 쳐봤다. 흔한데다 유명인들이 대거 포진해 있는 것이 어찌나 다행인지, 그래서 나 위한답시고 무난한 이름을 지어준 걸까. 공옥진, 삼가 고인의 명복을 빈다.

7월 11일 – 우리를 발로 차지 마라

내가 시인이 된 후 아빠가 재미 붙인 일이 하나 있다. 어쩌다 내가 신문에라도 나올라치면 휘파람 불며 가위질해서 스크랩북 만들기, 그래놓고 보고 또 보기. 하기야 퇴직 이후 아빠의 삶에 이렇다 할 낙이랄 게 뭐 있으랴. 그런 아빠에게 유일한 소원이 있으니 바로 국어교과서에 내 시가 실리는 일이다. 열두 번 죽었다 깨도 하지 못할 효도임을 알기에 일찌감치 포기시키려 했던 것도 사실, 그러나 야무진 꿈의 소유자인 아빠는 그때마다 허수경 시인의 시 한 대목을 떠올리게 했다. 나는 비애로 가는 차, 그러나 나아감을 믿는 바퀴라고 했던가. 엄마도 알고 아빠도 알고 일 년에 책 한 권 안 읽는 우리 제부도 아는 시인 도종환. 시가 무슨 죄라고 그가 국회위원이 되었다는 이유만으로 검인정 교과서에 실린 그의 작품을 다 빼라고 했다기에 욕부터 찍 뱉었다. 나참 국회위원이 될 것을 작정하고 이때다 써먹을 욕심에 근 삼십 년을 가난한 시인으로 살았겠냐고. 어디서부터 이런 해괴망측한 발상이 시작되었는지는 모르겠으나 노벨상 받은 시인 출신의 대통령도 있고 유명한 에세이스트이자 장관도 흔해빠진 지구촌 곳곳의 나라들로 보자면 강에다 대고 퍽퍽 삽질이나 하는 이 나라에 무슨 희망을 걸까 슬퍼지기도 하는 것이었다. 가만, 도종환 시인을 교과서에서 빼면 그 자리는 누구로 채우나. 나 좀 넣어주지. 다른 건 잘 몰라도 음담패설과 갖가지 욕설이라면 내 시만한 교재 없을 텐데.

7월 12일 – 고개 숙이면 고개 부러지나

대통령의 형이 감옥에 갔다. 현직 대통령의 친형으로는 처음으로 구속되는 사례라나. 팔순이 다 된 노인이 넥타이를 잡히고 계란 세례를 받는 것에 짠한 마음도 가질 수 있으련만, 나는 그들을 향해 분노를 터뜨리는 저축은행 피해자들의 울음에 안쓰러움을 더할 뿐이었다. 시중 은행에 비해 배가 더 된다는 금리 욕심에 직장 후배 데리고 과일 이름이 붙은 저축은행에서 통장 개설을 기다리고 있을 때 그는 말했더랬다. 누나, 돈 떼이고 그러는 거 아닐까? 야, 설마하니 우리 돈 갖고 딴짓이야 하겠냐. 다행히 꼬박꼬박 저축은커녕 월급으로 술값 대기도 바빴던 우리들은 결국 0원으로 찍혀 있던 새 통장을 영원히 잊기에 이르렀다. 까짓것 이자 몇 푼이나 된다고, 라고 돈을 떼인 이들에게 딱하다며 혀를 차는 이들도 있겠으나, 또한 세상에는 그 몇 푼으로 삶이 좌우지되는 이들도 분명 있지 않겠는가. 내 부모 내 형제의 일이었다면 계란이 뭐야, 한 삽 똥바가지를 들이부어도 성에 차지 않았을 터, 아니 대체 뭐가 모자라 재벌가로 끈끈히 연결된 가계도 속 돈도 많은 사람들이 돈, 내 돈, 그러냔 말이지. 그나저나 대통령은 왜 지금껏 침묵이실까. 아무리 나라님이라도 형이 죄를 지었으면 사과하는 게 도리 아닌가. 초등학교 때 동생을 때린 앞집 애가 무릎 꿇고 빌던 어느 날이 생각난다. 그러고 보면 정치판은 요상한 동네, 우리가 배워온 도덕이 통할 줄 모르니 원.

7월 13일 — 집, 있으니까 설움이네

집주인 아줌마가 결국 집을 내놓으셨다. 삼 년 칠 개월 전 처음 집을 보러 왔을 때만 해도 아줌마는 딸의 이름으로 마련한 집에 대한 기대가 무척이나 크신 듯했다. 웬만해선 절대로 누구에게든 팔지 않을 작정처럼 보였더랬다. 이십층 꼭대기인데다 복층 다락방을 전면 개조하여 마치 화가의 아틀리에처럼 멋지게 집을 꾸며두었던 아줌마는 여러 후보군 가운데 날 택한 이유를 혼자 사는 직장인 여성인 데서 찾았다고 했다. 생전 가야 못질 한번 안 하고 고등어 한 마리 구워먹지 않을 나니 벽이

뚫리고 천장에 그을음 뺄 일 없는 게 사실 주인 입장에서 나쁜 일은 아니니까. 처음 들어가 살기 시작했을 때만 해도 역세권에 새로 지은 아파트라 값이 꽤나 비쌌더랬다. 팔려고 산 아파트니 임자 만나면 좀 남기고 넘길 거예요, 하던 아줌마였거늘 오백만 깎아주세요 하던 조건의 사람들도 건건이 다 밀어내더니 글쎄 오늘날 반값에 팔 작정을 하게 되셨던 거다. 딱 이억 떨어졌어요. 세상에나, 이억이 누구네 개 이름도 아니고 아줌마는 피가 거꾸로 솟아 어찌 밤에 잠을 이루실까. 하기야 이자폭탄 껴안은 채 무리하게 집을 샀다 반토막이 된 집값 때문에 인생이 터지기 일보 직전인 가게들, 어디 한둘일까. 집을 보겠다며 한 신혼부부가 왔다. 둘러보더니 계약하겠다고 했단다. 이 집 살면서 나쁜 점은 하나 없고 좋은 점은 꽤 돼요. 이 말이 뭐라고, 집주인 아줌마 자꾸만 고맙다 그러시네.

7월 14일 — 지식보다 지혜

어릴 적 나를 수식하는 말 가운데 가장 빈번했던 건 '조숙'이란 단어였다. 애가 눈치가 빤해서 어른들 속내를 갈고리로 파듯 그런다고 아줌마 아저씨들은 별로 나를 예뻐해주지 않으셨다. 종합선물세트를 안겨주면 구십 도 인사하기 바빴던 동생들에 반해 나는 일단 계산기부터 두드렸으니까. 누구는 무얼 사왔고 누구는 얼마 사왔으니 언젠가 사례를 하게 될 때 그 정도에 맞추자고. 그런 계산이 빨라 나는 내 머리가 비교적 좋을 줄로만 알았다. 생활기록부에 적힌 내 아이큐를 보기 전까지만 해도 말이다. 사실 머리가 나쁜 게 죄는 아닌데 나는 왜 남들보다 낫다 싶지 않을 때 왜 그리 부모에게 미안했을까. 하루는 학교에서 채변봉투를 가져오라고 했다. 날짜에 맞추지 않으면 행동발달사항 가나다 중 다를 주겠다던 선생님이셨다. 고질적인 변비였던 나, 똥은 마렵지가 않고 '다'를 기록하긴 더더욱 싫고…… 머리를 굴리는데 집에 놀러왔던 동네 아줌마가 배를 쥐고 화장실로 뛰어가시는 거였다. 아 저거다! 행동발달사항 가에 동그라미가 쳐졌으나 그로부터 한 달 뒤 양호실에서 대성통곡하는 내가 있었다. 세상에나 십이지장충이라뇨. 양호 선생님은 구충제 두 알을 내 앞에서 먹어야 보고가 된다고 하고, 그제야 나는 그 변은 내 변이 아니라며 떼를 써대고 아 담임선생님은 모나미 볼펜으로 꼭꼭 그렇게 눌러써야 하셨을까. 그뒤로 나는 점수에 연연할 줄 모른다. 그 덕에 시인이 되었나보다.

7월 16일 — 장화론

주말에 홍대 앞을 가득 채운 여자들의 발이 색색의 장화로 알록달록한 것을 보았다. 장화의 디자인이 이렇게 다양할 수 있다니 나는 어느 순간 여자들의 얼굴보다 여자들의 발을 더 유심히 살펴보고 있었다. 횡단보도 앞에 나란히 섰을 때 그 비교는 더 재미났다. 어떤 이는 정장에 굽이 높은 장화를 또 어떤 이는 캐주얼에 굽이 낮은 장화를, 저마다 어찌나 잘도 사서 잘도 신었는지 다들 개성이 넘쳐 보였던 것이다. 불과 얼마 전까지만 해도 우리에게 장화란 특별한 신을 거리였음이 분명했다. 이슬비 내리는 이른 아침에 걸어가는 우산 셋 속 초등학생들이나 논일 하시고 소여물 먹이시고 갯벌에서 꼬막 캐고 주방일 하시는 분들의 검은 고무장화라면 모를까, 사람 만나는 일을 주로 해온 나 같은 직장여성에게 정장에 장화 신기란 다분히 용기가 필요한 코디이긴 했으니까. 그런데 내가 달라진 것이다. 여성들이 달라진 것이다. 요 근래 정장에 운동화를 믹스매치해 신는 여성들을 가리켜 일명 '운도녀'라 한다지. 고정관념에서 벗어나 정장에는 운동화와 백팩이라는 새로운 조합이 각광을 받으면서 별별 디자인에 별별 아이디어를 가진 상품들이 무더기로 쏟아지게 된 거라지. 아, 장화의 무한 변신 뒤에는 우리들의 간절한 요구가 있었겠구나. 내년에는 양복바지에 장화 신은 남자들 좀 보게 해주면 좋겠다. 비에 젖은 남편의 바지 밑단에 비에 젖은 남편의 구두를 말려야 하는 아내들의 수고로움을 덜기 위해서라도 말이다.

7월 17일 – 김밥 먹고 있어서는 아니고요

오늘로 딱 열흘 남았단다. 무엇이? 제30회 런던올림픽 말이다. 대입 수능도 아닌데 카운트다운이라니, 텔레비전만 틀면 도저히 모를 수가 없게끔 호들갑을 떠는 각 방송사들을 보시라. 매 프로그램마다 코너 위쪽에 연일 디데이를 기록중이시고, 하루 또 하루 날짜가 마이너스되기 무섭게 메달이 유력시되는 종목을 타깃으로 금이네 따놓은 당상이네 선수들에게 이미 왕관 씌우는 형국이니 어디 부담스러워서 선수들 시합이나 제대로 뛸까나. 물론 나도 올림픽이라면 흥분하는 사람 가운데 하나다. 내 기억 속 첫 올림픽은 지금으로부터 이십팔 년 전인 1984년 LA 대회였다. 초등학교 2학년이던 나는 그때 처음으로 스포츠 경기장에서 태극기가 펄럭이고 애국가가 울려퍼질 때 아무런 목적 없이 절로 쏟아지는 눈물, 그 순수의 뜨거움을 알아차렸던 것 같다. 오늘날 수구는 기본이며 근대 5종까지 올림픽의 전 경기를 빠짐없이 챙겨보게 되면서 나는 1등보다 2등, 2등보다 3등, 그리하여 맨 마지막을 기록한 그 한 사람이 누굴까 순위를 거꾸로 되짚는 습관이 생겼다. 어쨌거나 전 세계에서 어떤 종목에 한해 숫자로 매겨질 수 있는 위치라면 그건 정말 대단한 능력자가 아닌가. 모의고사에서 처음 내 전국 등수를 확인했을 때의 충격을 아직도 기억한다. 그러니 기우로 말하건대 우리 선수들, 메달 놓쳤다고 응원하다 김새지들 맙시다. 선수들의 기량이 기계처럼 한결같은 로봇은 아니니까.

7월 18일 – 초복엔 닭들에게 미안해요

뒤늦게 시작된 비 때문인가, 그래서인지 막상 닥친 오늘을 다소 생경스럽게 맞닥뜨린 것도 같다. 예서 오늘이라 함은 여름 한철을 삼복더위라 할 때 그 시작을 알리는 초복, 아침부터 삑삑 문자메시지가 쇄도하여 봤더니만 나의 살던 동네의 슈퍼에서들 참 친절히도 몸보신하라며 메뉴를 들이대는 것이 아닌가. 포인트 쌓아 휴지라도 받아보겠다고 인적 사항 꽉꽉 써서 내밀기는 하였으나 사은품 하나 돌려받은 적 없이 이사를 다닌 나,

그래도 이런 메시지 덕분에 가끔 나의 살던 집을 추억할 수 있으니 여직 지우지 않은 핑계를 예서 대보게도 되는 것이다. '7. 18. 초복. 생닭과 전복 파격가로 드립니다. 생닭 3480원, 전복 3미 5980원.' 그중 마포에 살 때 단골이던 아파트 상가 슈퍼로부터 전해받은 메시지 속 적나라한 숫자가 유독 거슬렸다. 닭도 전복도 우리처럼 살아 있는 생명이거늘, 죄다 우리가 살리고 우리가 죽이게끔 우리가 만든 세상인 것도 알겠거늘, 아 어찌하여 닭 한 마리의 값이 점심시간에 먹다 버린 원두커피 한 잔 값에도 미치지 못한단 말인가. 너무들 잡아서 너무들 씹어대니 닭이든 돼지든 죽어라 먹인 뒤 죽어라 죽일 수밖에 없겠지. 그나저나 이 순간에 자연 속에 방사된 채 생태의 순리대로 맘껏 뛰놀던 지리산 연곡분교 아이들이 떠오른 연유는 뭘까. 그 옛날 누군지 몰라도 교실을 가리켜 닭장이라 비유한 자, 오 오 아무래도 천재 같다.

7월 19일 – 장난감 나라의 장난

동네에 큰 장난감 가게가 생겼다. 현수막이 얼마나 기차게 펄럭대던지, 게다가 지구상에서 가장 싼 가격을 보장한다는 글

귀가 어찌나 끌리던지, 주말에 함께 들러보자고 약속한 동생을 기다릴 새도 없이 다 늦은 저녁 옆구리에 지갑 낀 채 집을 나섰다. 처음 인터넷 고스톱에 빠졌을 때, 밥 먹는 시간도 아까워 피자에 치킨 시켜가며 컴퓨터 앞에 앉아 화투를 쳐대다 자려고 누웠을 때, 천장 가득 녹색 담요가 깔리던 걸 경험하며 중독이란 단어를 몸소 배웠던 나, 실은 장난감도 마찬가지였다. 내일모레 마흔인데 너 같은 취미 가진 사람 또 있을라고. 혀를 쯧쯧 차며 집안 곳곳에 놓인 별별 장난감들을 한심하다는 듯 쳐다보던 엄마는 나를 도통 이해할 수가 없다는 눈치였다. 지난 이사 때 와인 깨트리고 가구에 홈집 내는 인부들에게는 괜찮아요, 를 연발하면서 엄지만한 낚시꾼 할아버지 인형에 딸린 검지만한 낚싯대 사라졌다고 이삿짐을 죄다 풀어 찾게 만든 게 내가 아니었던가. 역시나 장난감 나라의 장난감들은 환상적이었다. 그러나 값이 꽤 나갔다. 그래도 사들였다. 아니면 주면 될 조카들이 내게 둘이나 있으니까. 집에 와 동생에게 장난감을 찍어 보냈다. 언니 이거 얼마 줬어? 인터넷 최저가 팔만팔천 원인데. 지구상에서 가장 싸다더니 아니 애들 장난감 갖고 장난을 치네. 십삼만팔천 원이 찍힌 영수증을 냅다 휴지통에 버렸다. 엄마한테 들킬새라.

7월 20일 — 한국의 딸은 다 예뻐

텔레비전 앞에 온 가족이 모여앉아 누가 되네 누가 안 되네 아옹다옹하며 시청하던 프로그램이 있었다. 파란 수영복에 사자 머리, 그래 그 미스코리아 대회에 왜들 그렇게 관심이 많았던 걸까. 내 몸의 타고난 주제를 일찌감치 파악한 나는 어릴 적 친구들이 장래희망에 미스코리아 진이요, 써낼 때 단 한 번도 그녀들의 왕관과 봉을 탐해본 적이 없었다. 입꼬리에 경련이 날 정도로 강박적인 미소도 그렇거니와, 무엇보다 옷 다 입고 있는 이들 앞에 죄다 같은 수영복을 입고 서서 평가를 받는다는 게 시쳇말로 영 거시기하단 걸 체득한 고등학교 이후부터는 미인대회 출전자들의 프로필 꿰기로부터 무관심해질 수 있었다. 이후 공중파에서 파란 수영복을 입은 미인들의 행진을 더는 볼 수 없게 되었지만 인터넷상에서 그들의 이력을 면면히 살필 수 있는 기회는 늘어났다. 대회가 시작됨과 동시에 그들의 과거를 좇는 네티즌들의 발 빠른 수고로움에 온갖 사진들이 실시간으로 올라왔기 때문이다. 꼭 이렇게까지 남을 아프게 해야 하나. 온전히 인정은 못 한다 해도 우리 본바탕의 기본기에는 고개 끄덕여주면 어떨까. 성형으로 모두가 바비 인형 되는 건 아니니까.

7월 21일 — 핸드 앤드 백

 어떤 프로젝트의 일환으로 근 일주일 만에 책을 한 권 만들게 되었다. 한국에서 아니 전 세계에서도 유례를 찾아보기 힘든 핸드백, 그 박물관 개관에 맞춰 기념비적인 도서를 한번 남겨보고자 영국과 한국에서 동시 출간을 기획했던 것이다. 핸드백의 역사나 문화 전반을 좇으려면 일단 유럽을 기점으로 삼을 수밖에 없어 선행된 영국에서의 작업을 넘겨받기까지 꽤 오랜 시간이 걸렸다. 우리랑은 다르게 마감하다 말고 휴가 가버리는 영국인들이었으니. 매일같이 손에 드는 게 백이거니와 어쩌다 여자들은, 특히 나는 그에 열광해왔나 책을 계기로 잠시 거리를 두고 생각할 기회를 얻을 수 있었다. 자본주의 시대에 일하는 여성들이 점차 늘어나면서, 자기 이름을 내건 디자이너들이 대거 등장하면서, 이른바 명품의 존재도 분명해지기 시작한 터. 그로부터 오늘에 이르기까지 폭발적으로 성장한 가방 시장을 생각하면 인간의 속성 중 과시가 참 무섭구나 싶기도 하지 뭔가. 누군가에게 보인다는 것, 보여짐으로 해서 평가받고 인정된다는 것, 나도 모르게 편승이 되었다가 비교적 자유로워진 건 스티브 잡스의 늘 같은 스타일 때문이기도 했다. 따르지 말고 따르게 하는 것의 힘이고자 갖고 있는 핸드백 가운데 나로 대변되는 한 개만 빼고 후배들에게 주기로 약속했다. 물론 죽은 뒤에라는 못질은 '쾅쾅!' 나참, 남들이 보면 무슨 시신 기증이라도 하는 줄 알겠지만.

7월 23일 — 나라면 잘랐다

1983년 1월에 시장에서 엄마를 잃어버린 적이 있다. 그때만 해도 바나나가 무지 귀한 과일이라 그거 구경하다 그만 엄마 손을 놓쳤던 것이다. 극심한 공포 속 나는 사람들에 채여 어디론가 자꾸 걸어나갔고 엄마, 엄마 울며불며 두리번거리는데 누군가 내 손목을 잡았다. 엄마 찾아줄 테니까 아저씨 따라 가자. 목소리는 친절했으나 이상하지, 그 자리에서 몸이 돌처럼 굳어서는 발이 떼어지지 않는 것이었다. 내 손목을 움켜쥔 강력한 힘의 공포, 그렇게 얼마간을 버텼을까. 훗날 그것이 야상 점퍼라는 걸 알았고, 그 옷을 입은 아저씨는 경찰과 함께 날 발견한 엄마를 보자마자 쏜살같이 달아나버렸다. 엄마를 찾아준다더니 정작 엄마 앞에서 도망치는 마음 뒤에 무엇을 숨겼던 거냐 말이지. 한동안 저승사자랍시고 내가 그린 전부는 죄다 그 아저씨이곤 했다. 나는 그렇게 악마를 보았던 걸까. 한 시골 마을에 사는 초등학생이 등굣길에 사라졌다는 뉴스를 접한 지 일주일 만에 범인이 잡혔다는 속보를 접했다. 브이 자를 그리며 환히 웃는 사진 속 아이는 주검인 채였고, 정작 우리에게 돌아온 건 성폭력 전과가 있는 사십대의 고물 줍는 아저씨였다. 헌법이 알아서 잘하는지는 내 모르겠다만 어쨌든 어린이를 대상으로 저지른 범죄에 한해서만은 함무라비 법전 속 탈리오의 법칙에 입각하여 다스리면 안 되나. 눈에는 눈, 이에는 이, 우리가 아이의 부모라면 가만있었겠냐고!

7월 24일 — 부끄럽기보다 무서운 나라

어디 무서워서 살겠나. 한여름 공포영화도 아니고 어제오늘 검색어 순위를 장식한 키워드들을 보건대 그 누가 우리나라 좋은 나라라고 했던가 싶다. 살인 강간 강도, 대체 왜 이러는 걸까. 지난달 국가경쟁력 22위로 기록된 게 우리나라라던데 그 뒷자리의 중국, 뉴질랜드, 벨기에보다 뭐가 나아 앞자리를 차지한 걸까. 물론 국부를 늘릴 수 있는 능력의 잠재력으로 보자면 필시 우리는 그 순위를 아쉬워할 만큼 여전히 가능성이 농후한 나라이긴 하다. 국내총생산량이 세계 15위나 되는 경제대국이 아니던가. 게다가 전 세계적으로 1인당 평균 2,193시간이라는 최장 노동시간 1위를 장식한 데 이어 저임금 노동자 1위의 타이틀도 함께 보유하고 있으니 부려먹을 노동력 걱정이야 두말이면 잔소리인 거고. 이렇듯 억지를 쓴 경제는 물론이거니와 스포츠와 문화의 다방면에서 복합적인 성취를 거두고 있는 듯 선전이 한창인 이 나라에서 어제오늘 벌어진 일련의 엽기적인 사건들을 어떻게 설명할 수 있을까. 우리들 마음의 평정을 얻게 하고자 유명 종교인들이 집필한 책들이 베스트셀러를 차지하는 가운데, 그럼에도 나날이 상처 입히고 상처 받는 사람들의 물고 물리는 관계가 계속되는 가운데, 일찌감치 집에 들어와 문단속을 몇 겹이나 해대는 나다. 여름휴가 지나면 혼자 배낭 메고 올레를 걸으며 삶을 다잡아볼 참이었는데, 여하튼 이 나라에 약 뿌려 없앨 벌레 같은 변태 참 많다니까.

7월 25일 — 살아 있다는 재미

더위 안 타는 나도 입버릇처럼 짜증나, 를 연발하게 되는 요즘이다. 해도해도 너무 쪼여대는 볕 때문이다. 더는 내놓을 데 없이 짧게 입은 사람들의 옷차림이 과하다고 눈살 찌푸릴 겨를도 없는 걸 보니 이 여름, 양심도 없다 싶다. 그럼에도 매일같이 밥을 먹고 일을 하고 잠을 자야 하는 반복적인 일상 속의 우리들, 땀 흘리며 씩씩거리며 걷다 문득 묻노니, 당신은 지금 삶의 재미를 느끼고 계시는가 이 말이다. 일을 누가 재미로 하냐 다 먹고 살려는 마당에 뇌 없이 행할 뿐이지. 올해로 초등학교 선생 십이 년째인 친구는 한심하다는 듯 여전히 철이 없다는 듯 전화기 너머로 투정중인 나를 타박해대기 시작했다. 나 봐라, 여덟 살 먹은 초등학교 1학년짜리 아이랑 해라 마라 싸움이 몇 년째인지 아냐? 내 별명 부르고 뒤에서 내 욕할 땐 지금 여기서 뭐하나 한탄스럽고 그런데 걔네들 사내가 되어 찾아오는 걸 보면 말이지, 그게 사는 거다 싶더라고. 왜 혼나는 기분일까, 내가 삶을 두고 너무 과한 욕심을 부렸던 걸까. 내가 하고자 원했던 일을 하고 사는 것만큼 큰 복도 없을 텐데 이렇듯 태생적 서운함은 웬 호사일까. 경복궁역에서 청운동 쪽으로 느릿느릿 걸어가는데 경찰 둘이 서서 어쩔 줄을 몰라하고 있었다. 대낮부터 술에 취한 한 젊은 노숙인이 화단 위에 누워 미친듯이 웃음보를 터뜨리고 있었던 것이다. 벌게진 얼굴로 뭐가 그리 좋은지 그는 세상에서 가장 행복한 사람 같았다. 그래, 인생 뭐 있겠냐고, 그저 웃지요지!

7월 26일 – 불은 끄고 텔레비전만 켤래

일 년 반짜리 세계여행을 떠난 제자로부터 전화가 왔다. 구심점을 파리에 놓고 일단 아프리카로 떠나겠다는 제 결심을 밝힌 녀석은 내일이 그 출정의 날이라며 한국의 폭염이 어느 정도인지를 물었다. 비닐하우스에서 일하던 칠십대 노인 부부가 목숨을 잃었다더라. 사람이 그렇게도 죽는구나 싶더라니까. 무시무시해, 장난 아냐. 전화를 끊고 혹시나 하는 호기심에 녀석이 향하게 될 아프리카의 날씨를 클릭해보았다. 현재 서울 기온 30.4도인 데 반해 이집트 카이로는 38도, 에티오피아의 디레다와가 33도, 모로코의 카사블랑카는 23도, 남아프리카공화국의 케이프타운이 16도를 기록하고 있었으니 이거야 원, 누가 열사의 나라가 곧 아프리카라고 했던가. 자다 몇 번씩이나 깨어 뒤척거리는 와중에도 끝끝내 에어컨은커녕 선풍기도 틀지 않았다. 뭔가 꺼림칙하면서 불안한 마음이 자꾸만 들어서였다. 연일 뉴스에서는 전력 수급에 빨간불이 들어온 상황이라며 절전을 캠페인처럼 내걸고 있었다. 남은 긴긴 더위에 느닷없이 전기 똑 떨어지면 어쩌나, 땅을 파나 벽을 뚫나 그래서 충전된다면 삽질깨나 하겠건만 그게 무슨 수라고 나도 참. 점심에 어쩌다 이리 애국자가 되셨냐고 누군가 물었다. 런던올림픽 시작해서 새벽까지 시청한다고 생각해봐. 텔레비전만 보겠어? 온갖 야식 배달부들 밤새 갖다 나르지 않겠어? 치킨도 전기가 들어와야 튀기고 보쌈도 전기가 들어와야 삶아지는 법이거늘.

7월 27일 ─ 네티즌 공화국

가끔 야구 중계를 영상 대신 네티즌들의 댓글로 볼 때가 있다. 경험해보신 분들 꽤 되지 않을까 한다. 왜냐? 완전 재밌는 까닭이다. 백일장 심사 때나 논술 채점시에 혀를 끌끌 차며 획일화된 교육으로 상상력의 고갈이다 뭐다 질책하기 바빴던 것에 비하자면 이 기발한 발상들이 어디 숨었다 이제 나왔나 가히 뒤로 자빠질 적 한두 번이 아니다. 왜일까. 일단은 익명이 힘이겠지. 닉네임 뒤에 숨어 제 본명을 가리자면 욕하기도 약올리기도 얼마나 쉬운가. 그 즉흥성에서 그 적극성에서 천편일률적인 온갖 비유로부터 탈피가 되는 것 또한 분명할 테고 말이다. 부끄럽지만 나도 가끔 포털 사이트에서 내 이름을 검색해보곤 한다. 떨칠 유명세랄 게 없으니 어떤 관리의 수단이라기보다 순전히 호기심의 발로에서다. 몇 해 전인가 한 낭독 행사에 참석해 시를 읽은 적이 있다. 나는 그저 수줍게 내 시나 낭독했을 뿐인데 누군가 제 블로그에 후기랍시고 내 하반신만 찍은 사진을 올려두고는 이렇게 멘트를 날리지 않았겠는가. 저렇게 두꺼운 다리를 내놓고 치마를 입을 수 있는 시인의 용기에 박수를! 순간 귀까지 빨개지는 부끄러움이 먼저였고 그다음은 자각이었다. 그로부터 한동안 치마를 입지 못했다. 오늘 하루도 여성들의 사진과 영상을 귀신같이 찾아내 올리는 네티즌을 보는데 왜일까. 이제는 부끄러움 대신 용기와 박수라는 단어를 끌어안게 되는 나다.

7월 28일 – 엄마 앞에 우리는 영원히 휴가중

휴가란 무엇인가. 말마따나 뒤집어진 물방개처럼 가만 누워 있는 거 아닌가. 어렸을 때 나는 식구들과 함께 계곡 같은 데 놀러가 치던 텐트의 낭만을 몹시도 귀찮아하는 어린이였다. 아니 멀쩡한 집 놔두고 왜 밖에서 못 자 안달인 거람. 집에 두고 온 만화책을 못 읽어서 라디오를 못 들어서 짜증을 낼 때 엄마는 무얼 했나 하면 한쪽에서 삼겹살을 굽고 또 한쪽에서는 닭을 삶곤 하였다. 여름은, 휴가는, 이렇듯 보양을 하며 흘린 땀을 보충해야 한다나. 엄마는 반드시 도축한 지 얼마 안 된 돼지고기와 갓 잡은 토종닭이어야 한다면서 단골 정육점과 닭집 사장님에게 우리집 휴가 날짜를 미리 알려주곤 했다. 너무 일찍 잡아서도 안 되고 너무 닥쳐서 잡아서도 안 된다는 엄마의 까다로운 당부라니. 나라면 귀찮아 절대로 안 했을 길에서의 부엌 차리기를 마친 엄마는 모두를 위해 땀을 뻘뻘 흘려가며 요리했다. 수육은 수육대로 백숙은 백숙대로 김이 솔솔 피어오르는 솥 가까이 가족들이 모여들 때 절로 그려지던 동선 가운데 우리들의 얼굴은 기름기로 번들거렸다. 그렇게 한데 엉켜 먹고 놀고 자는 동안 그저 속절없이 시간만 갔다 싶은데 휴가라는 말 앞에 추억이 비눗방울처럼 방울방울 부푼다. 이 힘으로들 우리는 저마다의 어린이를 놓지 않고 끝끝내 내일로 데려갈 수 있는 거겠지. 생각해보니 그때 엄마는 수육도 백숙도 한 점 먹은 기억이 없다.

7월 30일 – 스포츠는 살아 있지, 그럼

올림픽이 시작됐다. 시차 때문에 밤을 낮처럼 보내고 빨간 눈동자로 아침을 맞게 되었다지만 뭐 괜찮다, 다 괜찮다. 매일 밤 영화와는 비교할 수 없이 스펙터클한 인간사를 여러 스포츠를 통해 관람할 수 있으니, 그리하여 사람이라는 종의 다양성을 이해하게 하는 이런 기회가 어디 그리 흔할까. 물론 올림픽의 이면을 들여다보자면 쌍수를 들고 환영할 수만은 없는 여지가 너무나도 많다. 철저하게 유럽 중심에 돈과 권력의 논리로 돌아가는 또다른 이름의 전쟁이기도 하니 말이다. 그럼에도 내가 작정하고 전 종목을 다 보겠다고 덤빈 이유는 하나다. 우리들이 몸을 쓸 때 절로 맺히고 절로 쏟아지는 땀과 눈물, 그 가식 없고 거짓 모르는 결정체의 순도에 턱없이 감동받고 싶어서다. 그나저나 이리저리 채널 돌려봐도 보고 또 보고의 연속이다. 저마다 인기 해설자에 미모의 아나운서에 맞춤옷에 용을 쓰는 듯싶은데 왜 모든 채널이 인기 있는 종목들만 전담 마크하여 중계하는 걸까. 공평하게 추첨을 해서 방송사가 모든 종목을 나누어 소개하면 안 되는 거였나. 남자 양궁이 우크라이나와 8강에서 격돌하는데 문득 우크라이나, 라는 나라 이름이 무슨 뜻인지 궁금해지는 것이었다. 10점 쏘면 좋겠습니다, 저력을 믿습니다, 같은 안 해도 될 말 말고 이런 호기심 풀어주는 해설자 어디 없나. 스마트폰으로 검색하니 변두리, 라는 뜻풀이가 나왔다. 아무래도 내가 사람한테 바라는 게 큰 모양이다.

7월 31일 – 역사는 어려운 것

모히토가 참 맛난 집이 있어 땀을 뻘뻘 흘리며 찾아왔거늘, 감쪽같이 사라졌다. 어깨에 힘 잔뜩 들여 일행도 우르르 데려왔거늘, 난데없이 곱창 연기가 웬 말이냐고. 자고 나면 없어지고 자고 나면 생기는 게 이렇듯 홍대 앞 가게들이다. 커피가 괜찮아서, 옷이 입을 만해서, 커트 솜씨가 타고나서, 단골로 삼아야지 하고 흡족한 마음으로 주인과 인사를 트고 난 뒤 다시 찾았을 때 간판 내린 집이 어디 한둘이었어야 말이지. 그들은 그 안을 장식했던 커피잔이며 옷이며 파마 도구를 다 챙겨 어디로들 가버렸을까. 저마다 사정이 있었겠으나 터무니없이 올라버린 월세를 감당할 만큼 장사가 잘되지 않은 것만은 분명했을 거다. 돈을 벌었다면 대낮에 증축을 했겠지 야밤에 간판을 내렸겠냐고. 곱창이 대세면 곱창, 막걸리면 막걸리, 한집 건너 고기 냄새, 술냄새를 풍기너니 요즘의 대세는 커피인가보다. 한집 건너 커피집인데다 그마저도 연예인을 내세워 대대적인 체인점 세우기에 혈안인 걸 보면서 원두만큼 남는 장사도 없다 싶은 게 나도 한번쯤 뛰어들고픈 마음이 들기도 하는 것이다. 그 옛날 할머니의 표현대로 돈 주고 먹으라고 해도 안 삼킬 이 쓴 물, 이 검은 물에 우리는 어쩌다 중독이 되었을까. 스페인에 갔을 때 줄줄이 이어져 있던 카페들을 기억한다. 모두가 작은 에스프레소 잔을 앞에 두고 깊은 대화 삼매경이었지. 물어보니 백 년도 더 된 카페들이 오히려 흔한 거라나. 불현듯 그곳에 가고 싶다 했을 때 그 자리에 있어주는 미덕, 아 돈 많으면 내가 부리고 싶다니까요!

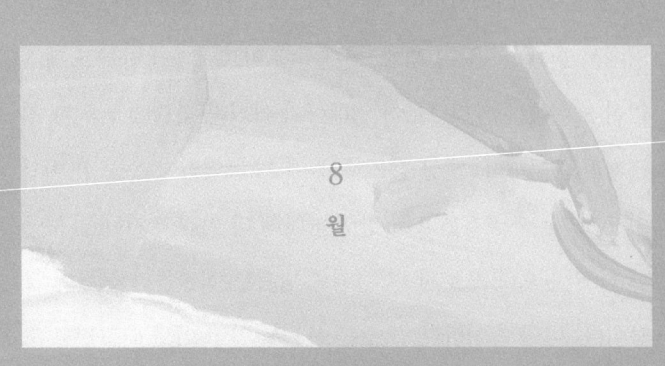

8
월

8월 1일 - 우리의 일 초는 살아 있었다

새벽에 맥주 두 캔을 땄다. 도저히 그대로는 잠 못 들 것 같아서였다. 애초에 유럽인들이 시작한 잔치가 올림픽임은 내 알겠으나 사람을 초대했으면 어떤 손님이든 누구나 공평하게 대접을 해야 하거늘, 세상에 우리가 호구냐고! 만만에 콩떡인 나라가 스포츠 강대국인 것이 배 아파 그리 장난질들인가, 첫날 수영에서 둘째 날 유도, 셋째 날 펜싱에 이르기까지 하루도 빠짐없이 오심에 시달리다보니 열대야가 아니라 화병에 골치가 지끈거리는 듯했다. 펜싱 검을 손에 쥔 채 하염없이 우는 한 여인이 있었다. 잘 공격했고 잘 방어한 탓에 다 이긴 경기란 걸 누구나 다 알았으나 오로지 그 경기를 망봤던 심판들만 몰랐던 모양이다. 이미 죽어버린 일 초를 붙들고 안고 어르고 그것도 모자라 어떻게 한번 살려보겠다며 서로 머리 맞댄 채 뭐라 흥분하며 떠들어대는 응급처치 속에 그 일 초의 죽음이 더 부끄러워지는 걸 왜 모르냐고. 판정은 번복되지 않았고 한 여인은 하염없이 눈물만 흘려댔다. 얼마나 억울했을까. 나 같으면 곡을 하고 욕을 했을 텐데 관중석으로부터 구경거리처럼 시선이 한데 꽂혀서는 일어났다 앉았다 울었다 그쳤다 그렇게 홀로 내쳐짐을 여지없이 증명해 보인 한 여인, 과연 누구의 상징이겠는

가. 입맛이 썼다. 내가 심판이라면 그 자리에서 머리 숙여 아까는 잘못 봤습니다, 죄송합니다, 했으련만 아직 모르시나보다. 때론 바닥까지 떨어뜨려야 되살아나는 게 진짜 권위인 것을.

8월 2일 — 초지일관이란 화두

중학교 3학년 때 반 친구 중 하나가 핸드볼 선수였다. 국가대표를 여럿 배출할 만큼 그 역사가 깊었던 핸드볼 부에서 친구는 최전방 공격수를 맡고 있었다. 짧다못해 밀다시피한 커트 머리에 늘 트레이닝 차림이었던 친구는 보통 2교시 정도가 끝난 뒤 쉬는 시간에 드르륵 문을 열고 교실에 들어서곤 했다. 누구도 왜 이제 왔어?라고 묻지 않았다. 다만 쟤 이제 왔구나!라고 무심하게 쳐다볼 뿐. 키가 엇비슷했던 탓에 맨 뒷자리에 나란히 앉았던 우리는 짝이었으나 별반 많은 얘기를 나누지 못했다. 친구는 의자에 앉자마자 책상에 엎드려 잠들었으니까. 어떤 날은 그 자세로 6교시 후 청소 시간까지 꿈나라이기도 했으니까. 운동하는 친구들은 운동만 해야 한다는 인식이 당연했던 탓에 친구의 시험지가 백지여도 선생님은 牛중하지 않았다. 다만 반 평균을 깎아먹는다고 짜증을 내셨고, 우리들은 오로지 체육 시간마다 빼어남을 자랑하는 친구의 몸놀림에 벌어진 입을 다물지 못하곤 했었다. 우리가 헉헉거리며 겨우 운동장 두 바퀴를 돌 때 이미 다섯 바퀴를 다 돌고 여유로이 세수를 하고 머리에서 물을 뚝뚝 흘리던 그때 그 친구. 핸드볼 경기 때마다 체육관으로 응원을 가면 멋진 슛 감각에 반해 내 짝이야, 자랑하다가도 학교로 돌아오면 내 공부에 바빠 차라리 자라, 무심했던 나. 올림픽에서 승승장구인 여자 핸드볼 보는데 문득 그 친구 생각이 났다. 올림픽 끝나면 우생순, 또 잊을 거면서.

8월 3일 — 누가 보면 질투라 하겠지만

인터뷰이와 인터뷰어 둘을 다 경험해본 결과 '어쨌거나 사람이 먼저다'라는 자명한 결론을 받아들이게 됐다. 어떤 가시적인 성과도 좋지만 그것으로 누군가 한 축이 상처를 받는다면 그건 결코 잘하고 장한 일이 아니라는 생각, 그래서 잡지사 기자를 할 때 귀신같이 특종을 팡팡 터뜨리는 동료에 비해 무능하단 지적도 받았으나 후회는 없다. 시간이 지나고 보니 그렇게 누군가를 까발렸다 한들 그것이 누구를 위한 일이고 무슨 소용인가 싶은 회의가 더 깊어졌으니 말이다. 온 나라가 올림픽에 미쳐 있으니 나 역시도 그 광기 어린 회오리에 휩쓸리지 않을 수 없을 터. 이리저리 채널을 돌리다 '허걱' 하고 놀랐으니 숨을 헐떡 몰아 쉬는 박태환 선수에게 들이댄 마이크 때문이었다. 경기를 마치고 나오자마자 납득할 수 없는 실격이니 어리둥절한 표정인 것도 온당하고 그래서 어느 순간 미아처럼 두리번두리번 제 현재로 돌아오기까지 흔들리는 그에게 생뚱맞은 인터뷰는 대체 뭐라니. 사람의 진심을 이끌어내는 건 또한 그만큼의 진심이거늘, 그 무게를 재고 그 질량을 가늠하는 건 무엇보다 센스이거늘. 왜 우리에게 그런 감각의 소유자는 흔하지 않단 말인가. 영국이 모자의 나라이긴 하나 오로지 저 예뻐 보이는 걸 좇다 딤섬통을 뒤집어썼다는 악평을 들은 아나운서가 있어 작정하고 지켜봤다. 올림픽 뉴스는 안중에 없고 거울아, 거울 속 자기를 뉴스 삼기 바빴다 하면 이는 나의 괜한 트집이려나.

8월 4일 – 얼굴 보고 얘기하자고요

소설 쓰는 선배가 악성 댓글로 고생하는 걸 봤다. 애들 장난이려니 마음 쓰지 말라고 했으니 막상 들어가보니 절로 눈살이 찌푸려지는 게 아물지 않은 상처에 굵은소금을 뿌리는 듯한 정도의 강도였다. 차라리 모르는 이라면 그러거나 말거나 외면해도 좋으련만 글 면면이 학교에서 수업을 들은 아이들의 소행으로 보이니 배신감과 그로 인한 치욕이 더욱 컸을 터, 결국 지인들은 글 작성자를 잡아보자는 결론에 이르게 되었다. 무엇보다 사실이 아닌 허위사실 유포는 범죄와도 같으니까. 사이버수사대에 신고를 하면 수월할 수도 있겠으나 모두가 작성자를 잡고 난 뒤 혹여 잘 아는 친구일까봐 하는 그 맞대면을 우려하기 시작했다. 나 역시도 그런 경험이 있었다. 예고 수업을 나갈 때 한 반이던 다른 친구가 승승장구하는 걸 보다못해 나한테 괜한 화풀이를 해댔던 것이다. 편애하는 학생과 고스톱을 짜고 쳤네 뭐네 온갖 욕설과 함께 성적인 비방까지. 문자를 보낸 이는 숫자 0000에 기대 자신을 숨겼다지만 하루 만에 난 그 녀석을 잡아들일 수 있었다. 곧 형사가 학교에 도착할 거다, 라는 말 한마디에 무릎을 꿇고 싹싹 빌던 열일곱 소녀. 정말 청춘은 이렇듯 모두를 아프게 하는 이름일까. 선배에게 내 경우를 얘기했고 경찰 운운 몇 마디에 가장 악의적이고 악랄했던 글 몇 개가 얼마 안 되어 사라지는 걸 목도했다고 했다. 어쨌거나 불만 가득한 사람 조만간 밝혀지게 생겼다. 하필 이 여름이 너무 더운 관계로 용서 못 받게 생겼다. 쌤통!

8월 6일 — 올림픽이 내게 가져다준 것

올림픽도 이제 중반에 접어들었다. 누군가 물었다. 결과만 알면 됐지 굳이 그렇게 밤잠 설쳐가며 전 경기를 다 볼 것까지야 있냐고. 천만의 말씀, 스포츠는 결과보다 그 과정 가운데 내 삶을 반추하게 만드는 힘이 작용함을 왜 모를까. 우리 모두 어차피 죽을 운명인데 왜들 이렇게 악착같이 살아가는지, 알다가도 모를 이 운명의 수레바퀴를 스포츠가 몸소 굴려 증명해 보인 적 어디 한두 번이던가. 그래서인지 나는 공부 잘하는 친구보다 운동 잘하는 친구를 신뢰했던 것 같다. 초등학교 때 멀리뛰기 선수였던 나는 같은 육상부에서 높이뛰기 선수였던 한 녀석을 졸졸 따라다닌 적이 있다. 가난했고 말랐고 말수가 없는 데다 반 꼴찌여서 내 관심을 더 끌지 않았나 싶다. 복사뼈를 다쳐 일찌감치 운동을 그만둔 나와 달리 체육중학교에 특기생으로 입학한 녀석을 다시 만난 건 그로부터 몇 년 뒤 전국체전이 열리던 공설운동장에서였다. 응원단으로 관중석에 앉아 있던 내가 경기 전 운동장에서 몸을 풀던 녀석을 발견했던 것이다. 그 순간 나는 운동장을 향해 미친듯이 뛰었고 너 지금 왜 달리냐, 라는 자문을 던졌을 때야 비로소 발을 멈출 수 있었다. 그나저나 육상 경기 보다 말고 첫사랑 타령하는 나는 뭐라니. 어쨌든 국가대표로 올림픽 출전하면 따라가서 응원하겠다는 내 편지를 아직 안 버렸다는 녀석은 지금 인천에서 미용실을 한다. 공짜라도 차마 거긴 못 가겠는 내 심정을 녀석은 알까.

8월 7일 — 예전엔 미처 몰랐어요

친하게 지내는 한 선배 언니와 저녁을 먹다가 둘의 입에서 요즘 애들이란 표현이 튀어나오기에 웃었던 기억이 난다. 우리도 한때 요즘 애들이라 불린 적 있으니 그만큼 나이가 들었다는 증거이리라. 다행히 둘 다 나이들어가는 게 오히려 더 좋다고 하는 사이라 주름이고 보톡스고 그건 남의 집 사정으로 미뤄둔 채 안타까움에 혀 차는 일만 늘어놓다보니 요즘 애들이 그 선두에 서더란 말이다. 특히나 대학교수인 언니는 입학하자마자 학자금 대출로 빚쟁이가 되어버린 아이들이 대학 4년 내내 돈, 돈, 돈타령만 하다 청춘을 허비하는 게 우리 때와는 너무도 다른 양상이라며 어디 애들이 일할 만한 자리가 없는지 내게 조심스레 취직 부탁을 해왔다. 글쎄, 언니 제자라면 나도 믿고 노력해보겠는데 요즘 도통 신입을 안 뽑으니 원. 평점과 외국어

점수는 얼마이고 자격증은 어떤 것들이 있고 무엇보다 당장 돈을 벌지 않으면 신용불량자가 되는 간곡한 사정이라는 것까지는 이해는 하겠는데 그 아이가 책을 만드는 사람으로 어떤 준비를 간절히 해왔는지에 대해서는 알 길이 없으니 나도 묵묵부답일 수밖에. 어쨌거나 우린 헛되게 돌아가는 세상에 돌이라도 집어던질 여유가 있었고, 수업을 빼먹으면서까지 이별에 아파하는 자기 자신에 충실할 줄 알았고, 의리로 무장한 우정을 지키려고 도서관보다 술집을 전전하던 낭만을 최고로 여겼던 바, 그 좋은 걸 요즘 애들에게서 뺏은 건 대체 누구란 말인가.

8월 8일 – 일단 뛰어보고 얘기합시다

말복도 지났고 입추도 지났는데 그러거나 말거나 나무에 매달려 쌔쌔 울어대는 살찐 매미처럼 쨍쨍한 한여름이다. 휴가를 다녀온 이들이 차례차례 복귀하고 하반기 기획안을 하나하나 제출하기 시작해야 할 이때에 나는 언제 어떻게 쉬어야 하나를 고민중에 있다. 일을 잘하는 것만큼 쉼을 잘하는 것도 능력이라는데 나는 왜 눕기만 하면 미처 다 하지 못한 업무로 한숨 폭폭 쉬며 이부자리를 차고 일어나는 걸까. 그렇다고 남들처럼 돈이 되는 책을 가래떡처럼 쭉쭉 뽑아내지도 못하는 주제에 왜 이렇게 '척' 일색일까. 내 나이의 친구들은 철철이 부모님 모시고 근교로 나가 장어도 구워드리고 계곡으로 물놀이도 가고 보약도 뜨끈하게 지어 팩 서비스 한다는데 나는 어쩌자고 별모레 사십 줄이면서 엄마가 해다주는 게장이나 취나물이나 침 떨어지게 기다리는 걸까. 모두가 재미로 사는 건 아니겠지만 자꾸만 먼산바라기를 하게 되지 뭔가. 나를 아침에 가뿐히 일으키게 하는 힘, 나를 점심에 신나게 밥 사먹게 하는 힘, 나를 저녁에 개구리 울음소리 반주 삼아 야근하게 하는 힘, 다들 어디서 어떻게 그 뿌리에 물을 대게 하나. 내가 풀 죽으면 팀 아이들이 물풀이 되거늘, 어떻게든 몸에 풍선을 달아보려는데 그보다 더 가벼이 날다 매트에 꽂힌 체조선수를 봤다. 날기 위해서는 겁나게 뛰는 발이 있어야 함을, 벌렁 드러누워 에어컨 빵빵 틀어놓고 잠드는 나날 속 나, 배불렀다니까.

8월 9일 — 그래야 부자되나봐

작년인가, 장마철 큰비에 쉬지 않고 내리치는 번개에 아파트 엘리베이터가 곧잘 고장나곤 했다. 삼사층만 되어도 오르락 내리락 무슨 걱정이랴, 점검중이라는 빨간 글자만 봐도 화들짝 놀라는 것과 동시에 욕지기가 치민 건 즐거운 나의 집이 이십 층 꼭대기에 자리하고 있었기 때문인데 가만, 계단 수를 한 층에 열 개만 잡아도 어림잡아 이백 개는 디뎌야 한다는 계산 아닌가.

  밖에 폭우는 쏟아지지 오줌보는 터질 것 같지 그렇다고 남의 집 대문을 두드릴 수는 없고 망설임 끝에 가방에 쇼핑백에 택배 박스에 우산까지 바리바리 챙겨 계단을 밟기 시작했을 때, 누군가 중도에 멈추면 꼼짝할 수가 없다고 한 말이 떠올라 이를 악물고 집에 들어섰을 때, 신발장 앞에 토하고 만 내가 있었다. 아 알 밴 내 다리여, 아 폭발 직전의 내 심장이여. 어릴 적 비 오는 날이면 운동부 선수들은 운동장을 뛰는 대신 계단 오르내리기로 그 훈련을 대신하곤 했다. 그만큼 운동량이 어마어마한 훈련법이기도 하거니와 노약자에게는 절대로 엄금할 이 걸 글쎄 주민은 패스, 배달사원들은 의무라 써붙인 강남의 아파트가 있다지 뭔가. 새벽에 신문을 기다리다 툭 던져지는 소리 들리기 무섭게 문 열었다가 아주 앳된 소년의 눈망울과 마주했던 기억이 난다. 망 안에 우유를 번갈아 넣어주던 장애인 부부와도 인사 몇 번 나눴었지. 그들로 인한 전력 낭비가 얼마나 되는지 전공이 전기인 아빠한테 한번 물어나볼 참이다.

8월 10일 — 한 사람을 탓하려네

 야근을 할 작정에 저녁 두둑 챙겨먹고 산책에 나섰다. 해질 녘 얼마만의 바람인지 길 따라 걷지 않을 수 없던 터, 간만에 참 사람 인자로 살아보는 기분이었다. 이 여름 얼마나 뜨거웠던가. 또 얼마나 시끄러웠던가. 모두가 한목소리로 덥다 하고 모두가 한목소리로 오 필승 코리아를 외치는 탓에 정작 낼 수 없던 숨은 또 한 목소리가 고요한 가운데 비로소 들리는 듯했다. 어차피 지나갈 여름이고 어차피 끝날 올림픽인데 왜 이렇게 매달렸던가. 그사이 연둣빛 녹조로 뒤덮인 강이 우리의 발아래까지 치고 올라왔다. 물색은 간데없고 연잎밭이라 착각할 정도로 강은 더이상 강이라 부름직한 것이 아니었다. 코를 찌를 듯한 악취를 무기로 완강히 강이길 거부하는 그 죽은 물빛 앞에서 슬픔이 밀려왔다. 이 와중에 사대강 때문이 아니라는 궁색한 변명은 왜들 늘어놓는 걸까. 사업이랍시고 강을 건드렸으니 이 모양이지 강이 저 혼자 더위 먹고 미쳐 부리는 행패란 말인가. 전 국토가 바짝 말라가는데 비 소식은 없고, 경제 위기는 곧 밀어닥칠 거라는데 빚쟁이 국민들이 대부분이고, 어이없이 죽어가는 사람들 많은데 죽고 나서야 경찰들은 바쁘고, 용역깡패란 말도 안 되는 직업의 소유자들이 어떻게 폭력으로 자유로울 수 있는지 그걸 써먹는 대기업의 자손들은 윤리를 삶아 잡수셨는지, 대통령은 요즘 밤에 숙면 취하시려나. 아 맞다, 형님이 감옥 가도 대국민사과를 까먹는 분이셨지.

8월 11일 — 뒤로 걷기의 건강법

샤프보다 연필, 볼펜보다 만년필을 즐겨 쓰는 나는 책도 비교적 새 책보다 헌책을 선호하는 편이다. 오죽했으면 대학 입학하여 산 사천오백 원짜리 개정판 발레리 시집을 학교 선배의 칠백 원짜리 초판과 바꿨을까. 그것도 짬뽕에 이과두주를 두 번씩이나 사주면서 말이다. 취향의 문제인지 꺼칠꺼칠한 종이에 활판으로 인쇄가 된 옛 책들 앞에서 뭔가 더 깊은 사유의 통로를 발견한다 싶었던 나는 요즘도 한 달에 한두 번은 인터넷 헌책방을 애용하곤 한다. 특히나 지금은 망하고 없는 출판사의 그러나 여전히 존재하는 책들, 우리들 시간이 가거나 말거나 제 시계 속에 여전한 뜨거움으로 살아 있는 책들의 그 연륜을 덥석, 손에 넣을 수 있기 때문이다. 인터넷 헌책방을 통해 내가 어떻게 책을 사들이나 가만 보니 일단은 출판사 검색부터 해대는 걸 알았다. 검색 조건에 이 출판사 저 출판사 이름을 무의식적으로 쳐 넣곤 하는데 놀랍게도 매번 그 순서가 엇비슷하더란 얘기다. 좋아한다는 건 다시 말해 신뢰한다는 것, 어떤 재료로 어떤 음식을 만들든 다 맛있을 거란 기대 속에 밥상 앞에 앉게 하는 엄마처럼 내가 즐겨 찾는 출판사의 힘 또한 그러함을 알았다. 오늘도 나는 새로운 필자와 새로운 책을 만나고 만들기 위해 길 위에 있다. 하늘 아래 새로운 것이 있다는 착각으로 내일로 모레로 계속 나아가는 우리들, 얼마만큼 멀리 왔는지는 간간 무궁화꽃이 피었습니다, 놀이하듯 뒤를 돌아봐야 하지 않을까.

8월 13일 － A형 스타일

단잠에 빠져 있는 일요일 오후, 그래도 점심은 먹고 자야지 하고 날 깨우는 사람이 있다면 앞집 아저씨다. 색소폰을 어찌나 힘껏 불어대시는지 청소기 속으로 빨려들어가는 악몽을 몇 번이나 꾸었는지 모른다. 처음 이사를 올 때 집주인 아줌마도 팁처럼 알려주시긴 했었다. 얼마나 싸웠는지 몰라요, 음악에 음자도 모르면서 **빡빡** 불어대면 다 예술인 줄 아나, 정말이지 괜찮으시겠어요? 그럼요, 저야 뭐 집을 거의 비우는걸요. 털털한 척 가뿐히 계약서에 도장 꾹 찍은 죄로 버텨온 나날 속에 올림픽 기념 대회라도 참가하시려나, 8월 들어 하루도 빠짐없이 들려오는 음정 뒤틀린 〈대니 보이〉에 날은 덥지, 여자 핸드볼도 졌지, 나는 그만 신발장 서랍 속에서 망치를 꺼내들 수밖에 없었다. 공연히 못 박을 데도 없는데 못 있던 자리에 못 꽂고 두드려 박기라도 반복해야 울화가 덜 치밀 것 같아서였다. 층간 소음이 이래서 살인을 부르는구나, 절대로 남에게 피해는 주지 말고 살자 결심하는데 경비실에서 인터폰이 울렸다. 아랫집에서 신고가 들어왔다는 거였다. 앞집이랑 마주치기만 해봐, 내가 보청기 사내라고 삿대질 할 거다, 하며 음식물 쓰레기를 든 채 엘리베이터 앞에 섰는데 벌컥 앞집 문이 열렸다. 모시한복에 검은 선글라스를 낀 민머리의 할아버지와 나란히 엘리베이터에 오른 나, 할말은 한다더니 예, 예, 이해합니다, 가 대체 뭐니. 그러고 보면 나는 참 가식적이야.

8월 14일 – 말을 배워야 말을 이긴다

폭염과 함께 올림픽도 끝났다. 밤낮 바뀐 채 새벽마다 무슨 이벤트가 있는 듯 먹을거리 바리바리 싸든 채 설레하며 집에 들어가던 재미도 이제 더는 부릴 재간이 없다. 인터넷 동영상이 이십사 시간 풀가동이니 예전처럼 재방송 기다릴 일도 없고 휴가에서 돌아오는 족족 일터로 복귀하는 동료들과 더불어 맞닥뜨려야 하는 업무의 생얼이라니. 일도 일이라지만 저마다 바라본 올림픽의 이모저모를 총평하는 가운데 축구 얘기가 나왔다. 그러니까 동메달을 따던 그날 일본과의 경기가 올림픽의 거의 다라는 듯 누가 잘했느니 누가 못했느니 서로 해설자라도 되는 양 전문적이게 떠드는 와중에 내가 툭 이렇게 질문을 던졌다. 경기장에서 우리 선수들 심판들에게 어필할 때 영어로 할까? 주장 완장을 찬 구자철 선수의 입 모양으로 보건대 왜? 왜? 왜?라는 물음이 그려지던 바, 해외파 선수들이야 그렇다손 치더라도 격한 흥분 속 우리 선수들 제각각 어필을 어떻게들 하는 걸까, 비단 축구뿐 아니라 여타의 경기에서도 그게 그렇게 궁금하더란 말이다. 심판들의 오심이다 편파판정이다 말이 많았던 대회 내내 나는 사람을 납득시키는 일이 얼마나 어려운가, 말이 통한다는 게 얼마나 사람에게 자신감을 불러일으키게 하나 또 한 번 여실히 느끼게 되었다.

8월 15일 – 독도는 우리 땅이지, 암만

 새털같이 많은 날이 있었음에도 왜 하필 지금에서야 그 땅을 밟았나, 그렇게 뒤늦게 흙 다시 만져보니 바닷물도 춤을 추던가, 국민들 모두가 기도하는 심정으로 일본과의 축구 일전을 기다리던 어느 날, 뒷북처럼 독도에 올라 내 땅 찜 퉤퉤 하시는 분이 계셨기에 진심으로 묻고 싶은 오늘이다. 왜? 광복절이니까! 벌써 예순일곱번째 기념일, 해방둥이 아빠도 그러고 보면 내일모레 칠순. 칠십 평생이란 말이 있으니 독립된 조국으로 살아온 세월이 한 사람의 생애이기도 하거니와 그런데 왜 우리는 아직도 위안부와 쇠말뚝과 독도와 야스쿠니라는 단어의 귀에 못 박임 속에 살아가나. 정말 과거란 청산되기 힘든 나이테일까. 십 년 전, 한 일본인과 처음으로 얘기를 나눌 기회가 있었다. 양국을 배경으로 한 영화 시나리오 작업을 함께하게 되었던 터라 글 속에 반영된 각자의 세계관을 들여다보게 되었는데 일본을 바라보는 내 시선이 꽈배기처럼 배배 꼬인 데 반해 그는 정말이지 찰진 밀가루 반죽처럼 우리를 끈끈히 대하는 듯했다. 이것이 바로 뇌수까지 물든 어떤 잔재의 슬픈 뒤끝일까. '독도는 우리 땅'이라 적힌 문구를 들고 축구장을 뛰었던 박정우, 내 땅을 내 땅이라 말하는 게 무슨 죄라고 정치적인 의도 운운

하나. FIFA에 적극적인 해명을 했느니 이해를 시킬 거니 아 짜증나, 그러니까 왜 그분은 하필 그 타이밍에 독도에 가서서 일을 키우셨냐고요!

8월 16일 — 파주 살러 간다

 근 팔 년 동안 여섯 번이나 이사를 하게 되면서 저축할 새도 없이 이사 비용으로 꽤 많은 돈을 거리에 뿌려야 했지만 그 대가로 얻은 성과라면 내가 무엇을 좋아하고 내가 무엇을 싫어하는지 분명히 알게 되었다는 점이다. 내가 나를 모르는데 난들 너를 알겠느냐, 한 노래의 가사가 점점 이해되는 요즘, 노트에 적힌 메모들을 따라 나를 유추하다보니 서울 한복판에서 나는 더이상 살 수가 없었겠구나, 운명처럼 어떤 안도를 하게 되더란 말이다. 산책을 좋아하나 길을 나서는 순간 쇼핑하기 좋은 몸으로 바뀌던 나, 꽃과 나무를 좋아하나 베란다에 빽빽이 화분들을 채우고 돌아서면 죽은 놈들 갖다버리기 바빴던 나, 무엇보다 이 차, 저 차 다양한 차들의 홍수 속에서 휴대폰 액정이나 들여다볼 뿐 논과 밭의 변모하는 이 색 저 색 사계절 앞에 매번 감탄하고 싶었던 나, 그래서 파주로 가게 되었나보다. 서울에서 벗어나는 즉시 서울로 다신 입성할 수 없다고 겁을 주는 선배들도 있었다지만, 내가 여전히 이해할 수 없는 부분이 있다면 강남 토박이를 자처하며 아주 오래된 아파트를 특권처럼 내세우며 사는 이들이다. 나 같으면 그렇게 좁고 그렇게 낡은 집을 그렇게 비싼 돈 줘가면서까지 살지 않을 텐데 뭐 저마다 살아가는 방식이 다 다르니까, 하여 나는 치커리랑 상추 모종이나 사러 갈 참이다. 집 앞 텃밭에 쑥쑥 키워 북북 뜯어 먹으려고. 변비는 내가 싫어하는 것 가운데 일등이거든.

8월 17일 – 이것도 취미라고

아침저녁 바람 참 좋다 싶어 창문 활짝 열고 나다녔더니만 어디선가 못된 벌레 한 마리 집안에 날아든 모양이다. 발가락을, 허벅지를, 어깨를 물더니만 급기야 이마를 공략해버린 놈 때문에 퉁퉁 부은 얼굴로 몸 구석구석 긁어대며 저녁을 먹는데 후배가 그러는 거였다. 예의도 없이 얼굴을 물다니, 그래도 눈두덩을 물지 않은 게 얼마나 다행이에요. 하여튼 손에 잡히기만 해봐라, 깻가루처럼 당장에 으깨버릴 기니까. 집에 놀아와 창문을 꼭꼭 닫은 채 살충제를 뿌려대기 시작했다. 그리고 청소기가 아닌 빗자루를 집어들고 방방마다 쓸어대는데 어라, 싱크대 아래 구석진 틈 아래 뒤집혀 있던 갈색의 벌레 한 마리……뭐야 왕벌이잖아! 호들갑을 떨며 벌에 쏘였을 때 퇴치법 등등을 뒤늦게 검색하는데 느닷없이 이 벌이 어디서 나서 예까지 들어와 어떻게 죽어갔을까 하는 사실이 궁금해지는 것이었다. 집게로 뒤집힌 벌을 집어 바로 놓고는 한참을 들여다보았다. 죽었으나 살아 있는 모양새 그대로의 벌을 쓰레기봉투 속에 내버릴 수는 없어 선반 위 오목한 그릇 속에 담았다. 언젠가 어항 밖으로 튕겨나온 열대어 한 마리가 바싹 마른 채 마루 한가운데서 발견되었을 때도, 세탁기 옆 사이클 타는 자세로다가 앉아 죽은 귀뚜라미 두 마리를 집었을 때도, 나는 영문을 몰라 그 그릇 속에 놓아두었으니 그렇게 마주한 죽은 벌과 죽은 열대어와 죽은 귀뚜라미들. 에이, 시 쓰려고 그런 건 아니라니까.

8월 18일 ― 편의점이 왜 많겠냐고

입맛이 없을 때 혹은 딱히 생각나는 메뉴가 없을 때 편의점에 들르곤 한다. 한끼 식사를 해결해야 하거나 가볍게 씹거나 빨거나 할 뭔가의 주전부리가 필요할 때 거기서 뭐든 다 해결이 되는 탓이다. 한동안 유통기한 하루짜리 천 원 김밥에 꽂혀 내내 그것만 사먹은 적이 있는가 하면 매운 오징어다리를 하도 물고 지내 사무실이 고린내에 푹 젖은 적도 있었다. 선배에게 꾸지람을 들은 어느 날, 후배들에게 뒷담화를 들은 어느 날, 나는 저벅저벅 걸어 편의점 파라솔에 앉아 아이스크림을 핥았던가 하면, 캔맥주를 냉수처럼 마셔대기도 했다. 이 아이스크림을 고를까 저 맥주를 고를까 한참을 재는 사이, 잠시나마 그렇게 내가 나에게 고도로 집중을 하는 사이, 내 안에서 무언가 쑥 빠져나가는 그림자가 있었는데 나는 그 검고 단단한 공이 통통 거리며 어디론가 굴러가는 걸 주시하며 한결 가뿐해진 나로 돌아오고는 했다. 그리고 며칠은 테니스를 치러 갔던가. 레슨을 마친 뒤 코트에 널린 테니스공을 주우며 연신 노래를 흥얼거렸던가. 비 오듯 땀을 흘렸던가. 그리고 며칠은 알이 박혀 딴딴한 종아리에 힘을 더 주고 다녔던가. 아침에 기분 좋게 출근한 것까지는 알겠는데 느닷없이 편의점에 다녀와설랑 더위사냥에 포도맛 폴라포에 천하장사 소시지에 바나나우유를 있는 대로 다 사와 먹으라고 내민 게 나라면 지금부터 내 이름은 건드려진 벌집이라 기억해주시길.

8월 20일 – 우리나라 별나라

물질적 재화의 형태를 취하지 아니하고 생산과 소비에 필요한 노무를 제공하는 일을 용역이라 한다지. 몰라서 사전 뒤적였겠는가. 기실 어이가 없어서이지. 그리고 이어지는 반성. 내 가족이 피 흘리기 전까지는 우리 이웃들의 살아가는 일에 이렇듯 무심할 수밖에 없는 걸까. 올림픽이 개막이던 지난 7월 27일, 안산의 자동차 부품업체 SJM 노동자들이 파업중에 철퇴를 맞았다고 했다. 컨택터스라는 이름의 용역 업체들이 밀고 들어와 온갖 폭력을 행사했다지. 사람이 사람에 의해 피 흘리는 상황을 뒷짐 지고 방관하던 경찰의 대응도 어처구니가 없었다지만 나는 그들을 다치게 만든 그 은빛 부품에 경악을 금치 못했다. 노동자들의 밥줄 벨로우즈를 노동자들을 가해하는 무기로 삼은 용역들의 그 잔인함은 대체 누구의 머리로부터 비롯된 발상이란 말인가. 요즘 학생들 용역 아르바이트 많이 한대. 80년생인 직장 후배에게 밥 먹다 말고 침을 튀어가며 일장 분노를 털어놓는데 녀석, 이러는 게 아닌가. 누나, 저도 군대 가기 전에 그 알바 뛴 적 있어요. 일당 팔 만원에 서 있는 게 일이라기에 시흥엔가 갔었는데요, 양복 입은 형님들이 모여 하루종일 장기만 두는데도 포장마차 주인들이 알아서 장사를 접더라고요. 쩝 접했어요. 더는 못하겠더라고요, 부모님 생각나서. 그러니 누굴 욕하겠느냐고요. 용역을? 경찰을? 사주를? 법을? 국회위원을? 대통령을? 에이 돈이 괜히 더럽겠냐고!

8월 21일 – 나란 사람, 영수증

 어떤 벽 같은 게 있어 영수증을 고스란히 모아두는 나다. 그걸 가지고 젊은 카피라이터는 책을 쓰기도 했다지만 내겐 그 어떤 목적에 의거해서는 아니었다. 뭐랄까, 소비에 대한 일종의 죄스러움이 반영된 행동이랄까. 버스나 지하철을 타면 되는데 왜 굳이 택시를 탔을까. 쫄면을 먹어도 되는데 왜 굳이 파스타를 먹었을까. 카드를 긁을 땐 무신경했다가 집에 와 불룩해진 지갑에서 쿠폰 북처럼 책이 되어버린 영수증더미를 꺼내들 때면 비로소 내가 미쳤지, 라며 머리통을 치게 되는 바, 그때 바로 아는 것이다. 내가 정말 내일이라는 미래를 핑크빛이 아닌 잿빛으로 칠하며 산다는 걸 말이다. 하루살이도 아닌데 하루 살고 말 사람처럼 흥청망청, 네가 결혼해서 네 살림 꾸렸어도 그랬을까. 쓰레기봉투가 터질 새라 꾹꾹 눌러 담기 바쁜 엄마의 나 젊었을 적 레퍼토리가 시작되기 전, 나는 한 달치씩 모아 노란 고무줄로 묶어놨던 영수증을 돈다발처럼 손에 쥐었다. 그러고는 한 장 한 장 넘기는데…… 세상에 거기 나란 여자의 모든 것이 까발려 있지 뭔가. 내가 매운 오징어다리를 일주일에 평균 몇 번 사는지, 요즘 자주 가는 술집이 어디인지, 꽃집은 언제부터 발길을 딱 끊은 건지, 나란 사람을 이렇게 정확히 짚어주는 가늠좌가 또 있을라고. 선배님, 저 고민 있어요, 라고 가까운 사람에게조차 내 속내 터놓지 않고 사는 이유, 나 소비하는 여자라서요!

8월 22일 — 평생 가는 말이라오

어렸을 때 살던 동네에서 우리집은 꽤나 유명했다. 보통 집집에 아이들이 둘 정도였던 데 반해 우리집은 그 곱절인데다 죄다 딸이었으니 말이다. 연년생에 쌍둥이에 큰애와 막내 사이의 터울이 고작해야 네 살이었으니 네 자매가 한 초등학교에 다니던 시절 우리들의 담임선생님은 곧잘 겹치기도 했던 바, 교무실 청소 담당이던 내게 건네신 교감선생님 말씀에 귓불이 붉어졌던 기억이 있다. 네가 그 집 딸이구나, 2학년 둘, 5학년에 하나, 6학년에 하나, 캬 아버님 말띠시냐? 정력 하난 끝내주시나보네. 어렸으니 정확한 뜻은 아니더라도 그 뉘앙스로 뭔가의 부끄러움을 느꼈던 나는 이렇게 시정을 요할 수밖에 없었다. 우리 아빠 말띠 아니거든요, 해방둥이 닭띠거든요, 라고. 내가 유독 기억력이 좋은 건가, 아니면 어른들의 말이 유난히 거슬렸던 건가, 어렸을 적 추억담을 늘어놓는 자리에서 난 늘 내가 들은 어른들의 못할 소리나 토해내니. 집에 갈 적마다 주먹 하나씩은 웃자라 있는 조카를 보면 이름 부르는 거 말고 무슨 말을 더 해줘야 하나 실없이 웃으며 머리를 굴릴 때가 있다. 그게 참 어려운 일임을 아는 까닭이다. 아이들의 뇌가 물 먹는 창호지보다 더 흡입력이 빠르다는 건 누구나가 다 아는 일, 이십이 개월 된 조카가 지나가다 어, 어, 하기에 봤더니 제가 엊그제 갔던 고깃집이라나. 음담패설의 왕자 우리 아빠 이제 와 내 시집 놓고 반성하신다. 하고많은 직업 가운데 내가 시인이 되어 얼마나 다행인지.

8월 23일 — 묻지 마? 묻게 하지 마!

그 아프다는 마취 주사를 엄지손가락에 맞아도 악 소리 한번 안 지른 내가 사시나무 떨듯 후들거리는 다리로 주저앉아 대성

통곡한 적이 있으니 일종의 묻지 마 폭행 같은 일을 당한 뒤였다. 뒤에서 누가 따라온다고 생각해봐, 그것만큼 두려운 일이 어디 있냐. 모두가 1등이 좋아 1등을 선호할 때 2등의 여유와 2등의 희망에 더 안심했던 나, 그래서 공부로는 영 소질이 없는 거라고 어른들은 혀를 끌끌 차셨다지만 나는 1등에게 무한정 축하의 박수를 보낼 줄 아는 속없는 내가 참 마음에 들곤 했더랬다. 그렇게 절대로 들키고 싶지 않고 들키지 않으려 했던 내 뒤통수를 어느 날 누군가 빡 소리와 함께 가격했을 때, 그것도 연타석으로 날아왔을 때, 뒤를 돌아보니 머리부터 발끝까지 새까맣고 몇 겹의 구멍 난 점퍼를 껴입은 한 아저씨가 거기 서 계셨다. 내게 천 원을 달랬던가, 이천 원을 달랬던가, 아무튼 돈 좀 달라는 구걸까지는 괜찮았는데 어찌나 손이 맵던지, 그보다 더 럽던지 주위에 사람들이 모여든 뒤에야 긴장이 풀린 나는 그 와중에도 지갑을 여는 여유까지는 부렸고 내 손끝에 그 아저씨의 손이 닿자 그제야 눈물이 터지기 시작했다. 그렇다고 저 사람을 죽여 살려 재수 옴 붙었다고 생각하고 어여 집에 가요. 한 아주머니가 날 일으키시며 해주신 말씀에 자리에서 일어나 엉덩이를 터는데 새삼 분노라는 말을 다시 배운 듯했다. 묻지 마 폭행, 왜 묻지 못하게 하냐니까요!

8월 24일 — 다 밥 세 끼 먹지, 아무렴

 바람은 누가 처음 바람이라 불렀을까. 이름도 이쁘거니와 보이지 않게 드러나는 존재감의 힘에 대해 여실히 무릎 꿇게 되는 바, 아 가을이다, 가을바람 솔솔 불어오니 고즈넉이 시를 쓰려는 마음이 앞서기보다 쓰나미처럼 어떤 걱정거리들이 한꺼번에 몰려드는 듯하니, 이 한숨을 두고 나이듦의 증거라고도 하나보다. 그러나 어쩌랴, 당장 사 먹어야 할 채소들의 값부터 폭등인 것을, 제육볶음의 돼지고기보다 깐 양파를 더 골라 먹게 생긴 것을. 가을철 전세대란을 앞둔 요즘, 출근길마다 흔히 보는 풍경이 일명 사다리차다. 엘리베이터로 일일이 오르내릴 수 없으니 그 무겁고 그 거대한 짐들을 허공에서 한꺼번에 내려버리는 이삿짐센터의 고귀하신 몸. 가끔 유치원 아이들과 나란히 서서 우와, 환호성을 지르며 목이 뒤로 빠져라 그 사다리차를 구경할 때, 그러나 막상 일층에 도착한 짐들의 남루함에 왜 난 그리 울컥하게 되던지. 몇 알 안 달린 포도송이에 굳은 인절미에 봉지 반쯤 남은 쌀에 냄새 나는 김치통까지. 새삼스럽게 삶의 비릿한 냄새를 떠올리지 않아도 코를 확 틀어막게 되는 건 이삿짐을 나르는 아저씨들의 땀냄새가 짐작보다 좀 셌기 때문이다. 이런 이사를 보통 얼마 만에 한 번씩 하시나요? 매일 하죠, 일 없는 게 힘든 거지 일 많으면 휘파람 절로 나죠. 그러니까 코를 왜 살짝 막았냐고, 아빠도 평생 땀에 절은 작업복 입은 노동자였거늘.

8월 25일 — 웃으면 싸이 와요

나는 가수 싸이의 오랜 팬이다. 처음 그가 데뷔했을 때 예명을 싸이라고 지을 수 있는 자신감이 얼마나 신선하던지, 무엇보다 춤을 추며 정색하는 특유의 표정에 웃지 않는 자 누가 있었으랴. 가만, 엄마 아빠는 아니었지, 쟤 뭐야 하면서 야야 채널 돌려 당장에 리모컨을 찾으셨지. 어른들은 사위나 며느리 삼고 싶은 연예인들을 선호하는 경향이 있으니까, 그만큼 익숙한 스타일은 아니었으니까, 그런 그가 〈강남 스타일〉이라는 노래로 연일 열풍을 일으키고 있다. 그걸 넘어서서 출랑출랑 말춤을 추는 그가 범세계적으로다가 스포트라이트를 받고 있단다. 그 불씨가 된 뮤직비디오를 나도 몇 번이나 돌려봤다. 웃겼다. 정말이지 싸이다웠다. 그런데 나의 재미는 그 뮤직비디오를 보며 웃어대는 외국인들의 반응을 담은 영상이었다. 웃음이 터지는 지점이 우리와 비슷할 때도 있다지만 사뭇 다르기도 했던 거다. 오랜만에 만난 이집트 출신 랄라와 밥을 먹다 갸루상인 박성호의 개그를 보는데 웃다 그만 밥풀이 다 튀고 말았다. 어럽쇼, 그러나 나와 달리 그저 뚱한 랄라, 이거 안 웃겨? 뭐가 웃긴 거예요, 언니? 일본어를 자유자재로 구사하는 랄라니까 나처럼 웃을 줄 알았건만, 유머는 강요할 수 없는 거지. 혹시나 하고 싸이의 뮤직비디오를 보여주니 히잡이 벗겨질 정도로 웃어대는 랄라. 얘는 싸이가 아니라 노홍철의 말춤에 배꼽이 빠지네. 역시나 세계는 넓고 취향은 참으로 다양하구나.

8월 27일 – 너 이름이 뭐니

저녁을 먹고 소화도 시킬 겸 해서 파주출판단지 안에 자리한 아웃렛 대단지를 찾았다. 사람 구경 간판 구경 날씨 구경하기의 재미가 쏠쏠하던 찰나 길게 늘어선 사람띠를 목격했다. 손부채를 연신 흔들어대며 제 차례를 고대하는 그들은 프라다 매장에 들어가 쇼핑을 하려는 일명 고객들이었던 거다. 줄이 어찌나 길던지 중간을 뚝 끊어 사람들이 오길 수 있는 통로를 만들었음에도 그 누구 하나 항의하는 자 없었다. 줄의 끝을 몰라

중간에 끼어들었다가 단정히 양복 차려입고 귀에 무전기 낀 남자들에 의해 뒷줄로 물러서야 했던 여성들 또한 충분히 무안했을 법도 한데 아 네네 순한 양처럼 고분고분 쓴소리 한번을 못 내더란 말이다. 고객은 왕이라더니 고객이 신하되는 풍경, 가게 문을 열고 나오는 사람들의 손과 손에 잔뜩 들려 있는 로고 그려진 쇼핑백을 보면서 나는 절로 한숨을 푹푹 내쉬었다. 나 역시 저들처럼 만족스러운 미소로 매장을 빠져나온 적 있었건만 갑자기 애국하는 심정이 됐던 건 집 근처 일층 상가에서 김창숙 부띠끄 간판 아래 헐값에 팔리고 있던 옷들을 보아서였다. 왜 우리 이름을 단 옷들은, 구두는, 가방은 전 세계 사람들의 부름을 받기 힘든가. 우리 이름이 발음하기 힘들어서? 이세이 미야케와 같은 일본의 유명 디자이너의 이름은 뭐 쉬운가? 비교적 널리 알려진 앙드레 김도 김봉남으로 라벨 단 것이 아니니, 우리 작명 문화부터 변해야 할 때가 온 건 아닐는지.

8월 28일 — 태풍아, 골라 데려가렴

역대 5위권의 위력을 가진 태풍이라더니 볼라벤, 지역별로 초·중·고의 휴교를 명령하기에 이르렀다. 하기야 달리는 열차를 탈선시킬 수 있을 정도의 위력이라면 바람이 아이 하나 안고 어느 막다른 곳에 내려놓는 일쯤은 식은 죽 먹기가 아니겠는가. 이상한 나라의 앨리스는 상상 속 동화 나라 아이에 국한되어야 하건만, 그러나 우리들의 사건 사고는 얼마나 황당하게 얼마나 부지불식간에 벌어지던가. 한 소설가의 말따나 파도가 바다의 일이라면 비바람은 태풍의 일일진대 그걸 무턱대고 저주할 수도 없고 해서 신문지를 창문에 붙이면 강한 바람에 설사 유리창이 깨지더라도 파편의 위험으로부터 다소 안전할 수 있다기에 지난밤 테이프를 잔뜩 사들고 왔더니만, 아뿔싸 신문 끊은 걸 까먹은 나. 앞집 아줌마가 중국음식 시켜먹고 짜장면 그릇을 덮어놨기에 슬금슬금 비닐봉지 찢어 대신 얹어놓고 신문 들고 와보니 정말 끊이지가 않는구나, 이놈의 성범죄, 정말 가지가지 그 수법 또한 다양하기도 하구나. 우리와 소득이나 문화 수준이 엇비슷한 나라들의 뉴스에는 매일같이 어떤 기사들이 올라올까. 외국어 까막눈이니 외국 신문이며 사이트 볼 줄 몰라 그러는데 우리처럼 피자가게 사장이 아르바이트생 나체 사진 찍고 협박하고 결국엔 자살에 이르게 하는 그런 류의 범죄도 있으려나. 화학적 거세보다 더 기찬 한 방 뭐 없으려나. 그 많은 남자 다 내시로 만든다 한들, 뭐 내시는 아무나 하냐고요!

8월 29일 — 태풍도 곧 지나가리라

 그야말로 폭풍 전야, 뭔가 경험해보지 못한 큰 것이 우리를 덮칠 예정이라는데 가히 그 정도를 모르니 상상만으로 모두가 똘똘 똬리를 틀고 움츠려 있던 지난밤, 그렇게 누워 대비할 수 있는 방안이라야 스마트폰으로 시시각각 올라오는 저마다의 조바심이어서 그거나 읽다 잠 깨어보니 어김없이 아침…… 배달우유는 도착해 있고 택배 기사들은 온전히 상자를 들고 나르느라 딩동 벨을 눌러대고 정류장에 줄을 이어 선 사람들과 시시각각 도착하는 버스들…… 그러고 보면 우리들의 반복되는 정직한 일상만큼 무서운 게 또 어디 있으려나. 수도권으로 올라오면서 세력이 약해진 태풍이 아래 지방을 통과하며 벌여놓은 그 무시무시한 괴력의 증거물들을 뉴스로 확인했다. 컨테이너 박스에 깔린 경비원이며 강풍에 추락사한 병원 시설과장이며 날아온 간판에 맞은 여자며 나무에 깔린 노동자며 그밖에 미처 보도되지 못한 사고들이 얼마나 많겠는가. 마이크를 쥔 기자보다 그 기사를 찍기 위해 서 있을 카메라맨이 더 안쓰럽게 예상되는 바, 이런 재난 때마다 고통이 가중되는 가난하고 힘없는 자들을 지켜줄 어떤 방도는 정말이지 없는 걸까. 낡은 유모차에 콜라병 몇 개 싣고 느릿느릿 걸어가는 할머니를 보았다. 내 시선은 과연 할머니의 ㄱ자로 굽은 허리에 머물렀던 걸까, 할머니 뒤로 김이 폴폴 올라오는 만두가게 찜통에 꽂혀 있던 걸까. 하여간 이놈의 식탐, 전쟁이 나도 만두타령할 거라니까.

8월 30일 — 버리는 일의 버거움

요리사를 업으로 살던 선배가 한 달 전에 돌연 가게를 접었다. 예고도 없이 징후도 없이 왜 갑자기 이러느냐는 타박에 무심히 말하노니, 지겨워서라고 했던가. 하늘 아래 남의 돈 먹고 사는 일에 호기로울 사람 아무도 없다며 나는 찌릿 눈을 흘기기도 했으나 솔직히 마음 한구석에 부러움이 치미는 것도 사실이었다. 야, 그럼 너도 때려치워. 무슨 부귀영화를 누리겠다고 명절에 동태전도 안 뒤집고 교정지나 넘기냐. 인생 별 거 없다. 네 몸이나 챙기고 대충 살아. 참 나, 그럼 내가 대충 살았지 안 대충 살았냐 뭐…… 투덜거렸지만 가만 보면 이게 다 버리지 못해서 벌어진 사달이란 소리가 아니었을까. 이사 준비로 옷장 정리를 하는데 서랍마다 안 입는 옷들이 차곡차곡 개켜져 있었다. 버릴 건 버리고 세탁소에 맡길 건 맡겨야지 하며 옷들을 마루에 산더미처럼 쏟아놓고 나름 분류랍시고 나누는데 아무리 명품이라도 살이 쪄서 입지 못하면 내 코트가 아닌 것을, 아무리 선물이라도 너무 찢어져서 입지 못하면 내 청바지가 아닌 것을, 나는 왜 이것들을 근 십 년 가까이 끌어안고 이삿짐 트럭 위를 전전했을까. 뭔가 달관한 사람처럼 가뿐해졌을 줄 알았는데, 한 달 만에 만난 선배는 여전히 그 지겹다는 사람들과 함께 복잡다단한 일상들로 빼곡한 다이어리를 내게 열어 보였다. 음주운전으로 재판하게 생긴 친구의 재판정까지 따라가는 선배님, 어쨌든 복 받을 거야.

8월 31일 ─ 환갑은 애교라오

지난 일요일 엄마의 생일을 맞아 외가와 친가 직계 친척들이 두루 모였다. 그리고 비교적 값이 나가는 점심상을 함께했다. 보통 케이크에 촛불 후 끄는 걸로 대신한 소박한 생일상이었다지만 올해는 조금 특별했다. 우리 나이로 예순 하나, 그러니까 환갑을 맞은 엄마. 기억을 더듬어보니 어릴 적 부모님과 함께 어르신들 환갑잔치에 꽤나 다녔던 같다. 그때마다 마주한 그림은 한복 입은 사람들에 북 치고 장구 치고 마이크 쥔 가수들에 결혼식 피로연과 같은 음식에 피날레는 수건…… 성함 석 자에 축 환갑에 기념하는 날짜를 꽉 찍어 왜 그렇게 수건을 나눠 줬던 걸까. 환갑이라는 말 뒤에 잔치가 붙은 건 아마도 수명이 지금보다 짧았던 옛 시절로부터 비롯되었을 터, 정말이지 엄마를 보니 그랬다. 양장을 차려입고 간만에 미용실 들러 머리하고 인형처럼 속눈썹까지 붙인 채 식당으로 들어선 엄마가 퍽이나 젊어 보였던 까닭이다. 달아 달아 밝은 달아 〈달타령〉이라도 불러줘도 시원찮을 통에 손자는커녕 사위는커녕 결혼한 동생들 틈에 잠 못 자 퀭한 눈으로 앉아 있는 내가 엄마는 연신 신경이 쓰인 모양이었다. 밥 먹는 내내 다크 서클에 좋다는 음식 좀 사 먹어라 잔소리를 늘어놓았으니 말이다. 모름지기 효도란 뭘까, 어떻게 하면 효녀로 길이 남을 것인가. 엄마, 그래도 이혼하고 친정에 기숙하는 딸 아닌 게 어디야. 아뿔싸 이놈의 입방정, 그러니 내가 불효녀 소리를 듣나보다.

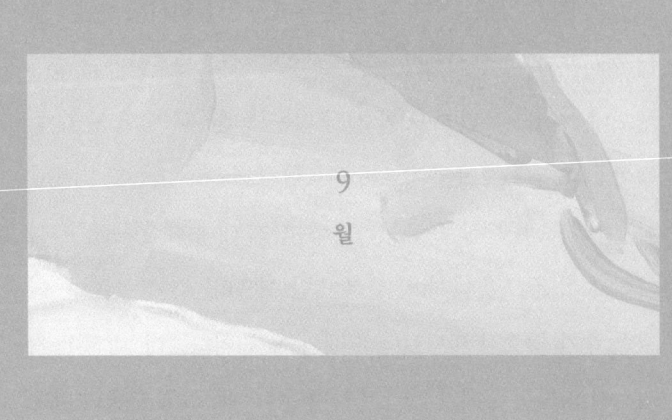

9월

9월 1일 — 아빠하고 딸하고

　몇 달 전 아버지를 잃은 후배 시인을 만났다. 평생을 술로, 본인은 물론 가족들 모두를 고생시켰다는 이력의 아버지는 결국 술로 세상을 뜨셨는데 어릴 적부터 그 뒤치다꺼리를 해온 터라 장례식장에서의 후배는 꽤나 덤덤한 듯했다. 괜찮아? 네, 언니 그럼요. 검은 장례용 한복을 입은 후배가 낯설면서도 한편으로는 깡마른 체형에 어깨가 좁아 그 옷이 꽤나 어울린다고 생각했으니 그러고 보면 나도 참 개념 없는 선배라니까. 그 순간 동생이 시어머니 장례를 치르며 힌트랍시고 준 얘기들도 떠올랐다. 언니, 눈썹 문신 좀 해두라니까. 장례 내내 화장 못해. 우리 나이가 이제 그런 나이야. 한복이 안 어울리는 넓은 어깨는 어찌할 수가 없으니 토닥토닥 후배의 등을 쳐주는데, 비교적 씩씩하게 버티던 후배가 아버지 하며 운다. 애, 그렇게 울면 나도 눈물 나잖니. 평생 나 괴롭혀서 미웠던 철없던 우리 아빠 발인이 내 생일이었던 걸 보면 언니, 영영 끊을 수가 없는 인연인가 봐. 간만에 속눈썹 예쁘게 붙이고 나와 그거 안 떨어지게 눈가를 연신 손가락으로 찍어내는 후배가 남 같지 않았던 건 부정맥으로 자주 응급실 신세를 지는 아빠가 어른거려서였다. 나이 들면 정원 있는 집에 살아야지 했던 것 또한 아버지를 내 집 나무 밑에 묻고 매일 보려 했음이니 누구 말마따나 아빠와 나는 엽기적인 인연이라오.

9월 3일 — 죽여야 사는 나라

 보다 정의로운 세상에서 어떤 누구도 상처받지 않도록 법이란 게 제정되었겠지. 개정을 거듭하면서 더는 사람이 사람에게 가할 수 있는 갖가지 폭력을 근절시켜가는 게 법의 갈 길이라면 우리는 아직 제자리걸음중인가보다. 뭐가 이리 관대하냔 말이다. 뉴스에 보도되는 사건이 한둘이라 할 때 감추고 감춰질 수밖에 없는 사례들은 또한 얼마나 많겠느냔 말이다. 살다 살다가 내 이런 악질은 처음 보겠네, 라며 새롭게 수사되어 올라오는 뉴스들에 탄식을 하다보니 어느 순간 통증에 너무 무뎌졌구나 싶은 씁쓸함에 빠지게 되었다. 날로 그 수법이, 그 대범함이 상상을 초월할 정도로 악랄해져 내 집 대문 앞을 나서기조차 두려워진 요즘, 딸바보란 말이 유행처럼 대중화되어 있음에도 그 딸들이란 이름으로 이 땅에서 살아가기가 얼마나 힘든지 한숨을 푹푹 쉬게 되는 요즘, 죄지은 자의 인권까지 챙기기에는 일말의 여력도 없는 요즘, 술을 마셨니 안 마셨니 정신 병력이 있니 없니 그 사정을 우리가 왜 살펴야 하는지 모르겠으나 법이란 게 이럴 때 보면 참 어처구니가 없어 기실 그 법이란 걸 제대로 공부해보고 싶은 절실한 마음도 들게 하는 요즘. 일곱 살이라지 않는가. 자다 이불채 들려나갔다지 않는가. 비바람이 불던 밤이라지 않는가. 다쳤다지 않는가. 차라리 암이라면 수술해서 나을 가망이라도 있다지만 이렇게 찢어진 마음을 누가 온전히 꿰매놓을 수 있겠는가. 사형, 내가 내린 판결이다.

9월 4일 — 오 분간

약속이 있어 간만에 서소문동에 내렸다. 전 직장이 그 언저리라 근 사 년간을 오갔던 길인데 둘러보지 못한 몇 년 동안 변화가 꽤 많았음을 낯선 간판들로 알아차릴 수 있었다. 그새 커피숍과 각종 은행들이 속속 들어차버린 상권 가운데 굳건히 자리를 지키고 선 건 오랜 역사를 자랑하는 유명 삼계탕 가게뿐인 듯했다. 도로 한 옆으로 잔뜩 줄을 이은 관광버스며 뭔가 만족스러운 표정으로 가게 문을 열고 나오는 외국인들은 그 출신부터 꽤나 다양해진 듯했다. 전에는 대부분이 일본인과 중국인이었는데 오늘은 필리핀 사람들을 다 보네. 큼지막한 선글라스를 끼고 삼계탕 간판을 배경으로 브이 자를 그려가며 활짝 웃는 그네들은 연신 기념촬영에 상기된 표정이었다. 하물며 주차 금지라 적힌 네모난 나무 궤짝 위에 앉았다가 무게를 이기지 못하고 부서져 나뒹굴면서까지 웃음을 멈추지 못하는 여행자만의 추억 쌓기로 바빴으니 말이다. 그러나 필리핀 사람들을 구경하던 우리들이 동시에 필리핀 사람들로부터 구경당하는 입장이 된 작은 소란이 있었으니, 바로 그들 앞에 쓰러진 한 여성으로부터 말미암아서였다. 은행 직원인 듯 유니폼을 입은 여성 주위를 에둘러 싼 필리핀 사람들의 기도하듯 모은 두 손, 손톱에 칠해진 색색의 매니큐어…… 그 와중에 나를 보며 인상이 너무 좋다며 얘기 좀 하자는 도 아저씨, 시끄럽거든요! 역에서부터 약 백 미터 정도를 걷는 오 분간의 일이었다.

9월 5일 — 우산이란 말, 예뻐

두리번두리번 사람들을 둘러보게 된 건 계절의 변화를 짐작케 하는 옷차림의 다양함을 느껴서다. 여전히 반바지에 슬리퍼를 신은 젊은 애기엄마가 있는가 하면, 싙은 갈색 체크에 허리띠까지 동여맨 트렌치코트를 입은 직장인도 눈에 띄었으니 이 모자이크 같은 한두 주의 뒤섞임 뒤에 덜컥, 번듯한 모습으로 우뚝 서 있을 가을. 덥게도 춥게도 그 어느 방향으로도 기울지 않는 중심잡기로 사람이라는 본연에 충실할 수 있는 계절이 코앞이기에 작정하고 백화점에 우산을 사러 갔다. 추적추적 가을비가 내렸기 때문이다. 신발장 서랍에 칸칸마다 두 개씩은 접혀 들어 있는 우산의 살이 죄다 부러지거나 휘어졌기 때문이다. 영국처럼 시도 때도 없이 비가 내리는 나라라면 건강한 우산 문화가 정착되었으련만 지하철 입구에서 쌓아놓고 파는 우산이면 되지, 라는 마음으로 일회용으로 치부해버리기 일쑤였던 우산. 우산은 비쌌다. 우산은 싸지 않았으나 문득 제 역량에 비해 이렇게 푸대접을 받는 물품이 또 있을까 싶은 생각이 들지 뭔가. 개구리 왕눈이처럼 비를 연잎으로 가릴 수도 없고, 우산이 아니라면 값비싼 미용실 머리도, 메이크업도 명품 정장도 가방도 구두도 무엇보다 마음도 죄다 젖어 그저 바들바들 떨어야 할 우리…… 사소하다 싶은 사물에 불현듯 눈이 가는 건 비단 시를 쓰기 위한 전조가 아님을 우산을 펴며 느낀다. 그나저나 우산을 처음 발명한 사람은 누굴까.

9월 6일 — 집착이라도 좋아

한글 파일 빈 문서를 열어놓고 뭔가 쓰려 할 때 가장 먼저 하는 일은 서체 고르기다. 연필을 손에 쥐기 시작했을 때부터 글씨 흉내내기를 즐겨했던 터라 내 조상이 추사였으면 하고 간절히 바라기도 했던 나, 서예학원을 줄곧 다녔음에도 이 모양인 걸 보니 딱 예까지가 내 타고남인 듯하다. 각설하고, 폰트에 매료되는 과정 가운데 때때로 암초에 걸린 바 있었으니 이는 우리 서체들이 가진 다양성 속 어찌할 수 없는 확신 없음이었다. 꼭 명조로 쓰란 법은 없는데 책의 본문 대부분이 그렇게 익숙해져버려 혹여 고딕이라 할 때 가지는 반감이 큰 터, 어쩌면 서체들 또한 작금의 우리들처럼 부익부빈익빈에 이르른 건 아닌가 싶었다. 그와중에 나는 컴퓨터가 아닌 예전 수공예 방식으로 찍어내던 활판 글자들을 오래 흠모해왔다. 내가 읽어온 책들이 다 그러한 모양새였고, 그 활자들은 자음과 모음을 하나하나 짚어주었으며, 무엇보다 뒷장까지 배겨나서 손으로 만질 때의 울림 같은 걸 전도했다. 해서 전국에 딱 하나라는 활판공방을 찾아갔다. 모두가 빠르고 편함을 고수할 때 느리고 불편함을 감내하는 그곳에서 마치 깊은 산사에 온 듯한 고요 속 글자들의 침묵과 마주했다. 왜 이런 역사를 뒤로 밀려나게 할까, 왜 나서서 귀하다 아깝다 궁둥이 쳐주는 격려를 몰라하는 걸까. 심심하면 편의점에 들러 쭈쭈바를 빨 게 아니라 활판공방에 들러 납 활자를 눈으로 만질 것, 어젯밤 내 일기.

9월 7일 — 내가 그렇지 뭐

옷장마다 옷을 다 꺼내놓고 정리란 걸 했다. 요즘 들어 만날 입는 옷만 돌려 입기에 옷이 없나 옷을 사야 하나 옷장을 열었다가 화들짝, 이게 다 돈인데 아까워죽겠네 혼잣말을 하는 걸 보니 이제야 나도 철이 드는가보다. 지난날 왜 그렇게 백화점 마네킹들을 부러워했던가. 맘에 드는 옷의 재고가 없다 할 때 마네킹을 발가벗겨가면서까지 옷을 손에 넣고 와야 직성이 풀리던 나, 그렇게 계절마다 족족 사 모은 옷이 짐짝처럼 나를 짓누르게 된 지금에서야 내 이웃을 사랑하려는 마음을 먹으니 사람 참 얕지 않은가. 일단 맘 변하기 전에 세탁소 아저씨를 불렀다. 주어진 건 단 두 시간, 그 안에 내가 입을 옷과 입지 않을 옷을 분류하는데 처음에는 수평을 이루던 시소가 점점 갸우뚱하더니 고작해야 민소매 셔츠 두 개 정도가 내 옷장에서 떠날 목록에 리스트를 올리지 않는가. 이 옷은 이런 사연 저 옷은 저런 사연, 핑계 없는 무덤이 없듯 옷마다 가진 스토리가 어디 평범

키야 하겠냐만 내가 가진 가장 귀한 것을 남에게 주는 일이 참으로 큰 마음씀씀이임을 다시 한번 깨닫게 되었다. 신발장 고리를 고쳐주러 온 관리실 아저씨, 아가씨 신발 장사해요? 뭔 놈의 신발이 우리 가족들 거 모아놓은 것보다 많아, 라는 말이 부끄러움을 느끼게 하던 어느 날, 길 위에서 월요미사중인 신부들을 보았다. 나란히 줄 지어서 기도하는 손을 보이는 신부들의 낡고 허름한 옷, 아 손빨래라도 해드리고 싶다.

9월 8일 ─ 이게 어디 나라꼴이냐고

트윗에 글을 쓰려 할 때 이런 말이 뜬다. 지금 무슨 일이 일어나고 있나요? 라고. 그래, 내가 글을 쓰고 있는 이 순간에도 어떤 이는 임종을 할 것이고, 어떤 이는 막 태어나겠지. 이렇게 많은 사람 가운데 이래저래 얽히는 우리들이라면 귀한 인연일 터, 그 소중함을 모르고 나날이 서로 뜯어먹지 못해 안달인 우리들인 걸 보면 짜증이다못해 슬프기까지 하다. 상상을 초월하는 범죄는 언제까지 계속될 것인가. 우리는 왜 참아야 할 때 못 참는 것을 마치 유세처럼 떠벌릴까. 온갖 뉴스의 도배를 성폭행 기사로 마감하는 우리에게 범죄와의 전쟁 이후 강간과의 전쟁은 예고하지 않을 것인가. 어린애들도 모자라 임산부에게까지 끔찍한 만행을 저지르는 악마들을 대통령은 그저 보고만 있을 셈인가. 임기가 얼마 안 남았다고 남 일인양 모른 척할 셈인가. 어쩜 세상에나 하며 입술을 뜯어가며 사건 전모를 살피던 게 어제였다면 오늘은 단 한 줄도 알고 싶지가 않을 정도로 끔찍함의 절정에 와 있는 듯하다. 여자들끼리 만나게 되면 너나 할 것 없이 이 뾰족한 수가 없는 법의 무능을 질타한다. 그리고 단언하며 말들 한다. 무기징역이든 사형이든 법 무서운 줄 알려야 한다고. 그때 나는 이렇게 말했지. 광화문 네거리에 이순신 동상 앞에 양팔 양다리 묶어 놓고 지나가는 사람들에게 꼬집게 하고 때리게 하고 지극히 느리게 집요하게 혼쭐을 내야 한다고. 어쨌든 신문 구독 끊은 이유를 대라면 이렇다는 전모다.

9월 10일 ― 나는 왜 이렇게 유치한가

며칠 전 출판사를 운영하는 선배와 백화점에 들렀다가 지하 주차장에서 줄행랑 치는 초유의 사태를 맞았다. 주차가 되어 내리려는데 그만 내가 연 문과 옆 차 운전석에서 내리던 한 젊은 남자의 문이 살짝 닿았던 거다. 스크래치는커녕 앞으로 조심해야겠구나, 하는 사소한 교훈 하나 얻어갈 일이었는데 그 남자 왈, 아주 부숴라, 부숴, 그래서 어디 부숴지겠냐, 혼잣말을 하지 뭔가. 순간 얼굴이 빨개진 나, 이게 무슨 개뼈다귀 같은 경우야, 하며 아주 소심한 복수를 감행하고 말았으니 전술로 삼은 것이 인신공격이었고 결국 그의 긴 생머리 애인의 통나무 같은 다리통 굵기를 무니 뭐니 이런저런 기둥에 비유하다 씩씩거리며 뒤를 돌아본 그녀와 눈싸움 한판을 벌이게 되었다. 파우더를 허옇게 발라 목만 둥둥 떠서 그렇지 아직 앳된 얼굴의 그녀, 넉넉잡아 스물대여섯쯤 되었다 해도 나보다 족히 열 살은 어린 건데 이놈의 방정맞은 입을 어쩌. 전화기를 들고 사라졌던 여자의 남자친구가 미처 전화를 끊지 않은 채로 애인을 향해 뛰어오기 시작했다. 너 따위가 째려보면 어쩔 건데? 시비를 걸어야 영화일 텐데 소심한 나는 이놈의 주둥이를 운운하며 마치 차에 놓고 온 물건이 있는 양 잰걸음을 쳤다. 남편이 아닌 애인, 그것도 연애 초기의 남자는 제 피앙세를 위해 목숨도 불사할 만큼 혈기왕성하지 않은가. 슬프다. 선배와 나는 둘 다 노처녀다. 그러게 언니, 우리 더 늙기 전에 복싱 배우자니까.

9월 11일 – 벼룩만 뛰라, 뛰니까 애지

엄마랑 두 살배기 조카랑 엘리베이터에 타 오층 버튼을 누르는데 문이 닫히기 전 어떤 아줌마가 뛰어들어와 사층 버튼을 누르는 거였다. 아, 아랫집 사시는구나, 인사를 하려는데 내 팔뚝을 슬쩍 꼬집는 엄마. 가만 보니 이 아줌마, 안면을 틀 의지가 전혀 없어 보였다. 오가다 본 아는 얼굴이면 절로 어색한 미소라도 지어질 만한데 이 아줌마, 꼿꼿하게 문을 향해 고개 쳐든 폼이 너는 너대로 나는 나대로 뭐 이러자는 시추에이션 같았다. 사층에 이르러 아줌마가 내리려는 찰나 그럼 들어가세요, 라고 머리 숙여 인사하는 엄마. 버럭 성질을 내니 아침저녁으로 방방 뛰는 조카 때문에 시끄럽다고 몇 번이나 경비실로 전화를 건 주부라나. 생각을 해보니 조카가 생기기 전까지만 해도 우리 역시 윗집 사람들 발소리에 예민한 가족들이긴 했다. 애들 있는 집이 다 그렇지요, 하기에 쿵쿵 쉴새없이 찍어대는 망치질 소리 같은 발소리는 정신을 꽤나 사납게 만들었으니까. 마감 때나 아플 때는 그 울림에 극도로 짜증이 나서 물걸레 대를 들어 천장을 쿡쿡 치기도 했던 내가 아니던가. 아줌마의 방문에 주눅든 조카가 안쓰러워 인터넷에서 검색을 했다. 층간소음방지용 매트가 천차만별의 가격을 자랑하며 소개되어 있었다. 쿠션이 6단으로 이뤄져 특허까지 받았다는 알록달록한 매트에 눈이 갔다. 그러게, 귀농을 괜히들 하겠냐고.

9월 12일 — 평생이 눈치작전일세

간만에 지하철에 탄 아빠가 이런 말을 한 적이 있다. 자꾸 서 있는 날더러 앉으라는 거야, 자리 양보를 해주는 거야. 그때 알았지. 내가 경로우대 노인이구나, 나 늙은 걸 글쎄 나만 모르지 뭐냐. 지하철을 타면 나 역시 고심의 순간을 맞닥뜨리곤 한다. 내 앞에 덜렁덜렁 위태로이 손잡이를 잡으신 그분의 연세가 좀처럼 가늠이 안 될 때, 그래서 안절부절 엉덩이를 들썩여야 할 때, 사실 말이 나와 하는 말이지, 나도 얼마나 그 가늠이 힘들겠는가. 한 십 년 전쯤인가, 1호선을 탔다가 개망신을 당한 적이 있다. 내 앞에 선 어떤 노인에게 앉으시라고 자리를 연신 내어드렸음에도 한사코 사양하시며, 튼튼한 다리라며 다음에 내리겠다던 그 노인이 갑자기 안면을 바꾸더니 내게 마구 쌍욕을 해댔던 것이다. 요즘 것들이 이렇게나 싸가지가 없다는 둥, 관절염을 앓는 환자라는 둥, 사람들 다 들으라고 고래고래 소리지르는 노인에게 어처구니 없어 말대꾸를 했다가 옆자리에 앉아 있던 할머니에게 무슨무슨 계집 소리까지 들었던 나. 그후로는 머리 흰 사람만 보면 얼씨구나 자동으로 자리에서 일어나는 기계적인 몸이 되고 말았다. 모두가 졸며 가는 익숙한 일상 가운데 변화라면 책이나 신문을 읽던 사람들이 귀에 이어폰을 꽂은 채 연신 스마트폰 터치중이라는 거, 그래서 누가 말을 걸거나 쳐다봐도 눈치는커녕 인기척도 느끼기 힘들다는 거. 자, 밤마다 콘센트에 꽂혀 있는 충전기의 의무란?

9월 13일 – 나는 내가 가장 잘 알잖아

엘리베이터에 탔더니만 벽 한쪽에 붙어 있는 종이 하나가 눈에 띄었다. 일종의 호구 조사 같은 걸 한다는 얘기였는데 정확하게 기재를 해야 대통령 선거 때 여러모로 혼란이 없을 거라고 했다. 아, 그래 대선! 찬바람 솔솔 불고 백일도 채 남지 않고 보니 나 역시도 누가 당선이 될까 이런저런 예상 같은 걸 해보게 되는데 그 앞길 모르겠음을 비유하기 위해 안개 운운하는 것이 새삼 이해되는 요즘이다. 어떤 점쟁이한테 물었더니만 누가 올해 이사 운이 끼었는가를 본다고 했대요. 그게 돌려 말하면 짐 싸서 청와대 들어간다는 얘기 아니겠어요? 선거 때마다 어찌나 말도 많고 탈도 많은지, 그랬다 안 그랬다 사실 여부를 떠나서 어떤 이는 억울하고 또 어떤 이는 누군가를 억울하게 만들어야 자신이 억울해지지 않는 것이 정치판의 생리라 할 때, 언감생심 한 나라의 원수는 꿈도 안 꾸고 살아온 내가 꽤나 마음에 들기도 하는 것이었다. 종교인만 청렴결백해야 하랴, 털어서 먼지가 안 나는 건 귀신일 테니 그건 불가할 테고 최소한 국민을 대표하는 한 사람이 되려면 제 주제파악이 먼저 이뤄져야 할 것인데, 가만 눈을 감고 제 부모를 걸고 제 살아온 삶을 반추함에 그럼에도 두 손 번쩍 들고 저, 저, 저밖에 없습니다, 하는 자 혹여 있다면 그를 뽑아줄밖에. 그건 거의 신의 경지가 아닌가, 해서 말이다. 대통령? 까짓것, 나는 시켜줘도 못한다. 왜? 내 죄는 내가 아니까!

9월 14일 – 흔들릴 때마다 어른

어릴 적 누가 꿈이 뭐냐, 라고 물을 때 매번 답은 같았다. 어른, 어르신이 아닌 어른! 어떤 선택을 하는 데 있어 누구의 눈치를 볼 필요 없이 자유로울 줄 알았으니까. 그래서 보다 덜 억울해질 것 같았으니까. 아이들의 세계에서 왕왕 벌어지는 불합리함, 그 화딱지남을 큰소리 떵떵으로 따져 물을 수 있다면 얼마나 통쾌할까. 그러나 어른이 되었을 때 내가 맞닥뜨린 세상은 입이 없는데 떠드는 사람들과 입이 있는데 침묵하는 사람들이 뒤엉켜 벌이는 일종의 묘한 부조리극의 한 장면과도 같았다. 그 고심이 깊었다면, 그래서 모두를 대신하여 그 화두를 온몸에 짊어졌다면 두상 못나도 머리 깎았으련만 어느새 나도 그들과 쌍둥이처럼 닮아 있음을 알게 되었다. 남 탓하기 바쁘고 남 욕하기 바쁜 와중에 내가 누구인지 나를 찾는 일이 시급하다 하여 베스트셀러 1위에 올라 있는 혜민 스님의 책을 읽었다. 하버드 대학을 나온 잘생긴 훈남이기에 앞서 스님의 매력은 솔직함에 있었다. 그렇지, 스님은 전지전능한 신이 아니지. 스님의 이야기는 쉽고도 단순했다. 이를테면 지피지기면 백전백승과 같은 요약이었는데 그 가늠을 위해서는 일단 정지가 필수라는 얘기였다. 가만 보면 부모가 친구가 선생님이 수도 없이 해준 말이고 나 역시 남에게 그리 떠들었던 바, 왜 우린 처음인 양 울고 격하게 감동에 몸서리칠까. 멈추면 비로소 보인다기에 며칠 휴가를 내야지 했다. 뭐가 보였는지는 일단 한 박자 쉬고!

9월 15일 — 너, 네가 젤로 무서워

이박삼일 일정으로 청송에 와 있다. 일행들과 떨어져 후발주자로 혼자 출발하게 된 나. 검색을 해보니 차가 몇 대 없었다. 고민 끝에 결국 안동 가는 버스에 올랐고 안동버스터미널에서 청송이요, 하며 택시 한 대를 잡아탔다. 초행이었고 사방이 깜깜했고 사투리를 심하게 쓰시는 기사 아저씨와 둘이 한 시간 남짓 꼬불거리는 길에 오르며 나눈 대화라고는 단 두 마디, 청송 좋지요? 네……랄밖에. 워낙 세상이 흉흉하다보니 온갖 택시를 이용한 범죄들의 사례가 떠오르는 가운데 아저씨를 간간 째려보다보니 두통이 밀려왔다. 창을 열었다. 알싸한 밤공기를 맡으며 칠흑 같은 어둠 속을 가르며 달려가는 내내 나는 지금 내 인생의 어느 만큼을 달려왔고 달려가는가, 하는 물음 하나와 만나게 되었다. 안개는 자욱했고 길 아래는 낭떠러지고 코는 맵싸해져 울컥, 저 가슴 아래로부터 뜨거운 어떤 것이 치미는데 미치겠는 심정이란. 왜 나는 이런 순간마다 죄다 싶은 기억들로 나는 잘못했다, 다시는 그러지 말아야지, 되뇔까. 내비게이션에서 목적지에 도착했다는 말이 나오기 무섭게 기사 아저씨가 차를 세웠다. "여 근방인가본데 한번 둘러보소." 불을 하나둘 끄고 문을 닫는 술집 하나뿐 일행들은 어디에도 없었다. "돈 주소, 나 그만 갈라요." 그 순간 스멀스멀 올라오는 방귀 냄새라니. "나 똥 마려 죽겠단 말이오." 헉 아저씨, 같이 좀 계셔

주면 안 돼요? 나 참, 의심하며 째려볼 땐 언제고!

9월 17일 ― 새 한국의 아리랑

　전 세계적으로 싸이 열풍이 거세다. 우리한테야 식상할 정도로 익숙한 싸이인데 외국에서는 우주에서 뚝 떨어진 외계인처럼 신기한 모양이다. 이게 웃긴가, 싶은 의외의 장면에서 폭소를 터뜨리며 말춤을 따라 추는 외국인들이 나는 더 생경스러우니, 그게 바로 나라마다 문화의 차이겠지. 어쨌거나 그 차이를 좁히다못해 하나되게 만드는 춤과 노래의 힘에 대해 다시금 감탄하지 않을 수가 없다. 세계 곳곳에 진출한 우리나라 기업들이 상상을 초월할 정도의 돈을 쏟아부어가며 홍보를 하고 올림픽과 월드컵 같은 스포츠 대회에서 피땀 흘려가며 승부를 겨뤄 코리아를 알려왔다지만 그 시간과 그 공력을 비례해봤을 때 싸이의 능력을 보시라, 빛의 속도이지 않는가. 외국인들로 하여금 스스로 '강남'의 '강'이 'k'라며 발음을 교정하게 하고 '강남'이란 지역이 한국의 베벌리힐스니 아니니 호기심을 유발시키게 된 데는 무엇보다 재미라는, 유희라는, 목적 없이 즐김을 목적으로 하는 인간 본성이 통하였기 때문일 거다. 어느 순간부터 왜?라는 물음을 의무인 듯 습관인 듯 붙임으로 해서 피곤해진 우리들, 때론 더도 말고 덜도 말고 그냥! 혹은 마냥!이라는 감정적 해소 또한 필요하지 않겠는가 말이다. NBC〈Today〉에 출연한 싸이가 우리말로 '대한민국 만세'를 외쳤다지. 갓 쓰고 한복 입고 북 두드리는 것만이 소중한 우리 것이던 시대는 이렇게 변모하고 있나보다. 거 참 좋은 징조!

9월 18일 – 법의 조기교육

평론하는 선배 중에 만날 1등만 하는 아들을 둔 이가 있었다. 워낙에 탁월한 수재이니 그 또래의 아이를 둔 다른 선배들은 자식 얘기 꺼낼 엄두조차 내지 못했던 바, 하루는 이렇게 묻는 내가 있었다. "선배님은 아들이 무슨 과에 진학했으면 좋겠어요? 설마 국문과나 문예창작과는 아니겠지요?" 내 입에서 흘러나온 두 과 운운에 살짝 눈썹이 치켜올라가는 듯싶더니만 웅변을 하듯 단호하게 대답하는 선배. "나는 우리 애더러 법대에 가라고 했어. 살아보니까 세상 이치를 논리적으로 아는 것만큼 중요한 게 없더라. 법은 기본석으로 그걸 가르쳐주는 학문 같거든." 선배의 바람대로 아들은 S대 법대에 진학했고, 우리는 권커니 잣커니 거나하게 축하주를 나눠 마셨더랬다. 그럼에도 쉽사리 고개 끄덕이며 동의할 수 없었던 나, 솔직히 법에 대해 아는 바가 전혀 없기 때문이기도 했다. 지금껏 법이라면 어렵고 딱딱하고 무서운 거란 선입견 속에 살았으니 말이다. 오죽하면 어른들 왈, 법 운운하는 일 없이 법정 드나들 일 없이 평생 살다 가는 게 복이라는 말까지 해왔을까. 세상으로부터 느닷없는 억울함을 당해야 그 순간부터 허둥지둥 법전과 법정을 떠올리는 참으로 힘없는 우리들. 그에 반해 돈도 많고 권력도 많고 죄도 많은 이들은 법도 많이 알아 참으로 힘있는 괴물이 될 수 있었나보다. 국어사전을 살까 하다 민법사전은 어디서 파나 검색을 다 하다니, 너 힘들구나!

9월 19일 — 58년 개띠 김시진 만세

체격과 체력을 두루 갖춘 건강한 사내아이가 내 새끼라면 스포츠 선수로 키워야지 꿈을 키운 적이 있다. 책상 앞에 누가 오래 앉아 있나 하는 공부 내기 의자 싸움으로는 매번 인간의 한계를 최대한으로 끌어올리는 무대 속 주인공이자 연출자인 스포츠맨과 견줄 수가 없다고 생각했기 때문이다. 자, 그중에서도 야구! 나는 공 하나에 울고 웃는 프로야구 선수들의 플레이를 보며, 특히 그들을 뛰거나 멈추거나 치거나 던지게 만드는 프로야구 감독들의 눈치를 보며, 우리들 삶의 교훈이랄까 메시지 같은 걸 자주 전달받고는 했다. 말로 떠드는 그들이 아니라 몸으로 보여주는 그들이어서였다. 쉽게 잡힐 타구라도 죽자 살자 뛰다보면 세이프가 될 수 있다는 거, 한 방을 노리느라 헛방을 휘두르다 한 방에 무너질 수 있다는 거, 잠깐 한눈 파는 사이 내 실수로 내 집안 망해버리는 거 일순이라고…… 어디 그뿐이랴. 감독들의 성향을 보면 한 가정이 어떻게 굴러가는지 그 패턴이라는 게 쉽사리 읽히지 않는가. 넥센의 김시진 감독이 경질됐다. 문책성 감독 경질이 처음 있는 일도 아닌데 충격이 컸다. 욕이 절로 나왔다. 그가 뭘 잘못했는지 도무지 납득이 되지 않아서였다. 팀이 잦은 승리를 이뤄내는 건 당연한 데 반해 팀의 패배가 잦아지는 건 죽을 일인가. 우리 사는 일이 롤러코스터와 같다면 다시 차고 오를 그날을 기다려주는 것도 미덕이련만, 돈 있는 것들은 이렇게도 인생을 모른다니까!

8월 20일 – 잘 수 있음을 감사하라

며칠 전 출장을 다녀온 청송에서 간만에 단잠을 잤다. 왜였나, 왜였나, 생각해보니 그 잠자리가 글쎄 한옥이었던 거다. 가난한 시인 주제에 어릴 때부터 왜 그렇게 주거지 욕심이 있었던지, 그중에서도 마당 있는 한옥을 꿈꾸는 날 가리켜 전생에 머슴이었던 게 분명하다고 선배들은 놀리기도 했었지. 생일 선물로 맷돌이나 댓돌이나 대청마루의 한 평이거나 뒤주 같은 걸 사달라고 했으니 말이다. 어쨌거나 안국동이나 옥인동 같은 동네는 아니더라도 한 시골 마을의 한옥방에 드러누워 있자니, 또 사실 할일이 잠자기밖에는 없기에 꿈도 안 꾸고 피로를 풀었는지 모르겠다. 텔레비전도 없고 책도 없고 그저 창호지로 바른 문 앞에 누워 도란도란 부부는 얘기 끝에 잠이 들었겠지. 잠을 자며 만질 거라고는 서로의 몸밖에 없기에 사랑을 나눈 끝에 주렁주렁 아이들을 낳았겠지. 그래서 우리 어른들 먹고살기 빠듯했으나 다음날 아침 빨딱빨딱 일어나 논과 밭을 부지런히 오갔겠지. 밥맛도 좋고 살맛도 났겠지. 그렇다면 나의 불면은 이 작은 방 한 칸을 얻기 위해서가 아니라 더 큰 욕심 때문에 빚어진 어둠이려니. 밤이 되면 자야 하는데 매번 침대 위로 읽지도 않을 책과 미처 다 처리하지 못한 일감들을 줄줄 던져놓고 울기 직전의 얼굴로 쳐다보곤 하던 습관 때문에 귀신이 내 머리끄덩이를 잡아채던 꿈을 그리 꾸었던 게 아닌지. 아 또

다시 이놈의 가지가지 집타령!

9월 21일 – 어쨌거나 선물은 좋은 것

추석이 한주 앞으로 다가온 걸 교통체증으로 알아차린다. 명절이라고 선물 챙기고 선물 챙겨 받고 할 입장도 아니다보니 차들 사이를 슝슝 잘도 빠져나가는 수많은 오토바이가 어찌나 부럽고 또한 궁금하던지, 누구에게 뭘 보내기 위해 퀵서비스를 부르고 퀵서비스는 제 기능을 다하는 걸까. 어릴 적 명절마다 아빠는 정성스레 마련한 선물상자를 차에 싣고 이 집 저 집 다녀오고는 했다. 꽃게가 좋을 때는 꽃게 상자를, 사골이 좋을 때는 사골 상자를, 사과가 좋을 때는 사과 상자를 트렁크에 담아 차 뒤꽁무니를 무겁게 덜컹이곤 하였는데 나를 왜 그렇게 동행 길에 나서게 했는지. 사돈에 팔촌에 왜 어르신들을 일일이 챙길까, 고마운 거나 알까, 우리 살림도 넉넉하지 않으면서 오지랖이다 싶은 못미더움에 신경질깨나 부리던 나였다. 그 집은 부자라서 그런 음식 줘도 안 먹어…… 녹두전이라도 부칠라치면 그것까지 포장해 동네방네 돌리던 부모님, 그 덕에 지금 내가 은혜 입고 사는구나 자주 생각하게 되는 요즘이다. 게으른 우리 형이 직접 재배한 거야, 라며 한 시인으로부터 사과 한 상자가 도착했을 때 개수가 너무 많고 먹던 사과가 충분히 있었으나 넘치는 마음은 안 흘리고 다 삼켜지던 까닭이다. 어떤 목적이 있어서가 아니라 떠올리면 따습고 뭐든 내 것을 내어주고 싶은 사람이 있다면, 그 마음으로 좀 바지런해져도 좋다 싶다. 그래서 책을 한 스무 권 샀다. 편지도 한 스무 통 보태볼 참이다.

9월 22일 ― 자연은 자연스럽게

이사 가 살게 된 집에 작은 뜰이 하나 딸려 있어 가끔 쪼그려 앉아 별을 올려다보곤 한다. 나무도 두어 그루, 잔디도 뾰족뾰족 올라 제법 풀냄새를 일으키는 바, 불쑥 밟은 그것에 향이 있어 맡아보면 쑥이고도 그랬다. 내가 우연히 뜯은 그것이 쑥이었을 때의 낯섦, 그러나 그 살아 있음의 묘한 생경함. 그 얼마 되지도 않은 땅을 가지고 난 뒤부터 나는 사소하면서도 즐거운 고민에 빠지게 되었다. 고작해야 집안 인테리어만 고심해봤지 풀과 나무와 꽃의 동선을 잡아주는 일에 대해서는 단 한 번도 컴퍼스의 주인이 된 적 없었기 때문이다. 가드닝에 대한 책을 잔뜩 사들였다. 문화 자체가 서구로부터 유입된 거라 뭐랄까, 대입 자체가 쉽지 않았다. 내가 다녀본 우리 선조들의 정원 또한 다시금 되새김질해보았으나 내가 가진 땅이란 게 손바닥만했다. 그래서 떠올린 것, 나는 어떤 식물을 좋아하는가, 였고 순간 내 앞을 스쳐간 게 연이었다. 왜 연이 좋으냐고는 말할 수 없으나 그저 갖고 싶다 할 적에 연은 사랑이었을 거다. 욕심을 부려 연을 샀다. 돌확까지 다 주세요 했는데 돈 칠만 원에 마당 가득 녹음이었다. 아침저녁 바라만 봐도 행복했고 비가 내리면 더 내려라, 후두둑 물을 맞는 연잎의 심정이곤 했다. 장날에 시장에 가니 꽃 팔러 나온 용달차가 꽤 줄을 잇고 있었다. 꽃이 예뻐 꽃을 샀다. 이 당연한 걸 왜 이리 놓치는지.

9월 24일 – 피부는 타고나는 거라니까

볼에 작은 뾰루지가 하나 났다. 크기는 작았으나 면봉으로 눌러보니 꽤 단단하게 뭉쳐져 있었다. 잔뜩 독이 오른 그것으로 하룻밤 만에 거울 속 나는 꽤나 심술궂은 인상으로 변해버린 듯했다. 내일도 모레도 줄줄이 잡혀 있는 미팅 스케줄로 보건대 여간 신경이 쓰이는 게 아니었다. 말마따나 누가 내 피부 안 좋다고 계약을 파기할 것도 아닌데. 호들갑을 떨며 회사 근처 피부과를 검색했다. 홈페이지를 찾아들어가 의료진도 꼼꼼히 살피고 환자들이 남긴 방문 후기도 샅샅이 읽었다. 모든 궁금증 끝에 상담사에게 전화를 걸었다. 몇 살이냐고 묻는 것까지는 좋았는데 피부 노화가 어쩌고 탄력이 어쩌고 관리 안 받으면 내일이라도 호호 할머니 될 것처럼 취급하는 말본새가 불쾌하면서도 내심 찝찝하여 당장에 택시를 잡아타고 병원으로 쫓아갔다. 그저 뾰루지 하나 치료할 마음이었는데 미농지처럼 투명한 아기 피부를 자랑하는 피부과 의사 앞에 맘껏 날 잡아 잡숴, 하는 자포자기의 심정으로 몇 개월 할부로 카드를 긁을까 그걸 고심하게 된 나라니. 눈 딱 감고 에라 모르겠다, 카드 내미는 순간 간호사 왈, 갖고 있는 카드 세 장이 다 한도 초과로 나오는데요, 라고 했다지. 다단계에 끌려들어갔다가 도망쳐 나온 친구처럼 건물 일층에서 나는 한참을 웃었다. 하마터면 카드 고지서 나올 때마다 가슴 치고 땅을 쳐서 손 부러질 뻔했잖아. 호박에 줄 긋는다고 수박 되냐. 엄마는 역시 진리다.

9월 25일 — 사과를 사과하게는 말기

사과를 준다기에 사과를 기다렸다. 사과! 얼마나 붉고 얼마나 예쁘고 얼마나 짠하고 그리하여 얼마나 사람스러운 말인가. 사람은 누구나 사람에게 잘못을 할 수 있고 사람은 당연히 사람에게 사과할 일이 생긴다. 우리가 그 사과를 받아들이는 건 한 가지 경우뿐이다. 이를 앞두고 온몸이 떨리고 아팠는가 하는 진심의 여부. 진실된 마음을 증명하는 건 어떠한 수치로도 불가하다. 오롯이 느끼는 자의 몫이니까. 차라리 안 하는 것만 못한 사과가 있다. 이른바 척에 불과할 때, 어떤 목적을 이루고자 그러함직하게 흉내를 낼 때, 그러나 귀신같이 그 장난을 알아채는 우리. 사과의 경우 손에 쥐고 망설일수록 무르고 푸석해지고 그 빛깔도 고유의 붉음을 잃어가는 바, 외형은 그대로인 듯하나 이미 그 맛이 바람 든 무보다 덜한 사과 하나를 받아 들고 왜 이리 찜찜한지 모르겠다. 치사한 마음마저 드는 건 애초에 안 줄 마음이었다는 것조차 일찌감치 알아차렸기 때문일지도 모르겠다. 사과 하니 떠오르는 일 하나. 고등학교 3학년 때 내가 떠들었는데 내 짝꿍이 그런 줄 알고 잘못 본 선생님이 일으켜세워 냅다 때렸을 때, 사실은 제가 그랬어요, 라고 선생님을 막아서지 못한 일. 두고두고 사과해야지 작심했는데 짝꿍은 일찌감치 세상을 등져버리고 말았다. 그로부터 오 년은 더 흘러 짝꿍을 뿌렸다는 정동진에 가 미안했어, 라고 사과한 나. 죽고 난 뒤 사과가 무슨 소용이랴.

9월 26일 — 배울 건 배웁시다

동부이촌동에서 시인 정현종 선생님을 뵈었다. 손녀뻘 되는 까마득한 후배에게 이거 먹을래 저거 먹을래 물으시더니 운동화에 날개 단 듯 앞서 걸으시던 선생님. 먹자 하신 단골 냉면집은 댁 근처 시장통 안에 자리하고 있었다. 위경련 뒤끝이라 많이 못 먹을 것 같아요, 내심 엄살이었는데 냉면 한 그릇을 물김치 한 사발인양 마셔버린 나, 예의 허, 허, 허, 하는 웃음소리를 크게 내시며 설렁탕을 드시는 선생님과 이런저런 얘기를 나누는데 깍두기가 듬뿍 담긴 접시를 가져다주며 식당 아줌마가 말했다. 교수님, 왜 이리 뜸하셨어요. 단골 밥집이야 알아보는 게 당연, 그러나 시장 입구 모슬포산 모시조개를 파는 아저씨도 친환경 매장에서 전병을 파는 아줌마도 만나서 반갑다고 짝짝짝이시니 우와 이 동네 어딜 가도 대접받는 기분인걸요. 선생님은 새삼스럽게 뭘, 하셨지만 살짝 어깨가 더 펴지신 것도 같았다. 안다, 안다, 다 안다, 의 귀여운 으쓱함이었다고나 할까. 그러나 본토박이라고 해서 모두가 그런 앎이 되지 않는 것이 걷는 내내 기웃기웃 사람과 사물과 계절을 두리번거리며 살피시는 시인의 눈을 포착하고 말았기 때문이다. 내가 도미의 가격을 볼 때 그 도미의 눈을 살피는 시인의 직관, 그 순간적인 판단의 기미…… 무릇 정치를 함에 있어 어른들이라 할 이들도 이것만은 닮아야 하지 않을까. 그래서 어릴 적 바지런하기로 소문난 우리 동네 통장 반장들 발냄새 고약했는가 몰라.

9월 27일 – 지금은 애니팡 시대

어느 날 느닷없이 빨간 하트가 날아들었다. 카카오톡을 통해 나의 지인이 쏘아보낸 빨간 심장 하나. 대체 이것이 뭔고 하였더니 게임을 한 판 더하게 해주는 기회의 손길이었던 것. 거부할 수 없는 하트의 유혹에 못 이겨 시시때때 애니팡에 접속해 결국은 똑같이 생긴 세 놈 묶어 없애기에 빠져들었다. 생각보다 중독성이 강했다. 기본적으로 부여된 하트 다섯 개를 다 써버리고 나면 또다시 게임을 하고 싶은 금단현상에 입술 뜯어가며 내 전화번호부에 저장된 지인들에게 하트를 보내게 되는바, 에서는 받을 작정이 더 컸던 터, 그저 게임일 따름이었는데 그로 말미암아 내 친구 내 선배 내 후배 내 인간관계를 다시 한 번 곱씹게 되는 이 우아하면서도 감상적인 게임을 봤나. 내가 이 사람에게 하트를 보내야 하나 망설이는 순간 그 사람으로부터 하트를 받았을 때 그뒤부터 우리 얼마나 거리낌 없이 하트를 남발하던가. 사이버머니가 아니라 사이버쿠폰이 아니라 사이버하트라는 거, 이 빨간 심장의 개발자는 가히 천재가 아닐는지. 그러고 보면 우리 사회가 사랑한다는 말을 너무 별스럽게 여겼던 건 아닌가 싶다. 그러나저러나 내가 큰일이다. 익숙한 멜로디와 더불어 쉴 틈 없이 애니팡에 접속하느라 줄곧 숙인 모가지가 되는 나니 말이다. 난 해도 해도 매번 그 자리이던데 어떻게 하면 수십만 점으로 1위를 고수할 수 있나. 애니팡계의 달인 오은 시인에게 사사하고 싶다.

9월 28일 — 알아서들 한다구요

사진집을 한 권 펴냈다. 누드, 라는 제목의 몸 이야기다. 사진작가 민병헌 선생님과 의기투합하여 우리들 몸이 가진 여러 '미'를 느끼게 해주자, 라는 취지에서 몇 년 동안 머리 맞대고 고민한 끝에 받아들게 된 짠한 물건 하나. 얼굴도 몸의 일부이니 표지로 한 여인의 얼굴을 삼았다. 침묵 속에 너도 가졌고 나도 가진 우리들 몸에 서서히 이름 한번 불러주는 일, 그 익숙함이

경이로 바뀔 때의 환기에 정점을 찍어주는 일, 그것이 바로 예술의 본령일진대 한 대형 서점으로부터 유해하다는 판정을 받았다. 19금 딱지가 붙었고 인터넷 서점에서는 표지조차 뜨지 못하게끔 조치가 취해졌다. 왜일까. 우리는 왜 아름다움을 만끽하기에 앞서 혹시나 생길지 모를 추함을 걱정하나. 특히나 청소년들 걱정이라지. 물론 이해는 한다. 스펀지보다 흡수력의 빨판 힘이 과한 세대 아닌가. 알아서들 당기면 가질 거고 아니면 버릴 텐데 왜 그들은 눈도 없다 무시하나. 외국 여행중에 유명한 미술관에 들를 때면 참으로 부러운 장면을 목격하고는 한다. 여성의 체모가 고스란히 드러나는 쿠르베의 〈세상의 기원〉 앞에서 부모가 어린 자식에게 아주 진지하게 설명해주는 모양새를 예로 들 수 있으려나. 우리에겐 철 지난 말춤인데 미국인들의 환호 속에 싸이는 온갖 규제 속 문제적 인물에서 하루아침에 교과서에서 나올 만한 위인이 되었다. 외국물 먹어야 유명해진다는 말, 속설이 아닌 모양이다.

9월 29일 – 달이 봐요, 싸우지 마요

연휴의 시작, 오늘만 같으라는 한가위다. 어디 안 가? 보는 사람들마다 서로를 고향 앞으로 앞세우는 가운데 나는 또 언제 집으로 가나 달력을 보는데 북적북적 시끄러울 집을 생각하니 연이어진 빨간 날들이 꽤나 부담스럽기도 한 것이었다. 아 좀 뛰지 마, 정신사나워 죽겠잖아. 내내 혼자 있다가 오랜만에 집에 가면 뛰는 조카에 기는 조카에 혼이 빠질 지경에 이르러 그만 빽 소리를 지르게 되는 바, 좀 못된 생각으로 무슨 핑계라도 대고 숨어볼까 하게도 되지 뭔가. 그래도 예전처럼 결혼해라, 왜 안 하냐, 늙어가는 부모가 불쌍하지도 않냐, 라는 질타성 훈계가 줄어들어 한결 마음이 편해지긴 했다. 밥상머리에서 지금 그 얘기 들을 솔로들 한둘이 아닐터, 그도 서른다섯이 지나고 나니 가망이 없다 싶어 오히려 친척들이 쉬쉬하는 분위기이기도 하는 터, 그로부터 명절에 대해 보다 냉정히 보다 객관적으로 생각해보게 된 것도 같다. 좋으라고 모인 그 자리에서 우리는 정녕 행복한가, 반갑다고 만난 그 자리에서 우리는 정녕 복되다 하는가. 부모 자식 간에 형제자매 간에 만나면 왜 그리도 싸우는지, 왜 전국적으로 끔찍한 사건 사고는 흥겹다 할 가족 간의 술자리 밥자리에서 일어나는지. 특히나 예민한 정치적 사안을 놓고 네 후보가 꽝이네 내 후보가 최고네 감정적 편가르기로 목울대에 힘들을 주실까. 하여튼 마음만은 모두가 대통령인 우리 국민들, 부디 다툼 없는 명절들 보내시라!

10
월

10월 3일 — 독도 스타일

 초등학교 때 사회 과목 주관식 시험 문제로 무슨 기념일 날짜를 적어보란 것이 곧잘 출제되곤 했더랬다. 기념일 몇 개나 된다고 선생님은 이런 누워서 떡 먹기 같은 문제를 내시는 걸까. 그러나 채점이 끝난 뒤 정답자가 반도 안 나왔다며 혀를 끌끌 차시는 끝에 우리를 한심한 놈으로 싸잡아 혼내시는 선생님이 계셨다. 삼일절은 알겠는데 광복절은 알고도 남겠는데 대체 10월 3일은 뭐하는 날이냔 말이지. 열릴 개, 하늘 천, 한자를 읽고 쓰게 된 중학생이 되어서야 비로소 개천절의 의미를 확실히 알게 된 나. 올해는 단군이 고조선을 세워 우리나라가 건국한 지 4345년째라지. 그 시간의 길다 싶음을 그저 까마득함으로 받아들이는 가운데 우리 민족 장하다, 머리라도 쓰다듬고 싶어진 건 어쨌거나 여러 민족 간의 뺏고 뺏기는 땅따먹기 싸움에서 비교적 안 뺏고 안 뺏긴 채 근근했다는 사실 때문이었다. 날 때부터 주어진 서로의 영역을 존중하고 날 때부터 정해진 서로의 영역을 탐하려는 마음 자체를 먹지 않는 것이 평화이련만, 인류의 탄생 이래 지금껏 철들지 않는 민족들이 왜 이리 많은지. 〈독도는 우리 땅〉이란 노래를 검색해봤다. 1982년 작이다. 삼십 년 동안 목이 터져라 외쳤음에도 들은 척을 안 하는 이웃 나라럿다. 하는 수 없지. 영국, 호주 차트에 이어 빌보드 차트 1위를 눈앞에 둔 싸이에게 독도를 부탁하는 수밖에. 지금 온 지구의 대통령은 싸이니까.

10월 4일 — 가을을 타나보다

 명절이 지나면 다시금 복귀해야 할 일상인데 왜 영영 떠날 사람처럼 들떠서는 일을 손에서 놓았는지, 연휴 마지막 날 회사에 들렀다가 공연히 우울해지고 말앗다. 컵마다 다 마시지 않은 음료에 핀 곰팡이며 먹다 남긴 샌드위치가 딱딱하게 굳은 것하며 휴지통을 비우고 컵을 씻어 단도리란 걸 하는데 내가 참 한심한 사람처럼 느껴지지 뭔가. 벌써 이런 순간을 몇 번이나 맞닥뜨렸는지, 그때마다 하루가 인생이 다인 것처럼 매일매일 정리를 하자, 얼마나 다짐했던가. 갈증에 못 이겨 목을 떨군 화분마다 듬뿍 물을 주고 한참을 쪼그리고 앉아 한 잎 한 잎 이파리를 티슈로 닦아내는데 참 까맸다. 내게도 분명 쌓였을 세월의 분진, 평생 밥보다 더 많이 더 자주 먹는 게 먼지일 텐데 빈 병을 유모차에 싣고 느릿느릿 길을 건너는 노인의 굵은 주름을 확인해야 삶, 거참 덧없다 하니 우리들 큰 뇌의 소유자임에도 이 얼마나 어리석은가. 언제 떨어졌나 싶게 방바닥을 뒹구는 머리카락을 쓸어 모아 버릴 때마다 탈모 방지용 샴푸 사러갈 궁리보다 두피클리닉 끊을 작정보다 앞서는 마음이 머리카락 한 가닥이 어디에서 왔나 하는 근원에 대한 물음이니 아직 글 쓸 주제인가보다. 간만에 회사고 집이고 청소했다는 티를 역력히 내기 위해 쓴 글이 아닌데 의도를 너무 들켰다. 앞집 마당에서 말라가는 흰 이불 홑청이 바람에 펄럭인다. 어쨌거나 자연을 따르는 게 나쁠 게 없으니 완연 가을이 되자는 말씀

10월 5일 – 쑥떡 가장 좋아해요

아침저녁 택시로 출퇴근하던 내가 직장 근처로 이사한 뒤 걷거나 버스를 타는 일에 재미들인 지 한 달여다. 누가 들으면 뭐 이런 재수없는 부르주아가 다 있어, 하겠지만 일단 운전면허증이 없는데다 일산 집 앞에서 출판단지 가는 버스가 자주 있다던 부동산 아줌마의 상술에 속은데다, 버스를 탄다 해도 한 시간을 기다려 한 시간 반을 달려야 하는 허망함을 견딜 만큼 여유만만한 사장님이 아니니 말이다. 일산에서 고작 이십 분 떨어져 있음에도 파주에서는 대학 시절 엠티 가서 처음 맡아본

듯한 시골 냄새가 났다. 나무 냄새가 짙고 풀벌레도 통통하게 살쪄 있었고 무엇보다 고요해서 산책할 때는 내 발소리가 어떠한지 그것으로 내 심정의 솔직함을 추측할 수도 있었다. 물론 파주라고 해서 시끌벅적한 유흥가가 왜 없겠는가. 다만 내가 걸으면서 시선을 고정하게 된 다양한 만물에 시간을 더 들이게 된 것이 차이라면 차이겠지. 비 그치면 웃자란 듯한 집 앞 나무들 사이를 걷다 무더기로 모여 있는 쑥더미를 보았다. 쑥 알러지가 있음에도 왜 쑥만 보면 쑥덕쑥덕 하는지, 엄마에게 쑥개떡 해달라고 해야겠다, 하며 손톱 밑에 흙이 잔뜩 끼도록 쑥을 뜯는데 그 향이 기가 막혔다. 나 참 너 쑥향 처음 맡아? 모르는 게 아닌데 왜 이렇게 처음 같을까? 콘크리트에서 자연이기까지 서른일곱 해가 걸렸다는 얘기다.

10월 6일 – 웃기면 시집가요

휴대폰에 녹음 기능이 있다는 걸 알았을 때 퍽 신기해서 아, 아, 마이크 테스트하며 짤막하게 내 목소리를 담은 뒤 반복해서 들어보곤 했다. 나는 말하는데 정작 내가 어떻게 말하는지 남들처럼 듣고 느낄 수가 없었으니 말이다. 나는 천천히 말하는데 왜 내 말이 빠르다고 하지. 나는 최대한 여성스럽게 말하는데 왜 내 말투가 상남자 같다고 하지. 몇 번 다른 사람들을 인터뷰하는 가운데 녹취를 통해 들어봤던 내 목소리는 솔직히 좀 별로이긴 했다. 말을 참아야 할 때와 말을 뱉어야 할 때의 그 타이밍 조절에 매번 실패하곤 했었다랄까. 딸이 아나운서가 된다면 참말 좋겠네 하는 야무진 꿈으로 엄마는 몇 번이나 나를 화술학원에 끌고 가려 했었다. 왜 어렸을 때 시내버스마다 양복에 넥타이 차림의 아저씨들이 웅변이네 뭐네 마이크 든 품새로 광고깨나 하지 않았던가. 말을 잘하는 것과 말을 맛있게 하는 것의 차이를 알고 난 뒤 맛깔나는 언변의 달인을 만나면 몰래, 하여간 나쁜 짓임을 알면서도 휴대폰의 녹음 버튼을 누르곤 했다. 반복 재생하여 들어본 결과 그들 말의 힘이 유머에 있으면 또한 알게 되었다. 그래서 한때 죽자 살자 좋다고 이상형이라고 꼽았던 게 유재석이었나. 어젯밤 전화 한 통을 받았다. 딱 네 선 자리여서. 너랑 띠동갑인데 에이 아직 오십 안 됐고, 응 마흔아홉. 사람이 무지 유머러스한 거 있지. 마지막 대목에서 살짝 마음이 기우는 건 아마도 내가 외로워서겠지?

10월 8일 — 구미를 무시하나

경북 구미에서 발생한 불산 사고 소식을 듣자마자 대대적 보도를 예상했었다. 그러나 사고 십이 일째인 오늘까지로 보자면 은폐의 인상을 지울 수 없다. 일본에 방사능 유출 문제가 터졌을 때 우리 참 시끄럽지 않았던가. 일본 땅 밟는 즉시 방사능에 쐬이고 말 거란 경고성 멘트에 회복 불가의 피폐화된 자연을 소재로 지구를 걱정하는 오지랖까지 주제를 확장시켜나갔던 바, 왜 구미 사태에 대해서는 심각성을 간과하나. 병원을 찾은 진료자만 해도 이천오백 명이 넘고 피 섞인 콧물을 흘리는 소에 제 색을 홀랑 잃고 까맣게 말라버린 온갖 작물들 하며 통증을 호소하는 환자들의 무한 증가로 마을 이주가 대거 이뤄지고 있다는데 이러다 비라도 오면 어쩌려고 가만들 두고 보시나. 낙동까지 그리하여 인근 땅 곳곳에 스며들 불산을 어쩌시려는 건가. 불산이 더는 검출되지 않는다는 환경부의 발표가 있었다지만 사건이 발생한 그날 즉시 왜 환경부 장관은 헬기라도 타고 내려오지 않았는지, 버스라도 대절해 시찰 나와도 시원찮을 국회의원들은 왜 꿩 귀 먹은 소식인지, 이 사건이 서울 한복판에서 벌어졌어도 지금처럼 뒷짐들만 지고 있었을까. 억지리도 쓰고픈 심정이다. 피해 지역인 봉산리에서 이주를 하고 싶어도 나이 많고 아픈 아흔의 영감을 두고 떠날 수는 없었다는 여든일곱 할머니의 인터뷰가 두고두고 뇌리에 남았다. 늙고 병들고 돈 없으면 이 나라에서 진짜 살지 말라는 얘기가 아니고서야 원.

10월 9일 — 까치까치 한글날

 오늘은 한글날. 어렸을 땐 빨간 날, 크고 보니 까만 날. 어렸을 땐 당연한 듯 여겼던 한글을 특별하게 생각하게 된 건 크고 나 글자밥을 먹기 시작한 뒤부터였다. 자음 하나 모음 하나 새록새록 얼마나 새롭던지, 한자만 쓰다가 이 글자들을 어떻게 만들었나 세종대왕 이하 그 일에 관여한 이들 모두 천재라는 데까지 생각이 미치게 되었던 것. 책을 만들면서 우리 글자가 얼마나 무시무시한 눈속임의 기능을 가졌는지 깨달은 적 한두 번이 아니었다. 나의 애창곡이기도 한 트로트 〈도로남〉의 가사처럼 점 하나에, 받침 하나에 울고 웃게 만드는 재주, 세상 어느 글자가 그러할까. 어떤 국제 문인 행사를 앞두고 내 시 몇 편을 영어로 번역할 일이 있었다. 일부러 우리말의 묘미가 살아 있는 것을 골라 보냈던 터, 그러나 번역자로부터 난색을 표한다는 답장을 받고 말았다. 예컨대 '오빠라는 이름의 오바'라는 제목을 어찌 번역할 것이냐는 반문과 더불어. 그걸 본 한 친구가 말했다. 미당보다 네가 더 한국적이란 소리 아니겠냐. 야 그게 말이야 발이야. 글자가 미숙해서 디자인하기 어렵다는 둥, 이 제목이 영문이었으면 문제도 아니었다는 둥, 많은 디자이너의 불만을 사실처럼 알았으나 지금 나는 한글의 주인임이 꽤나 자랑스럽다. 김만정님의 등단을 축하합니다. 김민정, 내 이름 대신 내 등단 소식을 알린 전보장을 여태 보관하는 이유, 우리말만의 재미니까!

10월 10일 — 그런 줄 아세요

요즘 들어 내게 전화한 사람들 가운데 아주 가끔 내가 전화를 안 받기를 바랐다는 이들이 있다. 아 좀 참지, 그새 전화를 받아버리냐. 안 받아야 심통이지 받았다고 성질이니 이게 무슨 적반하장인가 싶어 물으면 대부분 그 노래 누구 목소리냐, 하고 되묻기 일쑤곤 했다. 그러니까 내 컬러링의 주인을 묻는 애긴데 순간 누구였더라 하게 되는 건 내가 내게 전화 걸 일이 없었으니 말이다. 설마 내 목소리는 아니겠지? 내가 양희은이냔 가수 했지 글 썼겠냐. 반주 없이 나직하게 속삭이듯 시작되는 노래의 제목이 〈가을 아침〉이라 이리도 관심일까. 아침 저녁으로 달라진 바람이며 공기가 딱 제철이라 간간 하늘바라기 할 때 반주로 삼기에 좋아 그런다. 특히나 물어오는 이들 대부분이 남자인 걸 보면 족속의 특성상 여자를 귀찮게 하지 않을 수가 없겠구나 이해가 쉽기도 하지 뭔가. 하루는 회의를 마치고 나왔는데 부재중전화가 다섯 통이나 와 있었다. 어디 보낼 데가 있어 떡집에 주문을 한 뒤였는데 그 가게의 주인 번호였다. 무슨 문제가 생겼나 싶어 전화를 걸었더니 노래가 너무 좋아 계속 걸었다나, 끝까지 안 받으셨으면 했다나. 저는 들을 수도 없는 노래를 왜 그렇게 돈 들여 자주 바꾸냐며 동생을 타박한 적 있었는데 그럴 일은 아니었구나. 아셨죠? 새벽 세시 넘어 전화해서는 왜 내 전화 안 받냐고 문자 남기는 동료님들, 일부러가 맞다니까요, 싫어서가 아니라 좋아서라니까요!

10월 11일 ― 뭘 좀 하고 말합시다

초등학교 1학년 때였나, 살던 집 앞에 더러운 개천이 흐르고 있었다. 어느 날 밤 집에 온 손님을 배웅하러 온 식구가 나갔다가 큰 사건이 벌어졌으니 글쎄 네 살이던 여동생이 그 개천으로 떨어졌던 것이다. 집에서 키우던 진돗개가 발을 헛디디자 동생이 그 개를 따랐던 것. 개보다 더한 충성으로 개 이름 부르다 엄마야, 외마디 지르고 사라진 동생이었는데 그 즉시 풍덩 소리와 함께 뛰어드는 한 여인이 있었으니 잠시 후 한 손에는 동생을 또 한 손에는 개를 안고 원더우먼처럼 등장한 엄마라니. 모양새가 애매해진 건 다름 아닌 아빠였다. 아빠라고 걱정을 안 했을까. 아빠라고 딸을 구하고 싶지 않았을까. 타이밍이라는 게 있다면 아빠의 시계가 좀 늦게 돌았다는 거고, 보다 이성적인 방법으로 사건을 종료시키고 싶었다는 간절한 바람이 앞서서였다지만 어쨌거나 동생을 살린 건 그 어떤 것도 묻고 따질 줄 모르던 모성이라는 엄마의 뜨거운 피 때문이지 않았던가. 소말리아 해적단에 우리 선원 네 명이 억류된 지 오백삼십일 일째라지. 요구한 몸값이 너무 비싸네, 선적이 싱가포르네, 그 사실 여부를 다 떠나서 우리 정부가 지금껏 무슨 노력을 기울였는지 어디 속시원히 얘기라도 듣고 싶어졌다. 자기 자식이 납치된 상황이라도 이렇게 강 건너 불구경에 뒷짐 지고 힐끔거림이 다일까. 김장훈이 아니더라도 이 나라 떠나고픈 사람들 많아질까 몰라.

10월 12일 – 집을 나오니 알겠다

감기 몸살로 명절 끝 무렵부터 내내 좀 앓고 있다. 밥맛이 없어 잘 챙겨먹지도 못했는데 왜 난 겉보기에 마르고 흰 나뭇젓가락처럼 병약한 몰골이 아니 될까. 우리 씩씩이, 우리 건강이, 예뻐해주는 어르신들이 전화를 걸어올 때면 아픈 척은 간 데 없고 두 얼굴이 되어 기차 화통 삶아먹은 소리를 내는 나. 혼자 살면서부터 가지게 된 이 두 얼굴의 교차 순간을 언젠가 몹시 냉하게 바라보면서 떠올린 게 가족이었다. 생각해보면 나를 가장 사랑하는 사람들인데 왜 내 고통을 내 상처를 아무런 죄의식 없이 그들에게만 풀고 살았을까, 내 짜증의 세숫대야를 그들의 얼굴로 삼아왔을까. 종종 대학생들을 만날 기회가 생긴다. 남녀 불문하고 1학년 때부터 먹고살 걱정이 커서 그런가 웃음기가 그리 해맑지만은 않은 게 사실이다. 우리 때만 하더라도 뜬구름 잡는 일에 목숨을 걸고 헛바람 맞는 일에 기꺼움이 있었다만 요즘은 강의가 끝나면 다들 어디론가 바삐 사라지는 청춘들. 그러나 그런 그들을 주저앉히는 유일무이한 힘은 또한 가족에서 나오거늘, 얘기를 들어보면 집안을 일으키겠다는 신념으로 가득찬 효자 효녀는 오늘날에도 얼마나 많은지. 가족의 붕괴로 인한 별별 사건 사고들이 빈번하다지만 여전히 나는 이

사회의 힘이 가족이라 믿는다. 어려서도 엄마, 늙어서도 엄마, 아플 때마다 엄마 밥만 먹으면 힘이 불끈 솟는 무한 괴력의 소유자들이 바로 우리니 말이다.

10월 13일 — 새술은 새 부대라지만

회사에서 만나면 가장 반가운 사람이 회사 곳곳을 청소해주시는 여사님이다. 습관이 지각이다보니 뒤늦은 출근 뒤에 늘 깨끗하게 비워져 있는 휴지통이 당연한 줄로만 알았는데 토요일 이른 아침 내 방문을 열었다가 전날 먹다 남긴 샌드위치에 테이크아웃 음료잔이 고스란히 담긴 쓰레기통을 보고 '아, 안 오시는 날이지' 하며 그제야 여사님의 헤어 스타일과 옷차림을 떠올리던 나였다지. "있을 때 잘해 나는 봉이야"라는 유행어를 따라 했던 어린 시절이 있었다만 요즘 들어 그게 참 들어맞는 말이구나 새삼 느끼곤 한다. 어른이 된다는 건 매일매일 모르는 일이 훨씬 더 많음을 알게 되는 일이라 두렵기 마련인데 그렇다면 그때그때 내 곁에 있어준 사람과 자연과 사물이 얼마나 귀하겠는가, 왜 우리는 만만하고 익숙한 그것들에 싫증이 나늘 그렇게 새것을 좇을까. 어떤 트라우마로 연애를 안 하고 결혼을 나몰라라 하는 게 아닌데 혼자 밥 잘 먹고 잠 잘 자는 내게 혹자들은 묻곤 한다. 외롭지 않느냐고, 사랑밖에 약 없다고. 다른 이들은 이해하겠는데 죽고 못 살 샴쌍둥이처럼 내내 들러붙어 있다가 죽이지 않고서는 못 살 것 같다고 하루가 멀다 하고 남편 욕으로 전화기를 더럽히는 친구는 대체 왜 그런지 모르겠다. 개니 소니 하다가 남편과 화해한 날에는 어김없이 자기니 허니니 애칭조차 달리 하며 콧노래를 흘리니 괘씸한 것, 구관이 명관인 걸 알면서도 매일같이 나를 놀렸겠다!

10월 15일 ─ 센스 있는 당신들이여

누군가 당신의 이상형은 어떤 사람입니까, 라는 물음에 센스 있는 여자요, 답하는 걸 들은 적이 있다. 순간 옳거니, 무릎을 쳤다. 실은 그게 눈높이의 지존이다 싶었다. 생각해보라. 센스가 무엇인가. 어떤 사물이나 현상에 대한 감각이나 판단력을 뜻하지 않는가. 감각이나 눈치나 사리분별력이 분명한 이라면 설사 이목구비가 예쁘지 않다 해도 개성 있게 자신을 표현할 줄 알 것이며 설사 할말이 앞선다 해도 참아야 하는 말의 귀함을 알아 조커처럼 유머를 히든카드로 쓸 줄 아는데다 설사 공부가 모자란다 해도 특유의 솔직함으로 제 아는 것과 제 모르는 것의 균형을 맞출 줄 알 것이니 이는 어쩌면 거의 완벽에 가까운 사람의 전형이 아닐까 했다. 그리하여 누군가 내 이상형을 물으면 센스 있는 사람이요, 라고 할 요량으로 대권 후보로 나온 이들의 면면을 관심 있게 살펴보는 중이다. 사실 눈 한번 마주친 적 없이 사람을 안다고 말하기란 얼마나 어려운가. 더불어 눈 한번 마주친 것으로 그들을 안다고 말하는 여론이란 얼마나 편협하기 쉬운가. 결국 믿는 도끼는 오롯이 내가 깎고 내가 갈고 내가 정성 들여 손때를 묻힌 내 센스에 의해 완성될 것이니 오늘부터 공부를 좀 해보자는 결론에 이르렀다. 머리 자르고 꼬리 자르고 댕강 몸통만 놓인 생선을 이름도 모른 채 뼈 발라 먹을 수는 없는 노릇, 일단 오늘까지의 우리 역사를 읽는다. 육십오 일 남았다.

10월 16일 — 읽고나들 말합시다

노벨문학상이 발표되었다. 올해의 수상 작가는 중국의 모옌. 누가 될 것인가 하는 촉각이 그야말로 곤두서 있던 지난 목요일, 우리 시간으로 발표 예정인 여덟시 언저리에 그야말로 사방팔방에서 전화가 걸려 들어왔다. 혹시나와 역시나 사이에서 내 의견을 묻는 이들이 있었고 나는 예의 냉소적인 목소리로 매년 이게 무슨 시추에이션이람 하며 그러거나 말거나의 뜨악한 태도를 취하기 바빴다. 해마다 노벨문학상 시즌이 되어야만 우리 시인 우리 작가 누가 있나 챙기는 뒷북 분위기가 짜증도 나거니와 상을 못 받는다고 해서 뒤처지는 문학을 하는 것도 아닌데 왠지 뒷전으로 우리 글이 밀려나는 듯해서였다. 하기야 노벨 정도 되어야 우리 부모도 알고 가족 친지들 또한 글 좀 쓰나보다 생각하는 듯하니 이 관심으로부터 무심한 척하는 걸 두고 또 어떤 이들은 글 못 쓰는 주제에 부리는 콤플렉스라고도 하겠지. 가끔 해외에 가서 각종 문학 행사에 참여하다보면 걸리는 게 외국어로 번역된 내 시가 과연 번역이 제대로 된 것인가 하는 문제였다. 낭독을 한다지만 무반응일 때가 많은 현지의 분위기, 내게 궁금한 걸 묻는답시고 던지는 질문들의 대부분은 한국의 문학과 여성과 시라기보다 한국의 아이돌 그룹의 호기심이곤 하니, 어디서부터 어떻게 씨를 뿌리고 그 커감을 지켜볼 수 있으랴. 한 달에 한 권만이라도 책 읽어주지, 아 쓸쓸한 독서의 계절이여!

10월 17일 — 거기 돈가스가 맛있긴 해요

 가끔 지방으로 내려갈 때면 어김없이 들르는 곳이 있으니 만남의광장 휴게소다. 당장 화장실이 급하지 않아도 일단 갔다 와야 안심이 되는 한국의 도로 사정에 익숙해졌기도 하거니와 무엇보다 그곳을 어슬렁대는 이유에는 졸음에 겨운 눈을 번쩍 뜨게 만들고 심심한 입을 요긴하게 달래줄 먹을거리들이 포진해 있는 바, 온갖 가게 앞에서 무얼 사 먹을까 고르고 고를 때의 그 설렘을 어떤 흥분에 비유할까. 맥반석 버터구이 오징어에 설탕 잔뜩 입힌 새끼감자에 아이스커피를 주 메뉴로 삼곤 하는 나는 먹지도 않을 거면서 특유의 오지랖으로 식당 안 메뉴를 일일이 읽어보곤 하는데 실은 밥 먹는 사람들을 구경하기 위한 속셈이란 걸 누가 알까나. 가족끼리 연인끼리 동료끼리 이것저것 시켜놓고 밥을 먹을 때 그들이 나누는 건 어쩌면 음식보다 말일 게다. 그러나 홀로 앉아 홀로 밥을 먹는 이를 볼 때 우리는 밥벌이의 도구이자 수단이 된 그의 삶을 설핏 추측하고는 한다. 돈 못 벌어주는 아비나 남편에게는 눈 흘기기 일쑤면서 구부정한 등을 해서는 연신 밥숟가락을 입속에 들이미는 이 땅의 가장들에게는 왜 그렇게 애잔한 마음이 늘까. 산다는 일의 허망이나 부질없음을 왜 갖다대지 못해 안달일까. 밀짚모자를 쓴

한 사람이 큼지막한 돈가스를 여러 등분 썰지도 않은 채 포크에 푹푹 찍어 먹기에 한참을 쳐다봤더니 코미디언 김명덕씨였다. 보라, 시 쓸 게 없어 못 쓴다는 말은 거짓말이지 않은가.

10월 18일 ─ 간직하면 비싸져요

혜화동에서 조각보 전시를 보고 왔다. 김치나 떡을 포장할 때 마지막 겉옷이 되어주던 보자기, 그 미적 아우라의 주인은 올해로 89세인 이기옥 작가. 조각보 뭇는 작업을 삼십여 년간 해오셨다는 이른바 절묘한 비례와 컬러 조합의 장인. 한국 사람으로 조각보 모르는 이 있을까, 아 가만 요즘 분위기로 보자면 고개 갸웃대는 이 있겠구나, 우리 것이라면 지긋지긋 갖다버리기 바빴던 시절을 통과했으니 이 천쪼가리가 무슨 의미일까 시큰둥할 세대라면 일단 데려와 세워보고 싶은 심정이었다. 뛰어난 예술성을 평가해보자는 얘기가 아니라 그 작업의 고유성에 대해 생각해볼 여지를 주고 싶어서였다. 조각보를 이루는 천 조각 하나하나가 어디서 어떻게 온 것인지, 생생한 기억 속에 엮어냈기 때문이다. 우리네 할머니가 시집올 때 입은 당의와 청홍 치마저고리를 이어 붙이고 그들의 한복에 물을 들이고 조합하는 과정 속에 저마다 생겨나는 갖가지 문양들, 예상치 못한 패턴들의 조화가 감탄사를 절로 불러내기 때문이다. 서로 다른 천과 천이 자석이 아니고서야 내 손과 손이 바느질이라는 과정을 거치지 않고서야 하나될 수 없는, 온전히 사람만이 행할 수 있는 일의 귀함. 그 옛날 할머니가 꿰맨 이불이며 할머니가 쓰던 다듬이방망이며 할머니가 갈던 맷돌이며 그 손때 묻은 것들 누가 다 갖다버렸을까. 조각보로 덮여 있던 아빠만의 저녁 밥상, 그 화려한 빛깔들은 조용히 언제 다 사라졌나 몰라.

10월 19일 – 여자는 여자를 힘들게 해

가을이려니 하였는데 바람 쌩쌩 부는 추위가 느닷없이 닥쳤다. 두툼한 점퍼를 꺼내 입기 바빴고 양말에 맨발을 끼워 넣기 분주했다. 뚜렷한 사계절이 있기에 볼수록 정이 드는 산과 들이라고 불리던 이 나라의 분간 있음은 어디로 갔나. 그게 인간의 힘으로 어찌할 수 없는 일임을 안다지만 또한 인간의 힘으로 어찌된 일이다 싶기도 하여 코끝 시리게 지나가다 지인 한 분을 만났다. 거리에서였다. 우리는 반가움에 호들갑스럽게 손을 맞잡았고 근처 카페로 들어섰다. 못 본 동안 얼굴이 꽤 수척

해졌기에 물었더니 시아버님 장례를 치르고 병이 났었다나. 죽은 자에 대한 예우를 잘 갖춘다는 게 쉽지 않은 일이죠. 그러자 고개를 절레절레 저는 나의 지인. 아버님 보내드리는 건 일도 아니었어요. 이십 년 넘게 지문이 닳도록 시부모님께 세 끼 새 밥 지어올리면서 휘파람을 불던 전데요, 아무래도 욕심이었던 것 같아요. 며느리는 절대로 딸이 될 수 없는데 그걸 탐했던 거죠. 맥락을 보자니 시쳇말로 '시월드'로부터 몹시 상처를 받은 듯했다. 그리고 이어지는 시어머니와 시누이로부터 받은 모멸의 토로. 왜 남자의 적은 남자이거나 여자이곤 하는데 여자의 적은 꼭 여자일까. 외며느리로 시집와 네 명의 시누이를 건사한 엄마, 그녀는 딸만 내리 넷을 낳았다지. 김씨 성을 가진 여자 여덟 사이에서 양씨 성을 가진 여자 하나, 알 것 좀 안다 싶어지고 나니 그 세월 참 추웠겠다 싶네. 그 쓸쓸.

10월 20일 — 닥치고 살아

여행광도 아니면서 가방만 보면 짐 싸고파 죽고 싶어지는 요즘이다. 론리 플래닛의 창업자 토니 휠러가 말했다지. 그동안 다녀온 여행지 중에서 가장 좋았던 곳이 어디냐는 물음에 공항의 출국장이요, 라고. 여행의 제1 계명이 왜 떠나는지를 생각하고 떠나라는 얘기일진대 그 지령 아닌 팁 앞에서 왜 나는 맥없이 또 다리가 풀리는지. 여행을 핑계로 나는 눈앞에서 해결해야 할 그 어떤 두통거리로부터 도망을 치려했던 건 아닌지. 요 며칠 내 하루살이를 백지에 적어내려가기에 이르렀다. 약속이 넘쳤다. 나뭇가지 휘어지는 찰나 한번 엿볼 틈이 없었다. 전화는 빗발쳤다. 바쁜 척 인기 많은 척 지금 자랑하냐고 누군가 묻는다면 이럴 답밖에. 나 좋아서 먼저 내민 손은 없었다고, 죄다 어떤 요구들의 일색일 뿐이라고, 냉정하기 이를 데 없는 한 선배의 충고는 그랬다. 싫으면 때려치워, 너도 너 좋아서 하는 일이잖아, 정도껏 네가 조절해야지, 너에게도 문제가 있어. 여행이고 행여이고 읽지도 않을 두꺼운 책 한 권 들고 카페에 가 앉았는데 쪼글쪼글 할머니가 내게 와 껌 한 통을 내미셨다. 커피만 마시면 입 텁텁해, 하나 사. 그나저나 이 아까운 커피는 왜 남기고 그런담. 엉겁결에 천 원짜리 한 장 내밀고 껌을 산 나에 반해 옆 테이블 커피잔을 홀랑 비워버린 할머니. 자리 주인이 화장실 간 걸 알랑가 모를랑가 상관없이 유유히 자리를 뜬 할머니. 아 산다는 건 왜이리 짠 거냐고!

10월 22일 - 더 외로워봐야 알겠지만

주말마다 결혼식 소식에 봉투에 돈 담기 바쁜 요즘, 그래도 얼굴도장 찍어야 할 더한 친분들이 있어 예식장을 전전하다보니 드는 생각 하나, 이렇게는 하지 말아야지 하는 결심이랄까. 웨딩드레스의 고결함 만큼이나 순수한 의도로 축하를 다하면 될 걸, 그 좋은 날 그 좋은 분위기 속에서 왜 그렇게 들리는 말들이 다채롭던지. 막내가 결혼할 때는 밥이 맛없네 먹을 게 없네, 뷔페 접시 들고 떠드는 소리가 들려 둘째가 결혼할 때는 갓 잡은 해물들이 마구 공수되는 푸짐함 속에 테이블 아래 쌓인 술병에 걸려 넘어지는 사람들이 속출할 정도로 먹었더니만 신랑 신부 어느 학교 나왔네 예전에 누구랑 연애를 했었네, 뭐 그런 말들 왜들 그리 쉽게 내뱉던지. 자판기 커피처럼 돈 넣고 꺼내 마시는 식의 결혼 문화 일관이라지만 좀 아니 그러하면 안 될까. 주말 휴일을 고스란히 갖다 바치는 축하라면 온전히 기쁨으로 가득찬 마음이어야 할 것이 아닌가 말이다. 너는 그래서 언제 갈 건데? 사십 줄을 코앞에 두다보니 습관처럼 묻고 답하는 게 결혼이라 준비된 내 답은 한결같이 이러하니, 가도 아무도 안 부르고 소리소문없이 그냥 살아버릴 거예요, 라나. 입고 싶은 드레스는 비싸고, 비싼 드레스 입기에 몸에는 군살 붙은 지 오래고, 그런 데 쓸 돈이라면 아껴서 책장이라도 몇 개 더 짜려 한다니, 쯧쯧 그래서 남자 없다 해도 별 수 없음이로세. 혼자 사 먹는 밥도 맛만 최고인 나니.

10월 23일 — 언제 어떻게 죽더라도

늦은 밤 느릿느릿 집으로 향하는데 그만큼 느릿느릿 내 뒤를 따라붙는 발소리가 있었다. 처음에는 아무런 경계 없이 내 걷는 발걸음 속 깊어지는 무게에나 관심을 뒀는데 이상하지, 뭔가 느낌이 묘했던 것이다. 아파트 정문으로부터 꺾어져 가장 안쪽이 내가 사는 동이니 한참을 더 가야 하는데 두려움 반 용기 반 결국 주머니 속 휴대폰을 꺼내서는 여보세요, 하며 걸려 오지도 않은 상대에게 말을 건 채 슬슬 뒷걸음치던 나, 그렇게 공연히 놀이터로 향하고만 나, 시소 위에 걸터앉아 뚜벅뚜벅 발소리의 주인을 쳐다보니 머리가 훌렁 벗어진 어떤 아저씨였다. 멀리서도 달빛에 어찌나 그 민머리 윤기가 좔좔이던지, 그 또렷함은 며칠 뒤 아파트 현관에서 마주침과 동시에 효과를 발휘했다. 내 앞집 문을 열고 그 아저씨가 나오셨던 것이다. 이사 오면 인사라도 올까 기다렸어요. 사람이 마주하고 산다는 게 어찌 보면 핏줄보다 더한 인연일 수 있거든요. 쭈뼛쭈뼛 인사를 하고 나서 생각해보니까 그 말 참 맞다 싶었다. 전세 계약 이 년이니 칠백삼십 일, 부모 살아 생전에 그만큼 만나러 갈 수나 있으려나. 투신한 여자가 쓰레기 버리러 나가던 남자 위에 떨어져 두 사람이 숨졌다는 마른 하늘에 날벼락 같은 기사에 헛웃음을 친다.

10월 24일 — 냄새 먹는 사랑

머리 좀 하느라 단골 미용실에 들렀다. 비가 추적추적 내리고 바람이 머리 뒤집어지게 불던 날의 오후였다. 그럼에도 온 가게의 유리창이 활짝 다 열려 있었다. 뭔 일이야? 이층으로 불쑥 한 남자가 들어오더란다. 퀴퀴하게 풍기는 냄새가 태어나서 단 한 번도 맡아보지 못한 종류의 것이더란다. 남자는 머리를 깎겠다고 했더란다. 그러고 보니 덥수룩한 머리에서 커트 선은 사라진 지 오래더란다. 자리에 앉자마자 남자의 시선이 꽂힌 그 곳에 옷가게가 있더란다. 이층에서 내려다보이는 일층 옷가게 밖으로 행어마다 걸린 옷들을 들었다 놨다 하는 여자들을 그 남자는 하나하나 좇고 있더란다. 돈은 냈어? 카드로 했는데 최상급 무슨 마스터더라고요, 자기가 저 옷가게 사장이라나. 저 꽃다발은 뭐야? 남자가 줬는데 버리려고요, 꽃에서도 냄새가 나는 거 같아요. 너 사람 그렇게 판단하는 거 아니다, 얘. 내 말이 떨어지기가 무섭게 스프레이용 실내 탈취제를 사방팔방 뿌려대는 헤어디자이너 왈, 냄새가 얼마나 지독하던지 우리가 같은 인간이란 게 슬프기까지 하던 걸요. 아 언니 바라보지 마요. 여기 계속 올려다보고 있단 말이에요. 가만 보니 너……야, 웬만하면 튕기지 말고 마음 받아줘. 간단한 수술이면 된다더라. 하여간 남녀와 함께 오천 년 넘게 향수의 역사가 지속되어온 데는 나름의 이유가 있다니까.

10월 25일 — 야구가 인생입디다

응원하는 팀이 한국시리즈 결승전을 치르고 있다. 추워진 날씨만큼이나 매워진 긴장감으로 경기를 지켜보고 있노라니 대체 저 공 하나가 뭐기에 수많은 사람을 웃고 울릴까, 인간은 왜 공연히 공 하나를 만들어서 자발적으로 육체적 감정적 소모를 자행힐까, 그리하여 인간으로 살아가는 일에 있어 납득이란 단어 하나를 물고 늘어져보는데 어찌나 답 없던지. 다행히 어릴 적부터 욕망이 솟는 일에 대해서는 무엇이든 거침없이 뛰어들 수 있었더랬다. 다양한 기회의 중요성을 아는 부모 밑에서 자란 덕이었다. 바이올린을 켜고 싶으면 바이올린 레슨을 받을 수 있었고, 발레가 하고 싶으면 발레복과 토슈즈를 먼저 고를 수 있었으며, 육상 선수를 하고 싶으면 육상선생님한테 맞지 않고 훈련할 수 있도록 배려받는 가운데 내가 깨달은 건 저마다 맞춤옷처럼 딱 맞는 어떤 '호'가 한 가지씩은 있겠구나, 그 '호'가 어떤 건지 바로 알고 그걸 파고들 때 천재는 나올 수 있겠구나, 우린 평생 그 '호'를 헤매다 가는 인생들이겠구나, 라는 사실이었다. 저마다 제 포지션에 긴장한 채 서 있는 야구 선수들의 탄탄한 두 다리와 벌어진 그 사이를 본다. 공을 놓치지 않기 위해, 공을 때리기 위해 터 잡은 자기만의 각도, 몸이 그만큼을 알기까지 얼마나 많은 땀과 눈물을 흘렸을까. 설사 공 놓치고 헛방망이질 안타깝다 해도 욕은 말아야겠다. 내가 투수로 저기 서 있다는 역지사지로.

10월 26일 – 토론도 배워야 압니다

"개그보다 더 재미나게 챙겨보는 프로그램 뭐냐 물으신다면 드라마보다 다큐멘터리보다 토론이라고 말하겠어요"라는 게 내 오랜 레퍼토리기도 하다. 어떤 사안 하나를 놓고 이른바 전문가라는 이들이 모여앉아 이러니저러니 의견을 피력하다 결국 핏대를 세우는 풍경, 왜 구경 중에 최고는 싸움 구경이 아니던가. 나는 도무지 말싸움을 할 줄 몰라 어릴 적부터 토론 문화라면 닭살을 긁고 물러나기 일쑤였다. 논리적인 근거를 바탕으로 상대를 정의롭게 묵살하기에는 허무주의에 빠진 세월이 더 깊었기 때문이다. 이런들 어떠하리 저런들 어떠하리 그래 그냥 너 맞다고 하든가. 공부가 모자란 사람이란 것을 알아차리고 대학원을 때려치운 것도 바로 그 지점의 나를 간파했던 탓이었다. 내가 쓴 논문의 한 구절이 문제 있네 없네 토론을 해보자는데 대뜸 거기다 대고 한다는 말이 너나 잘하세요, 였으니 말이다. 선거를 앞두고 각 채널마다 쟁점이 되는 주제를 놓고 토론이 이어지고 있다. 큼지막한 주제의 어려움을 말로 쏟는다 하여 해결책이 나올까마는 공부 좀 했다는 전문가들 가운데 건강한 말의 문화를 선도하는 패널은 과연 없는 걸까, 익숙한 얼굴들이 빤한 소리나 우겨대는 가운데 탓할 것은 우리네 교육 과정의 문제밖에 없을 듯하다. 의견 있는 사람 손 들고 얘기해봐, 라고 할 적마다 고개 푹 숙이고 딴짓하던 부끄러움 속 우리들. 왜들 하나같이 볼 빨개지던 아이들이었나 몰라.

10월 27일 — 다수가 대수는 아니니까요

늦게 배운 도둑질이 무섭다고, 다 저녁에 시작한 트윗으로 새벽이 올 적 모르는 날이 늘고 있다. 요즘에는 사사로운 일상의 훔쳐봄보다 그들이 세상을 어떻게 보고 있는가 싶은 그 눈을 더 들여다보기 바쁘니 때는 바야흐로 선거 전 중후군인가보다. 특정 후보를 지지하는 발언을 한다든가 이도 저도 싫다며 모두를 부정하는 발언을 한다든가 저마다 갖고 있는 정치색을 직설적으로 혹은 비유적으로 드러내는 게 나쁜 일도 아닌데 뭔가 그런 얘기를 쏟았다 싶으면 우수수 현격하게 줄어 있는 팔로워 수라니. 그럼 달달한 사랑 얘기나 삶의 자잘한 에피소드나 어디 맛집이나 찻집 정보나 줘야 귀를 기울이고 고개 끄덕끄덕하고 호감으로 받아들이려나. 가을이라 가을 바람 솔솔 부니 낙엽 떨어진 길 위로 사람들 발걸음 그 흔적을 꽤나 남긴다. 그래도 가끔 하늘도 올려보고 땅도 쳐다볼 수 있는 여유는 진짜 살 만한 사람들의 사치인가 싶은 것이 내 걸어옴의 뒤안길을 돌아볼 여유도 없이 앞서 걷기에도 하루가 모자라기 때문이다. 그래서들 그렇게 자기계발서에 목이 타나, 종교를 넘나드는 어르신들의 말씀에 귀가 열리나. 베스트셀러 집계 목록과 트위터의 타임 라인을 한데 빗대어보며 묘한 공통점을 찾을 수 있다. 이른바 '대세'에 쏠려 있는 획일성이랄까. 골라먹을 게 많은 풍요로운 식탁이야말로 우리를 건강하게 해주련만, 삶도 문화도 편식이 대세이니 이 가을에 죄다 아픈 사람들뿐, 그중에 으뜸은 나.

10월 29일 — 배보다 배꼽

파주출판단지로 이직하게 되었을 때 앞서 터 내린 자들 왈, 다른 건 몰라도 몸이 건강해질 여지는 두루 있다고들 했다. 그중에 하나가 오르내리기 좋은 산과 그 코스였는데 얼마나 게으른지 지금껏 그 문턱까지 가보지 않은 나다. 그러면서 그 근방에 소문난 음식점은 두루 섭렵을 마친 뒤니 나는 살기 위해 먹는 자일까, 먹기 위해 사는 자일까 생각하던 차에 파주로 이사 온 한 소설가 선배로부터 전화를 받았다. 산에 안 갈래? 난 요즘 매일 다닌다. 얼마나 걸었는지 알려주는 어플도 다운받아서 기록중인데 역시 인간은 걸어야겠더라. 나 이참에 등산 용품 완전 구비했잖니. 아, 구비! 두루뭉수리하게 갈 것처럼 얘기를 하고 옷장을 열었다. 그 흔한 바람막이 점퍼 하나 없는 것도 그렇거니와 한 켤레밖에 없는 등산화도 엄마에게 준 기억이 뒤늦게 떠올라 순간 발 동동 구르던 차에 산 근처에 위치한 명품 아웃렛 매장 생각이 났다. 필요에 의해 없는 물건 사는 거니까 이건 과소비가 아닐 거야, 나름 명분을 앞세워 길을 나섰는데 이 긴긴 차량 행렬은 뭐라니. 등산 아니면 쇼핑으로 코스를 나누어 길게 줄을 선 사람들, 갈 곳 쌔고 쌨다지만 막상 길 떠나면 돌아올 걱정에 뻔한 데로 몰릴 수밖에 없는 우리들의 슬픈 주말 여행…… 그나저나 아웃도어 제품들 왜 이리 비싸담. 결국 산 따라가기는 이 핑계 저 핑계로 미뤘다. 산 두 번만 갔다가는 카드 한도 초과 일도 아닐 듯하여.

10월 30일 — 어찌들 살고 계신지요

이른바 힐링이 대세라는데, 모든 문화적 초점이 그에 맞춰져 있다는데, 왜 내 주변엔 아픈 사람들 일색이고 아프게 만드는 사람투성일까. 싸움 구경만큼이나 재미난 게 없다지만 요즘 들어 그런 시시콜콜을 목격하고 난 뒤에는 비애라는 비릿함을 목젖 깊숙하게 느끼게 된다. 장날에 두부 사러 갔다가 머리끄덩이를 잡아채며 죽일 년 살릴 년 하는 아주머니들의 뒤엉킴을 보는데 주책맞게 왜 내 눈에서 눈물이 왈칵 쏟아졌는지. 엎어진 좌판 아래 뭉개진 두부의 흰 살을 다시금 탄탄히 네모나게 살릴 수는 없다는 사실과 그럼에도 그걸 쓸어담는 아주머니들의 데어 붉어진 손에서 김이 모락모락 났다는 거, 그 와중에 콩비지 바가지가 쏟아지지 않은 게 얼마나 다행인가 생각했다면 이는 특유의 오지랖이었으려나. 싸움은 그릇 도매점 아저씨랑 길 건너 좁약 좌판 아저씨 사이의 일이라기보다 나란히 옆자리를 차고 앉은 두부장수 아줌마들 사이에서 벌어지는 일인 법, 우리 삶을 가만히 돌이켜보면 상처는 생판 모르는 남보다 생살 속속 알아온 피붙이 같은 이들끼리 주고받는 고유의 것이라 할 때 이 모순, 이 아이러니를 나날이 극복하며 새날을 맞이하는 모든 이가 기적의 생환자 아닐까. 매일 얼굴 보는 친구들 사이에서 왕따를 못 이겨 목숨을 버리는 아이들의 숫자를 세기 바쁜 이 사회에서 나는 지친 내 속내를 누구에게 고백할까 전화번호부나 연일 넘겨대고 있다. 가을 타니 이런다.

10월 31일 — 바꾸면 다 잘될까

오래 전 약속했던 일로 부산에 다녀왔다. 타고난 마음씀의 소유자인 한 선배의 배려로 공항에서부터 모든 일정을 소화할 수 있게끔 차량으로 이동하는데 우와, 부산 참 넓었다. 아니 길었다. 해변을 따라 밀리고 밀리는 바닷물의 반짝임에 눈부셔하면서도, 천하장사 허벅지처럼 굵은 각종 콘크리트 대교 위를 달릴 수 있음에 감탄하면서도, 곳곳에 솟아 있는 새 아파트들의 위엄 아닌 똥폼에 얼마나 눈살이 찌푸려지던지. 다들 입주해서 살고 있겠죠? 이렇게 아파트만 계속 지어서 될 일일까요? 나는 왜 이 좋은 풍경을 앞에 놓고 걱정만 늘어놓을까요? 훼손된 해변가, 깎인 산, 뽑혀나간 나무 구덩이, 그걸 편히 보라고 바다가 보이는 앞자락에 카페들은 앞다투어 공사중에 있는 걸까. 살아보니까 여긴 도시가 아니라 한 나라야, 그래 가야국. 생각해봐 인구 오백만이면 아일랜드라고. 김해공항에서 이리 넘으면 진해고 그걸 또 어찌 넘어가면 통영이고, 라며 쭉쭉 뻗은 노선도에 대한 선배의 설명이 이어질 때 나는 을숙도라는 말과 다대포라는 말과 몰운대라는 말의 이쁨에 대해 생각했다. 세상 모든 꽃과 벌레와 나무의 이름을 누가 다 지었을까 싶을 만큼 섬, 그 수많은 우주의 작명은 애초의 누구의 호명이었을까. 그래서인지 있던 이름 지우고 새 이름을 갖다붙이는 새 주소 정비가 내겐 아직도 낯설다못해 불편한 진실인가보다. 참, 나 부산이지. 회는 역시 싱싱 부산이네요.

11월

11월 1일 — 말이나 말지

 가끔 내가 듣는 말 가운데 비호감이란 단어가 끼어 있음을 안다. 예컨대 나의 후각 기관이 얼마나 예민한지 상대의 묘한 체취가 있어 이를 지적할 때 상대로부터 듣게 되는 말 가운데 하나랄까. 하루는 엘리베이터에 오르는데 후배들 넷이 우르르 따라 타는 것이었다. 야, 무슨 냄새 안 나냐. 혹시 차장님 향수 새로 사셨어요? 킁킁, 어디서 술냄새 나는데. 저희 파스타 먹고 들어가는 길인데요. 아니야, 분명 이건 고량주 마시고 깰 때 나는 특유의 냄새란 말이야. 그러자 슬그머니 뒤에서 저, 하는 마케팅부 직원이 있었으니 어제 점심에 중국집에서 한잔도 아니고 이과두주 잔에 혀 살짝 담근 게 다인데 혹시 그 가게에서 절 보셨나요? 다시는 무슨 냄새가 나더라도 지적하지 말아야지 하였는데 부산에서 서울로 올라오는 비행기 안에서 자리에 앉자마자 코가 싸한 것이 나를 자극하는 어떤 기운이 있었다. 콧수염에 민소매 차림인 한 남자가 내 앞에서 좌석을 찾아 두리번거리는데 아뿔싸, 내 옆자리에 앉자마자 제대로 풍겨오는 이 두통 유발의 냄새라니. 비행기는 이륙했고, 비행기는 훈훈했고, 설사 직전의 방귀 소리마저 연거푸 들려오는 가운데 아이패드에 시선을 꽂은 남자의 눈길을 좇으니 어머, 내복 입은 줄 알았는데 영화 속 저 남자 아랫도리가 맨살이잖아. 냄새니 어쩌니 하더니만 석간신문 보는 척 힐끔거리다 남자에게 점점 기울어지던 나, 개코는 무슨!

11월 2일 — 개버릇 남 줄까

 나이를 먹어가면서 생긴 나쁜 습관 가운데 하나가 개념 없어진 시간 관념이다. 곧 먹자, 곧 봐, 곧 줄게, 라고 할 때의 '곧'을 한 몇 년쯤으로 착각하기가 부지기수인 듯하다. 고등학교를 졸업하기 전까지만 해도 일 분 일 초의 지각 앞에 몽둥이찜질이 기다리고 있었으니 알람과 뜀박질이 일상이었건만 다 자라서는 앞에 놓인 것이 자율이니 아, 나의 양심을 거는 일은 줄자처럼 왜 이리 쉽게 감겼다 풀릴까. 약속이 있어 습관처럼 택시를 잡아탔다. 상습 정체 구역인데다 퇴근 시간과 물림이었으니 타자마자 시작된 발 동동의 나. 하필 휴대폰 배터리는 왜 나갔난 말이지. 외우는 전화번호 하나 없어 연락도 미리 못 취했고만. 아 삼십 분만 일찍 나설걸 매번 왜 난 이 모양인가. 꽉 막힌 차도 위에서 흥얼흥얼 트로트 가락을 따라하는 기사 아저씨, 뭐가 좋아 노래이실까 하는데 이리 물으시는 거였다. 젊은 아가씨가 무슨 한숨이 그리 깊으실까. 아저씨 가제트 만능 다리라도 뻗어서 이 도로 빠져나가면 안 될까요? 하하 마음은 택시에 날개라도 달고 싶다오, 서울에서 길 막혔다는 건 이제 핑계도 안 돼요, 무조건 잘못했다고 하소. 참 내 시계 십오 분 빠릅니다. 엥? 혹시나 하는 마음에 모든 시계를 앞서 맞춰놨다는 아저씨, 덕분에 제 시간에 모임에 참석할 수 있었기에 나도 따라해야지 하였건만 결심은 일 초 천하였다. 오늘도 죄송합니다 연발인 나, 지각이 어찌하여 운명이란 말이냐.

11월 3일 — 자급자족의 한 해

저녁을 먹고 슬슬 산책을 하다 쇼핑몰에 입점해 있는 한 대형 서점에 들렀다. 입구에 들어서자마자 내 눈길을 끄는 건 책이 아니라 각종 볼펜들이어서 책상 위 서너 개의 연필꽂이 속에 꽉 들어찬 필기구들이 무색할 지경으로 집어들기 시작했는데 그러고 보니 말이 서점이지 건물의 절반을 차지하는 건 잡화 코너 일색이었다. 자 거기까지 그랬다손 치자. 인형이나 노트나 스티커 사러 왔다가 우연히 책에 이끌려 책을 사들이는 사람도 있을 테니. 그러나 책마다의 놓임에 있어 이보다 더한 안

목으로 이보다 더한 부지런함으로 구매자들의 편의를 봐주는 서점의 배려는 없어도 될까. 누군가에게 급히 줄 일이 있어 내 시집을 찾았다. 베스트셀러 일색으로 매대에 같은 책이 마치 블록처럼, 마치 장판처럼 높고도 넓게 깔려 있는 가운데 참으로 왜소하게 한데 모인 시집 코너에서 내 시집을 두 권이나 발견하며 쾌재를 불렀다. 고작해야 몇 칸에 불과한 시집 책장이다 보니 무수히 많은 시집 가운데 꽂힐 확률이 매우 적다는 걸 잘 아는 까닭이었다. 그러나 둘 다 사가면 더는 내 시집이 이곳에 발 들이기 힘들 것을 알아 살짝 망설인 것도 사실이었다. 계산하며 물었더니 직원이 그런다. 시집이요? 하루에 적으면 한 권, 많으면 두 권 팔려요. 주로 잘 팔리는 책만 찾으시죠. 오늘은 이 서점 시집 장사 다 했네. 쩝, 방법은 하나구나. 내가 주문하고 내가 사들일밖에.

11월 5일 – 세상에 공짜 없다

문학하는 사람들의 경우 대개 새 책이 나오면 문단 선후배들에게 일일이 사인을 하여 보내주는 것을 어떤 관례로 알아온 것이 사실이다. 책을 받았으니 책을 주는 게 너무나 당연한 분위기라 오히려 친한 동료라 할 때 그의 책을 사는 경우가 극히 드물다. 그러는 사이 서가에는 점점 주인의 필체를 몸에 새긴 탓에 차마 버릴 수 없는 책들이 쌓여만 간다. 누구누구 평론가 선생님께 어쩌고저쩌고 감사하며 드립니다, 라고 정성을 다해 사인해놓은 내 첫 시집을 한 학생이 인천의 어느 헌책방에서 기념이랍시고 사가지고 왔을 때 나는 굵고도 짧은 욕설을 추임새처럼 내뱉었다지. 치욕도 분노도 아닌 어떤 쓸쓸함의 감정 끝에 냄비받침이든 군불용 불쏘시개든 내 책이 곧 내가 아닌 것을 삼십대 중반이 되어서야 분간하기 시작한 요즘, 하루는 이런 밤을 만났다. 한 기자가 책을 출간하며 파티를 벌였는데 글쎄 그 자리에 초대된 지인들이 한 권 두 권 많게는 수십 권에 이르기까지 제 주머니 사정에 따라 흔쾌히 책을 사주더란 말이다. 촛불 아래 그 풍경이 너무도 따스해서 물었더니 반문하는 기자의 지인. 책 쓰느라 고생했는데 이런 책을 어떻게 공짜로 받나요? 글 쓰겠다고 밤잠 못 자고 고생깨나 했을 텐데 안 쓰럽잖아요. 새 시집 나왔는데 왜 안 보내느냐고 마치 맡겨놓은 사람처럼 후배를 닦달하던 나, 심보가 그 모양인데 전국의 헌책방에 모인 내 시집 어디 한두 권이겠냐고.

11월 6일 — 불만 나면 열불이다

 추적추적 가을비가 내렸다. 전에는 노란 은행잎도 붉은 단풍잎도 하나하나 확인해가며 함께 그 계절을 몸에 새겼건만, 이제는 제각각이 된 듯도 하다. 비에 감성 젖는 사람부터 비가 심드렁한 사람까지 이 물기를 놓고 그저 술 한잔 좋다 할 이 계절에 미처 이 축축함을 껴안지 못해 한 소방관이 순직했다는 소식을 접했다. 불은 불이야, 하고 외치게 되는 순간 무시무시한 완력의 상대가 되는 법, 일상에서의 우리 불 없이 하루도 살 수 없음을 아는 까닭에 평생 화약고 속에서 생활하는 게 우리의 숙명이기도 할 텐데, 모두가 빠져나오기 급급한 불길 속으로 빠져들어가기 급급한 직업의 소유자들이 있다는 건 얼마나 감격스러운 일인가. 요즘 아이들은 소방관을 왜 해요? 아이돌 스타가 최고지요! 한다지. 모두가 그렇게 피하기 바쁘다면 훗날 우리 주변에서 일어날 수 있는 불길은 누가 다 잡아주려나. 아무나 못하는 일, 목숨을 담보로 한 일을 해내는 능력자라면 국가에서 최고의 대접과 대우가 따라야 할진대, 죽은 뒤에야 훈장에 포상금에 이 미숙한 뒷처리는 대체 누구를 위한 눈 가리고 아웅인지. 그래서 건의하노니 국회위원은 자기 지역구에 불이 날 경우 가장 먼저 달려가시라. 가서 불의 시작부터 불의 끝까지 온몸으로 경험하시라. 그리고 소방관의 손을 잡으시라. 선거 때의 가식적이고 위선적인 악수 스타일 말고 당신 아버지 손을 잡듯 그렇게 한번쯤은 양심적으로 말이다.

11월 7일 – 오늘, 한 예술가의 초상

한 젊은 화가의 개인전이 있어 삼청동 갤러리에 다녀왔다. 하루 연명에 바쁜 가난한 예술가라 예정된 날짜로부터 이 년이나 미룬 뒤에야 전시를 오픈하게 되었다는 녀석은 퍽이나 초조한 표정으로 뒤를 따라붙기에 이르렀다. 다 늦은 저녁의 한산한 갤러리, 녀석과 나의 발소리만이 울림 깊게 전해지는 가운데 저승사자가 난무하고 사람인지 귀신인지 모를 젊은이들이 몽롱한 눈빛으로 어디 먼 데를 응시하는 음산한 기운의 그림들을 찬찬히 들여다보고 있자니 흔해빠진 상술이나 뺀질거리는 요령 같은 건 눈꼽만큼도 찾아보기가 힘들었다. 그림 좀 팔렸어? 누나 전 그런 건 신경 안 써요. 어머 얘, 돈이 있어야 물감도 사고 여행도 다녀서 영감도 얻지. 하기야 애초부터 이름값에 그림값에 계산기처럼 영특했다면 죽음의 문제를 가지고 이처럼 변화구도 아닌 직구로 정면 승부를 했겠는가. 조그마한 꽃

가마도 아니고 큼지막한 꽃상여라니, 붓질이 워낙 좋은 친구라 그 터치는 말할 것이 없었으나 주제적인 측면에 대해서는 자꾸만 할말이 샘솟았다. 행복한 나의 집 즐거운 우리집에 걸기에는 좀 거시기하지 않을까 싶어서 말이다. 그러나 한치의 망설임도 없이 고개를 가로젓는 녀석, 어쩌면 내가 기대한 건 녀석의 그러한 자기 확신이었는지도 모르겠다. 갤러리를 나오며 녀석 모르게 콕 찍어놨던 그림이 얼마인지를 물었다. 가만, 이 돈이면 시 한 편 값의 몇 배더라. 이럴 땐 참 내가 재벌이고 싶다니까.

11월 8일 – 기쁘다 수능 가셨네

오늘은 대학수학능력시험의 날. 매년 입시 때만 되면 잊지도 않고 또 오는 각설이도 아니면서 어찌나 매섭게 한파가 몰아치곤 했던지, 그러나 이제는 예전만큼 동장군 기세를 자랑하는 것 같지는 않다. 온난화로 얼룩진 지구 환경의 변화와 일맥상통하는 얘기겠지. 수능 때마다 반복되는 뉴스라 하면 지각한 수험생이 경찰 오토바이에 실려 교문을 들어서며 박수를 받는 풍경이라든지 상상을 초월하는 커닝의 시도로 퇴실 조치된 사례라든지 "공부가 제일 쉬웠어요"라고 만점을 예상하는 고득점자의 학습 비법 같은 소소한 얘깃거리와 더불어 결과에 낙심한 학생들이 택할 수밖에 없는 비관적인 뒤끝의 각종 일화들까지 지겹게 들리는 바, 어쩌다 이 하루가 한 사람의 평생을 좌지우지하게 되었을까. 십팔 년 전 수능날 아침, 고3이던 내 손에 널 지켜줄 거라며 엄마가 쥐여준 보물이 있었으니 다름아닌 내 배냇저고리였고 까짓 것 이상하면 어떠랴 든든하면 그만이지 하며 교복치마 허리에 끼운 채 시험을 치르던 내가 있었다. 미신이라며 완강히 거부한 동생이 재수를 하고 나는 원하는 대학에 붙었으니 엄마는 한동안 개선장군처럼 의기양양 그랬다지만, 세월이 흐르고 보니 점수를 가지고 품었던 이런저런 한숨과 미련이 어찌나 덧없던지. 수험생 여러분, 부디 돌이킬 수 없음을 돌이키는 헛됨으로 스스로를 괴롭히지 마시라. 누구든 밥 세끼 먹고 산다. 누구든 안 죽는 사람 없다. 매일같이 오늘의 해가 어김없이 뜨노니!

11월 9일 — 새벽 세시에 광어회는 감사해도

캐나다에 사는 사촌이 한국에 왔다. 십오 년 만의 방문이었다. 그 시간이면 결혼해서 중학생 자녀를 둘 만한 시간인데 우린 마치 한두 달 전 만났던 사이인 양 반갑게 해후했다. 매일 밤 술 마시기 바쁘다는 사촌에게 간만에 맞닥뜨린 한국이란 나라의 인상기를 물었다. 너무 변해서 어디가 어딘가 싶더라. 공기 안 좋고 차 많고 그래도 여전히 음식은 맛있어. 이십사 시간 술 먹고 놀기에는 천국 같아. 마치 외국인인 양 이십 년간 제 살던 나라를 평하는 게 은근 묘하기도 했지만 사실 그 시간만큼 우리 급물살에 휩쓸리듯 급변해온 것도 맞지 않는가. 하기야 새벽 세시에 숯불 피워 고기 굽고 납작 엎드린 광어 건져 회 뜨는 이런 나라가 어디 그리 흔하랴. 잠 안 자고 끼니 거르고 휴가 안 써가며 모두가 일에 매달려 겉보기엔 남부럽지 않은 국가 이미지도 구축하는 데 성공했는지 모르겠으나 보란듯이 연임에 성공한 한 방송국 사장을 보자니 기가 턱 막혀왔다. 모르면서 괜한 사람 잡냐고? 에이 그럴 리가, 나는 그저 다수의 의견을 진실이라 믿을 뿐이다. 일터를 전쟁터로 싸울 수밖에 없던 사람들이 집단 최면에 걸린 것도 아니고 문제다, 하고 한목소리를 내는 데는 분명 이유가 있지 않았겠는가. 힘을 가진 사람은 어떻게든 살아남는 이 나라에서 힘이 없는 나는 어떻게 살아갈까 절망이 깊어진다. 그래서 결혼 안 하고 애 안 낳겠다고 하다 엄마한테 등짝은 맞았지만서도 말이다.

11월 10일 — 안녕히? 안녕히!

지난 연말 '길 위의 이야기'니 길 한복판에서 찍어야 한다는 사진기자의 강권 속에 매서운 겨울바람 쐑쐑 맞아가며 빨개진 코로 인사동 골목길에서 연재 예고를 알렸던 나였다. 두려움 반 설렘 반으로 어떻게 680자를 채울까, 아니 어떻게든 680자는 채우겠지, 부정과 긍정 사이를 오가며 매일같이 맞닥뜨린 커서의 깜빡거림은 부정맥 환자의 심박동처럼 불규칙적으로 나를 압박하곤 했다. 그럼에도 어김없이 아침마다 뜨끈뜨끈한 신문이 배달되는 걸 보며 내가 죽지 않는 한 이 수레바퀴는 잘 굴러가겠지 하는 묘한 안도감에 금세 빠져버렸으니 그 덕에 여유만만 마감 시간을 내 맘때로 알고 도통 지키지 않은 방만함에 대하여 기자님들, 큰 벌 받을 테니 부디 오늘까지만 날 미워 잡숴해주시길 바랄 뿐이고, 한편으로 '길 위의 이야기'니 시도 때도 없이 길 위에서 원고 써서 길 위에서 원고 보내는 걸 가능케 해준 스마트폰의 무한 세례에 대해서 깊이 머리 조아릴 뿐이다. 내 이름 석 자 검색해 지난 열 달가량 내가 쓴 글의 제목들을 찬찬히 보는데 뭐랄까, 좀 아팠다. 기쁨보다는 슬픔이 희망보다는 절망이 우리들 길 위에 더 짙은 그늘로 드리웠음의 증거렷다. 삶의 반대말이 죽음이 아니라 포기라는 격려가 흔해빠졌다 한들 위로가 되지 못할 법은 아니지 않는가.

이상 김민정의 수다였습니다!

말이나 말지

ⓒ김민정 2025

초판 1쇄 인쇄 2025년 12월 11일
초판 1쇄 발행 2025년 12월 18일

지은이 김민정
펴낸이 김민정
책임편집 유성원
편집 정가현 민윤지 정수범
디자인 한혜진
저작권 박지영 형소진 주은수 오서영 조경은
마케팅 정민호 박치우 한민아 이민경 박진희 황승현 김경언
브랜딩 함유지 박민재 이송이 박다솔 조다현 김하연 이준희
제작 강신은 김동욱 이순호
제작처 천광인쇄사

펴낸곳 (주)난다
출판등록 2016년 8월 25일 제406-2016-000108호
주소 10881 경기도 파주시 회동길 210
저작권 및 독자문의 copyright_nanda@munhak.com
작가섭외 및 행사문의 innanda@munhak.com
페이스북 @nandaisart **인스타그램** @nandaisart **엑스** @wingedpoems
문의전화 031-955-8865(편집) 031-955-2689(마케팅) 031-955-8855(팩스)

ISBN 979-11-24065-21-1 03810

○ 이 책의 판권은 지은이와 (주)난다에 있습니다.
○ 이 책 내용의 전부 또는 일부를 재사용하려면 반드시 양측의 서면 동의를 받아야 합니다.
○ 난다는 (주)문학동네의 계열사입니다.
○ 잘못된 책은 구입하신 서점에서 교환해드립니다.
  기타 교환 문의: 031-955-2661, 3580